Jean Galot SJ

DAS HERZ MARIENS

Jean Galot SJ

DAS HERZ MARIENS

media maria

Originaltitel der französischen Ausgabe:
LE COEUR DE MARIE

Übersetzung: Franz Rütsche
Erstveröffentlichung: Paulusverlag, Fribourg, Schweiz

Nihil obstat
Antonius Rohrbasser, libr. cens.
Friburgi Helv., die 8 Septembris 1962

Die Bibelzitate stammen aus der revidierten Einheitsübersetzung der Heiligen Schrift

DAS HERZ MARIENS
Jean Galot SJ
Media Maria Verlag, 2. Auflage 2024

ISBN 978-3-947931-51-4

www.media-maria.de

Inhalt

Zweiter Teil
Die Entfaltung

Siebtes Kapitel

Einführung

Es ist nicht leicht, das Herz der Jungfrau zu beschreiben, denn das Evangelium enthält nur wenige Hinweise auf das innere Leben der Gottesmutter. Wenn sich eine Darstellung des Herzens Christi auf zahlreiche evangelische Berichte stützen kann, so lässt sich das Bild der Person Mariens und der Entwicklung ihrer seelischen Veranlagung nach den Angaben der Schrift nur skizzenhaft entwerfen. Wie kann man die Hinweise der Heiligen Schrift ergänzen? Die von der Überlieferung gebotene Auslegung wirft ein kostbares Licht auf ihre wahre Bedeutung und hilft mit zum Verständnis der wichtigen Rolle, die der Jungfrau in den einfachen und zurückhaltenden Worten der Schrifttexte zuerkannt wird. Wir werden darum zu diesen selbst greifen und sie dem Wert gemäß, den ihnen die heutige Lehre der Kirche beimisst, betrachten.

Um die Gedanken und Gefühle der Jungfrau kennenzulernen, kann man sich überdies ganz allgemein auf das Alte Testament stützen, das uns die Geisteshaltung offenbart, in der sich die religiöse Erziehung Mariens abspielte. Bei der Unbefleckten wurde aber diese Haltung von Anfang an durch eine christliche Gnade geformt und geheimnisvoll erleuchtet; bevor sich Maria das Neue Testament ausdrücklich enthüllte, war der Geist der christlichen Botschaft in ihre Seele eingedrungen. Darum kann man die Persönlichkeit der

Jungfrau vor allem aus der Erfahrung des christlichen Lebens heraus charakterisieren. Diese Erfahrung, so alltäglich sie auch sein mag, ermöglicht die Entdeckung des Herzens der Gottesmutter.

Wenn auch die Jungfrau hoch über allen Geschöpfen steht, hat sie trotzdem unter Verhältnissen, die von denen eines jeden Christen nicht völlig verschieden sind, gelebt; die Gnade hat in ihr wie in irgendeinem anderen Menschen gewirkt. Sie ist dieselben Wege gegangen, sie hat Seelenzustände erlebt, die jenen gewöhnlicher Christen nicht unähnlich waren; sie hat die gleichen Grundtugenden zur Entfaltung gebracht. Es würde der Wahrheit widersprechen, wollte man Maria in eine besondere Welt versetzen und sie als einen Menschen betrachten, dem schon während des irdischen Lebens die himmlische Glückseligkeit zuteilgeworden ist und der in steter Verzückung außerordentlicher Gefühle gelebt hat. Eine solche Vorstellung bildet keine Ehrung für die Jungfrau, die damit zu einem sonderbaren, künstlichen, mit zu viel unverdienten wunderbaren Gaben beschenkten Wesen wird. Maria musste wie die anderen Menschen den steilen Pfad der Heiligkeit im Glauben, in der Hoffnung, in der Liebe gehen. So erscheint ihr Leben eng verwandt mit dem unseren. Es unterscheidet sich von ihm nur durch die einzigartige, erhabene Sendung, die Gott Maria bestimmt hat, und durch die der Seele der Jungfrau gewährte schattenlose Vollkommenheit. Aufgrund dieser Vollkommenheit lebte Maria das gewöhnliche Leben des Christen in außerordentlicher Weise.

So steht uns Maria erstaunlich nahe und ist uns doch unvergleichlich überlegen; sie stellt uns eine ganz einfache Seele in unerreichter Schönheit vor Augen. Maria muss uns zugleich vertraut und unausdrückbar sein. Ihr Herz ist uns geöffnet und geschenkt, aber als ein Geheimnis.

Erster Teil

Die Weihe

Erstes Kapitel

Unbeflecktes Herz

Als der Engel Gabriel Maria erschien, um ihr das Wort Gottes kundzutun, begann er mit diesen Worten: »Gegrüßt seist Du, voll der Gnade«.[1] Warum begrüßt er sie nicht mit dem Namen »Maria«, den er gleich darauf ausspricht, als er die Verwirrung der Jungfrau zu beschwichtigen sucht? Bestimmt sagt er nicht ohne Absicht anstelle ihres Namens »voll der Gnade«. Für den Engel wie für Gott, dessen Botschafter und Deuter er ist, ist dies der wahre Name Mariens, die Gnade, von der ihre Seele erfüllt ist. Der Name bezweckt, eine Person zu bezeichnen, sie erkennbar zu machen. Was Maria von allen Geschöpfen unterscheidet, ist die Tatsache, dass sie eine außerordentliche Gnade erhalten hat, dass sie das Gefäß der Gnade schlechthin ist. Man darf sagen, dass die Worte »voll der Gnade« ihr Herz definieren, wenn man unter dem Herzen der Jungfrau das innerste Wesen ihrer Persönlichkeit versteht.

Mehr noch: Durch eine Fügung der Vorsehung drückt die Anrede »voll der Gnade« die ursprüngliche Bedeutung des Namens »Maria« selbst aus, sodass der Engel nur in klaren Worten den Schatz enthüllt, der in diesem Namen enthalten

---

[1] Lk 1,28.

ist. Viele Deutungen sind schon vorgeschlagen worden, doch die wahrscheinlichste scheint jene von P. Zorell[2] zu sein: Der Name Maria findet sich zum ersten Mal am Ende des Aufenthaltes der Hebräer in Ägypten, denn die Schwester Aarons heißt so. Wir können also annehmen, dass er ägyptischer Herkunft ist. Nach der ägyptischen Wurzel *meri* oder *mari* würde der Name »Mariam« bedeuten: die von Jahwe geliebt wird. »Von Gott geliebt«, das also war der Name, der der Jungfrau von Nazareth eigen war. Fügen wir aber unverzüglich hinzu, dass sie diese erste Bedeutung ihres Namens nicht kannte. Die Eltern hatten ihn ihr gegeben, ohne von dieser Deutung zu wissen. Es war einfach ihr Wunsch, dass ihre Tochter den Namen der prophetischen Frau trage, die Mose beim Auszug aus Ägypten begleitet und an Gott für die Wohltat der Befreiung eine ergreifende Lobpreisung gerichtet hatte, ein »erstes Magnifikat«. In der Absicht der Eltern trug Maria den Namen dieser Heldin der Erlösung Israels. In der Absicht Gottes, die sich bei der Verkündigung offenbarte, umschloss dieser Name das Wesen der Bestimmung der Jungfrau: Mehr noch als Aarons Schwester, in einmaliger Weise, war sie »von Gott geliebt«.

»Von Gott geliebt« oder »voll der Gnade«: Die beiden Bezeichnungen sind beinahe gleichwertig. Die zweite bekräftigt und vervollständigt die erste und weist auf die Folgen hin. Nach dem griechischen Text der Verkündigung besagt die Anrede des Engels wörtlich: »Gruß dir, die du mit Gnade ausgestattet worden bist«, mit der Antönung, dass diese Eingießung der Gnade vollendet ist, was uns einlädt, in ihr eine Fülle oder eine Vollkommenheit der Gnade zu erkennen.

Nun begegnet man aber in den Schriften des Neuen Testamentes dem Ausdruck »mit Gnade ausstatten« einzig am An-

---

[2] F. ZORELL, *Lexicon graecum Novi Testamenti*, 2e éd., Paris 1931, 798.

fang des Briefes an die Epheser, wo Paulus von der »Gnade spricht, die Gott uns in seinem Vielgeliebten gewährt hat«, d. h. in seinem eingeborenen Sohn.[3] Diese Ausdrucksweise hilft uns, jene des Engels zu verstehen. Gott hat seine Gnade in Christus gelegt, damit sie auf uns überfließe, und er wollte, dass diese Gnade Christi uns zukomme durch Maria. Genau wie Jesus der ist, »der geliebt worden ist« und für uns die göttliche Gnade entgegengenommen hat, so ist Maria, die »von Gott Geliebte«, jene, die mit Gnade ausgestattet und überhäuft worden ist. Liebe und Gnade sind gleich gerichtet: Die Liebe bezeichnet eher die ursprüngliche Quelle, das göttliche Wohlgefallen, das sich auf Maria hingewandt und in besonderer Weise auf ihr geruht hat. Die Gnade bezeichnet die objektive Gunst, mit der diese Liebe die Person der Jungfrau bereichert hat. Die Fülle der Gnade bezeugt, dass Gott Maria in höchstem Grad geliebt hat, und weist auf das herrliche Ergebnis dieser göttlichen Bevorzugung hin.

Worin besteht genauer diese außerordentliche Gnade? Das Grußwort »voll der Gnade« ist voll des Lobes, doch an sich undeutlich und weist auf keine besondere Eigenschaft Mariens hin. Doch der Engel bemüht sich offensichtlich zu erklären, was er darunter versteht, wenn er der Jungfrau sagt, dass sie vor Gott Gnade gefunden und auserwählt worden ist, Mutter des Messias zu werden. Diese ihre einzigartige Gnade ist demnach die Gnade ihrer glorreichen Mutterschaft. Und gleichzeitig ist sie die höchste Vollkommenheit, mit der Gott ihre Seele ausgestattet hat, damit sie in flecken- und schattenloser Heiligkeit sich dieser Mutterschaft zu unterziehen imstande ist, denn sie sollte ihre mütterliche Sendung nicht durch einen einfachen äußeren Auftrag, sondern durch das Reifwerden ihres innersten Wesens empfangen. Die Gabe

[3] Eph 1,6.

der göttlichen Mutterschaft Marias hatte vom ersten Augenblick ihres Lebens an in ihr zu wirken begonnen, um sie auf ihre Berufung vorzubereiten. Als sich der Engel an sie, »die mit Gnade erfüllte«, wandte, sprach er von dieser allumfassenden Gnade, mit der Gott ihr Herz von Anbeginn erfüllt hatte und deren wunderbare Entfaltung er ihr jetzt anbot.

Es ist aufschlussreich, dass Maria derart von der Gnade und Liebe Gottes und nicht durch ihre eigenen Tugenden oder menschlichen Vorzüge ausgezeichnet wird. Wir könnten eine Charakterisierung der Persönlichkeit durch ursprüngliche und natürliche Fähigkeiten logischer finden, denn wir betrachten die Bestimmung eines Menschen als Entfaltung seines Wesens, als Verwirklichung seiner Möglichkeiten. Und wenn wir zum Ausdruck bringen wollen, was den Wert oder die Anmut, die Schönheit oder das Geheimnisvolle eines Herzens ausmacht, suchen wir, wodurch es sich nach unserem menschlichen Empfinden auszeichnet oder was seine Anziehungskraft bildet. Das Herz Mariens muss auf ganz andere Weise gekennzeichnet werden. Es geht nicht um Eigenschaften und menschliche Gefühle, denn der Engel betont weder die Erhabenheit der Tugend noch das Verdienst Mariens. Er verherrlicht nicht, was sie vollbracht oder hingegeben, sondern was sie empfangen hat. Maria ist gebenedeit unter allen Geschöpfen aufgrund der göttlichen Gewogenheit, einer Gewogenheit, die ihrem Wesen nach unverdient ist, die Maria nicht erwerben konnte. Das erste Merkmal ihres Herzens ist nicht, geliebt zu haben, sondern geliebt zu sein, von der Liebe Gottes überflutet worden zu sein. Die Liebe Gottes ist es und nicht menschliche Liebe, die seinen Wert ausmacht.

Die Bildung des Herzens Mariens setzt also eine viel tiefere Einwirkung voraus als eine einfache Erziehung auf menschlicher Ebene. Der Mensch kann zur Erziehung von Menschenkindern nur durch Förderung der im Keim schon in ihnen enthaltenen Eigenschaften beitragen. Gott geht in anderer Weise vor. Er macht eine göttliche Lebenskraft zum Prinzip dieser Entwicklung. Es wird von nun an ein Gesetz der Entfaltung der Herzen sein, ein widerspruchsvolles Gesetz, dass die Quelle ihres inneren Lebens die Liebe Gottes ist. Dieses Gesetz soll für alle Christen gelten, die nur als solche leben können, wenn sie den Lebensatem nicht aus ihren eigenen Kräften, sondern aus der göttlichen Gnade schöpfen. Maria ist es, in der dieses Gesetz begründet ist und sich in vollkommenster Weise verwirklicht hat. Das Herz Mariens ist ausschließlich das Ergebnis der Liebe Gottes, der göttlichen Gnade.

Darum werden wir mit der Erforschung seiner Tiefen nie zu Ende kommen. Das Innerste ihres Herzens ist gleichsam ein unendlicher Abgrund, der Abgrund der göttlichen Liebe, dessen scheinbarer Boden vor dem, der sich ihm zu nähern glaubt, stets zurückweicht, der dem durch seine Herrlichkeiten Geblendeten weitere Herrlichkeiten und größere Tiefen des Staunens enthüllt. Diesen Abgrund hat der Engel Gabriel während der Verkündigung wohlgefällig betrachtet. Sein Wort »voll der Gnade«, von dem man annehmen könnte, es wäre durch eine äußere Schönheit veranlasst worden, drückt eine abgründige Wirklichkeit aus, deren Tiefe der Engel zu erfassen vermochte, weil er Gott schaute.

Reinheit des ersten Augenblicks

Beim Eintauchen in die Tiefe der Seele Mariens drang der Blick des Engels zurück bis zum Anfang ihres Lebens. Er sah zurück bis zur Geburt, wo Maria einen Namen erhalten hatte mit der Bedeutung »von Gott geliebt«. Aber selbst über die Geburt hinaus drang er weiter bis zum ersten Augenblick ihres Daseins, denn seit der Empfängnis war die Jungfrau

Gegenstand dieser außerordentlichen Liebe. Keinen Augenblick entbehrte Maria der Fülle der Gnade. Bevor ihr leibliches Herz gebildet war und lange bevor das erste Aufleuchten des Bewusstseins ihre Seele erhellte, hatte die Liebe Gottes Besitz genommen von ihrem ganzen Wesen. Diese Liebe schuf ihr Herz, als sie noch keines hatte.

Es war ein feierlicher Augenblick, der Augenblick ihrer Unbefleckten Empfängnis. Aber diesen einzigartigen Augenblick in der Geschichte hatte Maria unbewusst erlebt. Gott hatte ein Wunder in ihr gewirkt, ohne dass sie sich im Geringsten darüber hätte Rechenschaft geben können. Das göttliche Licht, das in diese Seele gegossen wurde, um die Menschheit zu erleuchten, blieb für Maria im Dunkel des Unbewussten verborgen. Die Jungfrau begann schon den Weg einzuschlagen, der die Beschaffenheit ihres Herzens charakterisiert: ungeheure Reichtümer der Seele unter gewöhnlichem und unauffälligem Äußern zu verbergen, aber auch sorgfältig zu bewahren, was sie nicht zu verstehen imstande war. Bevor es ein überlegtes Verhalten wurde, war es ein notwendiger Zustand.

Einige Theologen vertreten die Ansicht, dass Maria vom ersten Augenblick ihres Lebens an mit dem Gebrauch des Verstandes versehen worden und dass sie fähig war, diese erste ihr zubestimmte Gnade in vollem Bewusstsein und in voller Freiheit entgegenzunehmen.[4] Damit aber nimmt man grundlos ein Wunder an, das der Art, wie die Gnade in der Seele der Jungfrau gewirkt hat, ohne der Natur Gewalt anzutun, nicht zu entsprechen scheint. Warum hätte Maria vom ersten Augenblick ihres Daseins an das Bewusstsein erhalten sollen, da doch die Gnade nichts Derartiges voraussetzte? Die Gnade heiligte Maria in dem Zustand, in dem sie die Jung-

---

[4] Siehe z. B. J. B. BAINVEL, *Le saint cœur de Marie*, Paris 1922, 31.

frau vorfand. Sie heiligte vorerst das Unbewusstsein, wie sie später das Bewusstsein heiligen wird. Die moderne Psychologie misst dem Reifen des Unbewussten in der Entwicklung des Menschen große Bedeutung zu und anerkennt die ungeheure Rolle, die diese verborgenen Kräfte in der Bildung der Persönlichkeit zu spielen vermögen. Damit hilft sie uns, die Bedeutung dieser ersten Besitzergreifung der Seele Mariens durch die Gnade, selbst ohne jede bewusste Anteilnahme, zu verstehen. Das Unbewusste ist nicht das Nichts. Das Ich ist in ihm schon dunkel gegenwärtig, und die Gnade hat sich dieses Ichs bemächtigt in dem Moment, als es ins Dasein trat.

Maria konnte sich also in keiner Weise an das Einfluten der Gnade erinnern. Ihr Erleben der außerordentlichen Eingriffe Gottes in ihr Dasein geht nicht bis zur Empfängnis zurück. Das erste Bewusstwerden eines Eingriffes scheint die Verkündigung zu betreffen, denn mit ihr beginnen die Erinnerungen und diese Tatsache allein sollte genügen, um allen Auslegungen gegenüber misstrauisch zu werden, die ihr außergewöhnliche und wunderbare Erleuchtungen zuschreiben möchten. Die Verwirrung der Jungfrau beim Gruß des Engels lässt vermuten, dass sie nicht in einer Atmosphäre himmlischer Visionen lebte. Der erste Augenblick ihres Lebens war ein Wunder, doch dieses Wunder nahm Rücksicht auf die natürlichen Bedingungen der menschlichen Entwicklung. Es bewirkte weder eine Beschleunigung derselben noch eine Frühreife Mariens; es war von anderer, von übernatürlicher Ordnung.

Die Seele Mariens gehörte also vom ersten Augenblick Gott an, vorerst in ihren unbewussten Tiefen. Der Urgrund ihres seelischen Lebens war von der göttlichen Gnade erfüllt und diese Gnade hat die Entfaltung ihrer Persönlichkeit gelenkt. Die Gnade fand in ihr keinen Widerstand. Nicht die geringste Spur der Sünde belastete das Erbgut Mariens und drängte es zum Bösen hin. Es war kein Zwiespalt in ihr, der Komplexe verursachen oder das Gleichgewicht ihrer Persönlichkeit hätte stören können: Unter der allmächtigen Wirkung der Gnade herrschte Harmonie in ihrer Seele, eine Harmonie voller Reichtum, in der sich alle menschlichen Neigungen, die durch das göttliche Leben verwandelt und aufgewertet worden waren, im Einklang befanden.

Man kann den Einfluss dieser verborgenen und unbewussten Einwirkung der Gnade auf die Bildung des Herzens Mariens nicht genug betonen. Nichts ist in der Tat empfindlicher als diese Bildung: Der geringste Druck, die geringste Schürfung im noch unbewussten Ich zu Beginn des Daseins kann in der Folge als Charakterfehler, als belastende Neigung zutage treten, die man auszumerzen versuchen, die aber unablässig auf ein Leben drücken kann. Im Herzen der Jungfrau war nie Unordnung, nie Unbeständigkeit noch irgendeine Schwäche, weil Gott lange vor dem Erwachen dieses Herzens in es eingegriffen hatte, weil er der Seele Mariens nicht erlaubte, auch nur einen Augenblick zu leben, ohne in seine Liebe eingehüllt zu sein.

Freie Zustimmung

Was wird aber aus der menschlichen Freiheit? Wie hat Gott von einem Herzen Besitz ergreifen können, ohne sein Einverständnis einzuholen? Es ist wahr, dass die Gnade in Maria lange vor jeder Einwilligung gewirkt hat. Man muss aber erst fähig werden, der Gnade zuzustimmen und der göttlichen Liebe zu antworten. Wenn Gott sich so früh der Seele Mariens bemächtigt hat, tat er es nicht, um sie ihrer Freiheit zu berauben und zur Annahme einer Sendung zu zwingen, die er ihr zugedacht hatte, sondern im Gegenteil dazu, sie in die Lage zu versetzen, ihr in voller Kenntnis der Aufgabe und in voller Freiheit zustimmen zu können, sobald die Zeit gekommen wäre. Die ganze Geschichte der Einwirkung Gottes auf die Seele Mariens vom Beginn ihres Daseins an war ausgerichtet auf den Augenblick, in welchem an Maria die Frage gestellt würde, diese Einwirkung anzunehmen oder abzuweisen. Die Gnade machte Maria fähig, sich zu entscheiden und eine Wahl zu treffen, ohne dass ihr Geist durch Vorurteile verdunkelt oder ihr Wille durch Leidenschaften geschwächt oder versklavt gewesen wäre. Durch die Bewahrung vor der Sünde und ihren Folgen machte die Gnade Maria fähig, sich in voller Selbstbeherrschung zu entscheiden. Sie schuf in ihr die Eigenschaft, frei und infolgedessen ungeteilt zu lieben, und gerade diese Fähigkeit musste das Herz Mariens auszeichnen.

Wann wurde die Zustimmung von Maria verlangt? Wann hat sie die Gnade der Unbefleckten Empfängnis vorbehaltlos angenommen? Wir wissen es aus dem Evangelium: im Augenblick der Verkündigung. Gewiss hat Maria seit den ersten Äußerungen ihres bewussten Lebens begonnen, der göttlichen Liebe zu antworten, den Einfluss der Gnade frei anzunehmen. Freudig unterzog sie sich dem Einwirken Gottes in ihrer Seele, stets bereit, seine geringsten Wünsche zu erfüllen, seine leisesten Eingebungen in die Tat umzusetzen. Durch ihre Willensakte ist sie, soweit es in ihrer Macht stand, allen Forderungen des göttlichen Willens nachgekommen. Es war ihr ein Vergnügen, den einfachen Wünschen zu entsprechen, die Gott ihr im Seeleninnern zu erkennen gab. Doch dieses Annehmen blieb beschränkt, da Gott den Augenblick abwartete, wo die Persönlichkeit Mariens, ins Erwachsenenalter gelangt, wirklich geformt und fähig war, ihm die volle und endgültige Zustimmung zu der besonderen Gnade zu geben, mit der er sie auszeichnen wollte. In diesem Augenblick sandte er einen Engel, der Maria über die Tragweite dieser Gnade aufklärte und damit auch über die Tragweite der Zustimmung, die von ihr verlangt wurde. Die Gnade der Unbefleckten Empfängnis war Maria im Hinblick auf ihre göttliche Mutterschaft gewährt worden. Der Engel gab ihr zu verstehen, dass ihr eine außerordentliche Gnade zuteilgeworden sei, damit sie Mutter des Messias und des Sohnes Gottes werden könne, und er verlangte eine Antwort.

Es war Maria völlig überlassen zu antworten, wie sie wollte. Die ihr von Gott schon bei der Empfängnis geschenkte Gnade war ihr Eigentum geworden. Alles in ihrer Seele war durch göttliche Einwirkung geformt, alles kam von Gott, aber gleichzeitig gehörte ihr alles, denn vonseiten Gottes lag ein wirkliches Geschenk vor, ein unwiderrufliches, reueloses Geschenk. Die Fülle der Gnade war in ihrem Herzen. Und darum ließ Gott ihr sagen: »Gegrüßt seist Du, voll der Gnade«, und bezeugen, dass diese Fülle der Gnade ihr so sehr gehörte, dass sie ihren eigentlichen Namen bildete, den Grundzug ihrer Persönlichkeit. Gott wollte bestätigen, dass alles, was er geschenkt hatte, Marias Eigentum geworden war und dass er nichts zurückverlange. Aus diesem gleichen Grund trug er dem Engel auf, ihr zu sagen: »Du bist mit Gnade überhäuft worden« und nicht: »Du bist mit Liebe überhäuft worden«. Und doch war Maria in der ganzen Kraft des Ausdrucks mit Liebe überschüttet worden, sie war »die von Gott Geliebte« nach dem etymologischen Sinn ihres Namens. Gott hätte sie gerne auf diese Weise angerufen, denn für ihn war Maria das Geschöpf, das er geliebt hatte, das er vorzugsweise liebte, an das er sein Herz geheftet hatte. Er hätte ihr bei der Verkündigung einen Titel geben können, in welchem die ihr geweihte, brennende Liebe klar ausgedrückt worden wäre. Aber nicht die Liebe ist maßgebend, die er ihr entgegenbringt, sondern alles, was die Jungfrau aufgrund dieser Zuneigung empfangen hat; darum wählt er einen Namen, der auf seine göttliche Liebe hinweist und deren herrliche Wirkung bezeichnet: »Du bist überhäuft mit Gnade«.

Diese Wirkung entzückt selbst Gott; im Gruß des Engels neigt er sich vor einer so großen Vollkommenheit. Denn der Engel ist nur ein Botschafter: Im Auftrag Gottes erscheint er Maria und, als er sie mit einem Wort grenzenloser Bewunderung grüßt, offenbart sich die große Bewunderung Gottes für sein Geschöpf. Gott kennt sich in seinem unendlichen Reichtum und in seiner unvergleichlichen Herrlichkeit, ebenso kennt er die Macht seiner Liebe und die Weisheit, mit der er seine Vollkommenheiten den von ihm erschaffenen Wesen mitteilt. Er hat alles in der Seele der Jungfrau getan. Er weiß es und trotzdem entzückt es ihn. Wenn er die Jungfrau betrachtet, wenn er sie mit all der Gnade geschmückt sieht, die er ihr geschenkt hat, erfasst ihn Bewunderung, und in echter Ehrfurcht vor der Person, die er erschaffen und mit seinen Gaben überhäuft hat, schickt er seinen Boten und grüßt er sie. Es ist eine wie von Begeisterung durchdrungene Ehrfurcht für den Zauber ihrer Schönheit.

Die Jungfrau ist Herrin dieser Schönheit und hat die Macht, sie nach ihrem Willen zu gebrauchen. Sie ist umso freier, umso selbständiger in ihrer Entscheidung, je mehr sie von Gott empfangen hat. Nie hat Gott ein Geschöpf so sehr geliebt und trotzdem vermeidet er es um jeden Preis, Druck auf Maria auszuüben. Er will auf seine Liebe die Antwort einer wahren Liebe, das heißt eines freien Herzens, das Herr über sich selbst ist. Darum ist er beispielsweise besorgt, dass Maria sich von der leichten Verwirrung erhole, die das Erscheinen des Engels hervorgerufen hat: »Fürchte dich nicht, Maria.« Um zu antworten, muss die Jungfrau über volle Ruhe und ihr klares Einsichtsvermögen verfügen können.

Die Antwort war vorbehaltlos, wie es die göttliche Gabe gewesen war. Maria will ihrer Zustimmung die Weite des göttlichen Willens als Maßstab zugrunde legen: »Es geschehe mir nach deinem Wort!«[5] Sie will, dass Gottes Wort ihr Leben völlig beherrsche. Im griechischen Text hat dieser Satz den Unterton eines Wunsches, die Wunschform eher als die Möglichkeitsform. Und das bezeugt die Ursprünglichkeit, mit welcher Maria zustimmt: Für sie heißt es nicht, einem Befehl zu gehorchen, sondern im Herzen eine Neigung zu besitzen, die mit dem Willen Gottes übereinstimmt. Viel mehr als eine Unterwerfung ist es ein Drängen ihres ganzen Wesens, das die Erfüllung der Absicht Gottes wünscht und sich darüber freut. Man kann ihre Antwort so übersetzen: »Es möge so sein, wie du gesagt hast.« In einer solchen Zustimmung brennt eine kaum gemeisterte Glut.

In diesem Augenblick nimmt Maria in voller Einsicht und ganzem Willen die Gnade an, die in ihr war seit ihrer Unbefleckten Empfängnis. Dem Eifer, mit dem Gott sie mit Gnade überhäuft hatte, entsprach die Glut ihrer Zustimmung. So hatte sich das unbefleckte Herz der Jungfrau vollkommen geformt und entfaltet. Damit ein Herz wahrhaft geformt wird in Hinsicht auf die übernatürliche Bestimmung des Menschen, muss vorerst Gott mit seiner Gnade wirken. Er muss den Menschen fähig machen, ihn zu lieben; darauf muss der Mensch seine Liebe frei erwidern. Diese drei Voraussetzungen sind in Maria im höchsten Maß vorhanden: Gott hat in ihr gewirkt vom Augenblick ihrer Empfängnis an, und zwar in umfassendster Weise. Er machte sie fähig, ihn zu lieben, denn er übertrug ihr eine außerordentliche Freiheit aufgrund der Fülle der Gnade, deren sie teilhaftig geworden war, und ebenso dank der Bewahrung vor allen Irrtümern und bösen Neigungen zur Sünde. So hat Maria nach langem Reifen ihrer Persönlichkeit unter dem Einfluss der Gnade, die ihr eine völ-

---

5 Lk 1,38.

lige Selbstbeherrschung sicherte, mit der ganzen Kraft ihres Wesens zugestimmt; inbrünstig hat sie sich dem göttlichen Willen hingegeben. Die Liebe, die sie empfangen und die ihr die Fähigkeit zu lieben gebracht hatte, erwiderte sie mit einer ebenso einzigartigen und unbeschränkten Liebe. Ihr Herz, ein ausschließlich Gott geschenktes Herz, war völlig geformt durch ihr *Fiat*.

Sündenlosc Seele

Der Gruß des Engels anerkannte im Herzen Mariens einen absoluten Sieg über die Sünde. In diesem Herzen hatte nur die Gnade gewirkt, die jeden Makel ausschloss und Maria die Last der Erbsünde ersparte. Keinen Augenblick musste die Seele Mariens die Knechtschaft Satans erdulden; sie hatte unter der Einwirkung Gottes nur in Reinheit und Heiligkeit gelebt.

Was waren die Menschen in den Augen Gottes zur Zeit der Verkündigung? Überall erblickte Gott nur Sünder, überall sah er Herzen, die der Versuchung Satans wenigstens teilweise und zu gewissen Zeiten ihres Lebens erlegen waren. Vergeblich hätte er unter den Menschen nach Seelen gesucht, die durch die Sünde nicht verseucht waren. Nur eine Ausnahme gab es: Inmitten der ungeheuren Menge von Sündern erschien die unbefleckte Jungfrau. Was Gott vergeblich gesucht hatte, fand er im Herzen Mariens vollkommen verwirklicht. In diesem Herzen hatte der Dämon das göttliche Licht nie zu verdunkeln, nie hatte er einen Schatten seiner Bosheit hineinzuwerfen vermocht. Wie strahlte diese Ausnahme in den Augen Gottes, wie leuchtete Marias Herz in seiner Reinheit! Dieses Schauspiel, das nur jenem gilt, der die Herzen erforscht, hatte die göttliche Bewunderung erregt.

Mehr noch! Das göttliche Auge glitt nicht nur über die Weite des Universums jener Zeit, es hatte auch die ganze Vergangenheit vor sich. Die Bezeichnung »voll der Gnade« war die Antwort auf ein sehr frühes Vorkommnis, das sich zu Anbeginn der Menschheit ereignet hatte. Satan hatte die erste Frau, die Mutter der Lebenden, zur Sünde verleitet. Und der Zorn Gottes war auf diese Frau gefallen, hatte sie aus der göttlichen Gegenwart und aus dem irdischen Paradies vertrieben, sie und ihre Nachkommenschaft. Doch bevor dieser Zorn sich geäußert hatte, war von Gott verheißen worden: Die Frau wird einmal durch ihre Nachkommenschaft über die Schlange triumphieren und ihr den Kopf zertreten. Dieser Tag war mit der Unbefleckten Empfängnis Mariens angebrochen: In Voraussicht der Verdienste ihres Sohnes wird diese Frau den vollen Sieg über Satan erringen, da Gott sie vor der Sünde bewahrt hatte. In diesem Augenblick, da Maria mit Gnade überhäuft wurde und der göttliche Zorn erlosch, erfüllt sich die göttliche Verheißung. Von nun an besteht nicht mehr Feindschaft zwischen der Frau und Gott, sondern Bündnis. Der Gruß des Engels »Gegrüßt seist du, voll der Gnade« bezeugt diese Versöhnung der Frau und der Menschheit mit Gott und ebenso die große Rache, die Gott an Satan nahm. Das Herz Mariens, in das Gott allein eingedrungen war, bildete das Gegenstück zum Herzen Evas, in das sich die Schlange eingeschlichen hatte.

Doch welch lange Zeit war nötig, um diese Antwort und Rache vorzubereiten! Das unbefleckte Herz Mariens war ein Teil des göttlichen Planes vom Augenblick an, wo Eva ihr Herz befleckt hatte; das Verhalten Gottes auf die Sünde der ersten Frau offenbarte sich darin, dass er die siegreiche Heiligkeit einer anderen Frau besiegeln wollte, bevor er das Urteil über die Sünderin aussprach. Als Gott sah, wie Eva ungehorsam war und die verbotene Frucht pflückte, dachte er an die Jungfrau, seine vollkommene Magd. Um dieses einzigartige Geschöpf zu verwirklichen, das seine Liebe als Antwort auf die Sünde ersonnen hatte, beschloss er, vorerst die Seelen der Menschen, die Beute des Sündenelends waren, zu bearbeiten und ihren Geist langsam auf eine Höhe zu führen, die ihnen erlauben würde, eine so vollkommene Seele unter sich aufzunehmen.

Diese Vorbereitung beanspruchte zahlreiche Jahrhunderte. Als die Menschen noch nicht in der Lage waren, Sehnsucht nach der unbefleckten Schönheit eines jungfräulichen Herzens zu empfinden, als sie diese weder vorauszuahnen noch zu erwarten imstande waren, betrachtete Gott sie im Voraus ohne Unterlass. »Voll der Gnade« war sein in den unergründlichen Tiefen seiner Absichten verborgener Traum: ein göttlicher Traum. Die Schau des makellosen Herzens Mariens bestimmte in gewisser Weise das ganze göttliche Tun: Gott begann im Grund aller Menschenherzen, die noch in der Sünde versunken waren, in entfernter Weise und gleichsam als Vorstufe heranzubilden, was er im Herzen Mariens in Vollkommenheit zu verwirklichen gedachte. Als er der Welt die ersten Anrufe seiner Gnade, die ersten Berührungen mit seiner Heiligkeit vermittelte, hatte er die Vollkommenheit vor Augen, zu der seine Gnade führen sollte. Das Herz Mariens war das Ziel des Weges, der Höhepunkt des Aufstiegs.

Gott heftete nicht nur seinen Blick auf dieses Ziel, er erwartete es. Er wartete, dass sein Traum Wirklichkeit werde. Man möchte sagen, dass eine heilige Ungeduld in ihm war, Maria endlich erscheinen zu sehen. Eine Ungeduld, die umso lebhafter war, als die Schwere der Sünde das göttliche Wirken in den Seelen verlangsamte. Es war so schwer, sie auf eine höhere Ebene zu bringen und sie von ihrem Schmutz zu reinigen! Gott sah, wie die menschlichen Generationen einander folgten und die Erbschaft der Sünde von der einen zur anderen übertrugen. Selbst die Menschen sind sich der Hässlichkeit, die die Menschheit befleckte, bewusst geworden. Als der hl. Paulus den Zustand der Welt vor der Erlösung durch Christus beschrieb, zählte er die Laster auf, von denen das Schrifttum seiner Zeit sprach. Mit diesen Worten bezeichnet er die sündigen Menschen »voller Ungerechtigkeit, Bosheit, Habsucht, Schlechtigkeit, voller Neid, Mord- und Streitsucht, Zank, Argwohn, Hinterhältigkeit, Verleumdung, Täuschung, Gottlosigkeit, Hoffart, Prahlsucht und Blasphemie; findig im Bösen, ungehorsam, anmaßend, unbeständig, herzlos und erbarmungslos«.[6] Wenn die Welt sich ihm so darbot, was war sie dann in den Augen Gottes! Wenn so viel Schändlichkeit sich den menschlichen Blicken zeigte, welchen Eindruck von der Welt musste Gott haben, der alles Verborgene kennt und in die Tiefen der Seelen schaut? Denn neben den öffentlich getätigten Lastern gab es alle die geheimen Bosheiten und oft lag hinter der Maske der Tugend eine schreckliche Heuchelei verborgen, die Heuchelei, die Jesus, der nach Wahrheit und Aufrichtigkeit lechzte, so streng verurteilte. Gott war Zeuge all dieser Scheußlichkeit und des Elends, von dem ihm nicht das Geringste verborgen blieb, und alles erregte seinen berechtigten Zorn, aber auch seine Grenzenlose Barmherzigkeit, und so sehnte er sich, sein Auge endlich auf ein makelloses Herz richten zu können, auf ein Geschöpf, dessen Verhalten untadelig wäre und dessen ganze Persönlichkeit ihm nur Reinheit darböte. Nach so viel durch die Vermehrung der Sünden in der Menschheit angehäufter Traurigkeit wollte Gott endlich die Freude verkosten, die er sich verheißen hatte.

Selbst jene, die »von Jahwe geliebt« genannt worden war, Maria, die Schwester Aarons, gebärdete sich aufrührerisch und säte Feindschaft gegen Mose, dessen Autorität sie untergraben wollte. Sie war gegen ihn aufgestanden und gab vor,

---

6 Röm 1,29–31.

mit gleichem Recht Verkünderin des göttlichen Willens zu sein wie er. Gott offenbarte die Hässlichkeit ihrer Sünde und schlug sie mit dem Aussatz, von dem sie nur durch öffentliche Sühnung ihrer Schuld befreit wurde.[7] Gott war gekränkt, dass sie, die sich von ihm geliebt nannte, sich in Hochmut und Aufruhr verstrickt hatte, und so sehnte er sich umso mehr nach der wirklich Geliebten, die seiner göttlichen Liebe ungehemmt teilhaftig werden sollte. Und wenn er im Alten Testament einige herrliche Frauengestalten erweckte, dic die Schönheit Mariens und ihre erlösende Sendung ankündigten, so steigerte sich seine Freude, die erhabenste Schönheit endlich erwecken zu können. Denn so schön diese Gestalten auch waren, so blieben sie doch weit hinter dem Ideal zurück. Der Schatten der Sünde befleckte sie. Nirgends, nicht in Deborah noch in Judith oder Esther fand Gott ein unbeflecktes Herz. Es war viel Herrliches in diesen Heldinnen, doch Gott suchte eine einfache Seele in unauffälliger Menschengestalt, deren Inneres ein Heiligtum wäre.

Das unbefleckte Herz Mariens war also das Ergebnis eines langen Wartens. Mit welch frohem Entzücken hat wohl der Herr erschaffen, was er schon so lange geplant hatte, und dann die vollkommene Reinheit betrachtet nach so vielen sündenbeladenen Geschlechtern! Dieses Entzücken bemerken wir noch im Widerhall des Engelswortes: »Sei gegrüßt, voll der Gnade!« Jetzt besaß Gott ein Geschöpf, das er, ohne Zorn oder Traurigkeit zu verspüren, betrachten konnte, in welchem sein Auge unendliches Wohlgefallen empfand. Als Spiegel der göttlichen Vollkommenheit bot das Herz Mariens den göttlichen Blicken, die während langer Jahrhunderte die Herzen der Menschen durchdrungen hatten, ohne sich jemals vorbehaltlos in sie versenken zu können, eine Ruhestatt. Es erfüllte das Sehnen und die Erwartung Gottes.

---

7 Num 12,1–15.

Maria bot sich den Augen Gottes, vor denen die Geschichte der Menschheit in ihrer unverfälschten Wahrheit ausgebreitet lag, als die Morgenröte einer neuen Zeit dar. Die unbefleckte Reinheit ihres Herzens stellte die menschliche Geschichte an einen neuen Anfang und gab ihr eine neue göttliche Wegweisung. Sie war »die neue Schöpfung«, von der der heilige Paulus spricht;[8] eine Schöpfung auf einer weit höheren Ebene, als es die erste war; denn die Heiligkeit Mariens übertraf bei Weitem jene, die Eva vor der Sünde besaß. Und das Neue war bestimmt, sich über die Erde zu ergießen, alles überall neu und rein zu machen. »Das Alte ist vorbei, Neues hat sich ereignet; und alles stammt aus Gott.«[9] Die Unbefleckte Empfängnis hat ein neues, völlig anderes Zeitalter eröffnet, zwar war sie ein verborgenes Ereignis, jedoch dazu bestimmt, universelle Auswirkungen zu entfalten.

Um die Bedeutung dieses Geschehens zu begreifen und es aus unserer Sicht zu betrachten, die Marias Seele so zu erfassen versucht, wie sie sich den Blicken Gottes darbot, müssen wir wieder zu einer Stelle beim hl. Paulus greifen, die sich auf den von Gott von aller Ewigkeit her gefassten Entschluss bezieht. Wir sind in Christus, erklärt der Apostel, vor der Erschaffung der Welt auserwählt worden zu einem Leben der Heiligkeit, weil Gott in seinem unbeschränkten Wohlwollen und in der Größe seiner Liebe beschlossen hatte, die Sünden durch das Erlösungswerk Christi zu vergeben, uns durch die Vermittlung seines Sohnes zu seinen Söhnen zu machen, uns in diesem seinem viel geliebten Sohn reiche und überströmende Gnade zu

[8] 2 Kor 5,17.

[9] 2 Kor 5,17–18.

gewähren.[10] Wenn Gott uns also in seinem Sohn im Voraus geliebt hat, hat er dann nicht jene zuallererst in diese Liebe zu Christus eingeschlossen, die seine Mutter werden sollte? Maria war also von Anbeginn an »von Gott geliebt« in ihm, der ihr geliebter Sohn war. Die vom Allmächtigen in seinem Sohn gewährten Gnaden finden sich zuerst in Maria vereinigt, um in ihr die Fülle der Gnade zu bilden. In ihr widerstrahlt die Vollkommenheit Christi schattenlos.

»Schon vor der Erschaffung der Welt« ruhte das göttliche Auge auf der Schönheit der Jungfrau. Darum wendet die Liturgie auf Maria an, was der heilige Verfasser von der Weisheit sagt: »Mich schuf der Herr als Anfang seiner Laufbahn, als erstes seiner Werke, in der Urzeit. Von Ewigkeit her bin ich eingesetzt, im Anfang seit dem Weltbeginn. Die Ozeane waren nicht, da ward ich schon geboren, als es noch keine reichen Wasserquellen gab. Bevor die Berge eingesenkt, da war ich vor den Hügeln schon geboren. Er hatte Land und Flur noch nicht gemacht, noch nicht das Element des Staubes in der Welt, da war ich schon dabei, als er den Himmel hergestellt, als er die Wölbung über dem Ozean festsetzte, als er die Wolken droben mächtig machte, und als des Ozeanes Fluten mächtig wurden, als er dem Meere seine Schranken setzte, dass die Gewässer sein Geheiß nicht überschritten, als er der Erde Gründe legte.«[11] Diese Zeilen müssten eigentlich auf Christus bezogen werden, wie es aus der Offenbarung des Neuen Testamentes hervorgeht, denn Christus ist die göttliche Weisheit. Aber die Liturgie wendet sie auf Maria an, um uns nahezulegen, dass sie in den Augen Gottes gegenwärtig war, weil Christus in ihrem Schoß Mensch werden sollte. Wenn Gott im Augenblick der Schöpfung das Wort

---

[10] Eph 1,3–8.

[11] Spr 8,22–29.

Fleisch werden sah, so sah er es in und mit Maria. Die ganze Entfaltung der wunderbaren Kraft, die sich in der Erschaffung des Universums ausdrückt, war auf diesen kleinen fernen, in der ungeheuren Weite des Raumes und der Zeit verlorenen Punkt ausgerichtet, auf die Bildung einer makellosen Seele. Mehr noch, der Anblick dieser Seele verklärte in gewisser Weise das Schöpfungswerk, erfreute das göttliche Tun. Wie die Weisheit sagt, spielte Maria »unaufhörlich in Gegenwart«[12] Gottes und bot seinem Blick immer neues Wohlgefallen dar. Sie war die Freude seiner Schöpfung und, um bei den Bildern der Bibel zu bleiben, der Ruhepunkt, den Gott sich während seines Tuns wünschte. So umfing sie die volle Gunst des Schöpfers, und durch sie ließ Gott sein Wohlwollen auf die ganze Menschheit fließen.

Maria war darum für Gott gleichsam die Erstlingsgabe einer Fülle von Gnaden. Gewiss, die Gnade der Unbefleckten Empfängnis ist ihr nur zuteilgeworden in Voraussicht der Verdienste des Erlösers. Maria verdankte also Jesus ihre ganze Heiligkeit. Aber im zeitlichen Ablauf ist es die Gnade der Unbefleckten Empfängnis, die als erste geschenkt worden war und dem Erlösungswerk voranging. Von ihr aus sah Gott seine Gnade sich über die Welt ergießen, wie nach Eva die Sünde sich verbreitet hatte. Dem Vergleich des hl. Paulus zwischen Adam und Christus entspricht die Parallele zwischen Eva und Maria. Die Sünde einer einzigen Frau bewirkte das Überfluten der Sünde auf die ganze Menschheit; die Reinheit Mariens soll die Ausbreitung der Heiligkeit in den Seelen bewirken. »Da, wo sich die Sünde angehäuft hatte, ward die Gnade noch reichlicher.«[13] Wenn Maria einen Überreichtum von Gnade in sich besaß, so war dieses Übermaß bestimmt, sich auf die ganze

[12] Spr 8,30.

[13] Röm 5,20.

Menschheit zu erstrecken. Die Unbefleckte Empfängnis kündete dieses Überfließen der Gnade an. Gott hatte die Vermehrung der Sünde gesehen und schuf nun das unbefleckte Herz Mariens als Ausgangspunkt einer noch stärkeren Vermehrung der Heiligkeit.

Nach dem hl. Paulus hatte Gott beschlossen, alles in Christus zusammenzufassen, das heißt, alles zu erneuern durch die Unterstellung des Universums unter die Herrschaft Christi, um es dadurch des göttlichen Lebens teilhaftig werden zu lassen, das durch die Erlösung erschlossen worden war. Diese Zusammenfassung, diese allgemeine Erneuerung sollte mit der Maria geschenkten ersten Gnade ihren Anfang nehmen. Wenn der Engel sie mit den Worten begrüßte »Voll der Gnade«, so erkannte er in der Jungfrau eine Fülle, die die ganze Menschheit und das Universum zu überfluten imstande war.

Wenn sich das ganze Heilswerk und die Heiligung der Menschen schon in der Gnade der Unbefleckten Empfängnis finden lässt, so besitzen wir wohl darin den Beweis der Macht, die Gott in das Herz Mariens gelegt hat. In dieser zarten, demütigen Jungfrau war eine Macht verborgen, die die Welt verändern und sie friedlich, aber unwiderstehlich erobern wird. Wenn man vom Herzen eines Mädchens spricht, denkt man gern an Frühlingsfrische und zarte Beschwingtheit. Auch das Herz Mariens war voller Frische, aber es war jene unerschöpfliche Frische der Neuheit, welche die Gnade durch ihre Person in die Welt brachte. In Maria war alles neu, und durch sie sollte das Universum erneuert werden. Es war in diesem Herzen auch ein geheimes Beben, jenes Beben der göttlichen Liebe, die von ihm Besitz ergriffen hatte und die ihm eine unüberwindliche Macht über Satan verlieh. Nichts war imstande, die Ausbreitung dieser Liebe unter den Menschen zurückzudämmen. Das unbefleckte Herz Mariens verbarg eine Macht und drängende Kraft, die im Verlaufe der Jahrhunderte offenbar wurde. Gott als ihr Urheber betrachtete sie von Anbeginn mit Wohlgefallen.

Innere Harmonie

Nachdem wir, wie Gott selbst, die herrliche Ausstattung des unbefleckten Herzens betrachtet haben, müssen wir zu ergründen versuchen, was es im Innersten ist, uns die Reinheit der Gedanken Mariens vor Augen führen und die Wirkungen der Fülle der Gnade, die in ihr wohnte, begreifen. Diese Bemühung ist verschieden für jeden von uns; wenn wir überlegen, was sich in unserer Seele abspielt, müssen wir zugeben, dass unser bisheriges Leben unvergleichlich schöner wäre ohne unsere Sünden. Wenn nur eine Richtschnur, die Liebe Gottes, unser Handeln geleitet hätte, könnte unser Leben wie ein vollendetes, einheitliches Werk vor uns stehen. Selbst in unserem Sündenzustand ist es die göttliche Liebe, die schließlich unserem Leben die Richtung eingeprägt hat, denn wenn wir uns des Schutzes der Vorsehung und der Anrufe der Gnade erinnern, erkennen wir, dass dadurch unsere Vergangenheit ihren Sinn und die Ereignisse durchgehend eine Linie erhalten haben. Gott hat sich unserer Fehler und Abwege bedient, um sie seinen Zwecken dienstbar zu machen. Die Linie ist krumm geworden, aber nie abgebrochen. In Maria ist sie gerade, denn die göttliche Liebe fand in ihrem Herzen nie einen Widerstand, den sie umgehen musste. Gott hat die Richtung, die er diesem Leben vorgezeichnet hatte, nie zurechtbiegen müssen, denn sein Handeln vollzog sich unter dem Anstoß der Gnade und die göttliche Eingebung lenkte das ganze Verhalten und verlieh ihm eine einzigartige Einheit.

Darum herrschte im Herzen der Jungfrau und in allen ihren Gefühlen eine tiefe Harmonie. Nie hatte es zwischen dem

Weg des Guten und des Bösen gezögert, nie hatte es einer Teilung zugestimmt. Die Sünde hatte es nie verdunkelt und in der Entfaltung seiner Liebe gehemmt; Maria hatte auch nie unter Störungen des seelischen Gleichgewichts gelitten, die von der Erbsünde stammen und eine besondere Neigung zur verbotenen Frucht und ein geheimes Wohlgefallen am Bösen erzeugen. Ein solches Wohlgefallen vermochte sich nie in ihr festzusetzen noch sie nach unten zu ziehen. Ihr Herz hat den Stachel des Fleisches gegen den Geist, die Anziehungskraft der niederen Wirklichkeiten, die den Menschen entwürdigen, nicht gekannt so wenig wie die Lockung der irdischen Eitelkeiten, die den Hochmut aufblähen. Satan fand in Maria nie die geringste Zweideutigkeit.

Doch haben Harmonie und Gleichgewicht Maria nicht vor jeder Versuchung bewahrt. Wenn Christus sich dieser Prüfung unterzog, ist sie Maria nicht erspart worden. Satan konnte zu Jesus hintreten, um ihn zum Verrat an seiner Sendung zu bewegen; er hat es auch an Maria versucht. Mit seinem abstoßenden Antlitz hat er das unbefleckte Herz, über das er keinerlei Gewalt besaß, umschmeichelt. Unter schönen Vorspiegelungen wollte er Gedanken der Bosheit in es hineinträufeln. In der Wüste bemühte er sich, das Band zu zerstören, das den Sohn mit dem Vater vereinte. Er trieb seine Ränke, die er schon an der Person Mariens versucht hatte, an der Person Jesu weiter: Auch sie wollte er mit dem himmlischen Vater entzweien durch den Bruch des Bandes, das die Unbefleckte Empfängnis hergestellt hatte. Er hatte geschworen, die schöne Seele zu verderben, und die Versuchungen, die er gegen sie ins Werk setzte, waren heftiger als jene gegen alle anderen Geschöpfe. Er hatte begriffen, was auf dem Spiel stand. Wie oft umschlich er das unbefleckte Herz, um eine Schwäche in ihm zu entdecken und sie ausnützen zu können! Wie gern hätte er diese Reinheit mit einem Makel besudelt!

Er entfesselte die ganze Macht der Hölle und ihren Hass gegen Maria. War die Jungfrau in Gedanken versunken, versuchte Satan, ihre Fantasie in ein irdisches Glück zu verstricken. War sie besonders fröhlich, flüsterte er ihr Wünsche nach Größe und Ruhm ein. War sie wegen eines Vorfalls traurig, versuchte er, sie in Entmutigung und Misstrauen gegen die göttliche Güte zu stürzen. Als er begriff, dass grobe Versuchungen unnütz waren, nahm er zu Mitteln der Schlauheit Zuflucht, zu gefälligen Eingebungen. Es war schrecklich, wie Satan seine große Intelligenz einsetzte, um sich in das Herz dieses Mädchens einen Weg zu bahnen. Aber alle teuflische Bosheit zerbrach immer wieder an einer unübersteigbaren Mauer. Maria bezeugte ganz einfach Gott ihre unbeschränkte Liebe und weit entfernt, befleckt oder getroffen worden zu sein, erwies sich ihr Herz makelloser als vor der Versuchung; statt geschwächt, wurde ihre Einung mit dem himmlischen Vater gestärkt durch die Prüfung. Sie trug erneut über den Dämon den völligen Sieg davon, der begründet war in ihrer Unbefleckten Empfängnis. Sie triumphierte, als wäre es leicht und natürlich in der Hingabe an Gott und in einer vorbehaltlosen Annahme seiner Gnade.

So musste sie nie Reue oder Gewissensbisse empfinden. In ihrer Seele war nichts von der Hässlichkeit, die selbst eifrige Seelen bei gewissen Handlungen in sich feststellen müssen. Maria hatte nicht die geringste Kälte in ihrer Liebe zu Gott zu bedauern, nicht die kleinste Unaufmerksamkeit gegenüber dem göttlichen Willen. Nie hat Traurigkeit, den Vater beleidigt oder vernachlässigt zu haben, sie erfasst. Zwischen der unendlichen Liebe Gottes zu ihr und ihrer Liebe zu Gott gab es nie eine Unterbrechung. Alles war Liebe in Mariens Herzen.

Ihre Reinheit stammte aus ihrer Liebe. Man ist oft geneigt, nur die negative Seite der Reinheit, die Abwesenheit jeder Sünde, zu sehen. Und man betrachtet die Moral als eine Enthaltung von gewissen Akten. Wenn man auch anderes als diese Enthaltung anerkennt, so sieht man sie doch als Ausgangspunkt an, als die Grundlage, auf der man aufbauen kann. Erst die Reinheit und dann die Liebe. Aber in Wirklichkeit ist die Reinheit ein Ausfluss der Liebe, und so war es im Herzen Mariens: Es war makellos, weil es von Liebe überfloss.

Mehr noch! Wir haben erklärt, dass die erste Quelle dieser Reinheit nicht die Liebe Mariens zu Gott war, sondern die göttliche Liebe, die sie mit Gnade überhäuft hatte. »Darin besteht die Liebe: Nicht dass wir Gott geliebt haben, sondern dass er uns geliebt hat ...«[14] Diese von Johannes ausgesprochene Wahrheit war von Maria erkannt worden. Weil Gutes in ihr war, weil sie makellos lebte, so wusste sie, dass die erste Ursache die Liebe war, die Gott ihr entgegenbrachte. Darum weihte sie ihre unbefleckte Reinheit Gott wie eine Ehrengabe, die sie ihm zurückerstattete: Gott bewirkte alles in ihr und ihm gehörte das Verdienst des Friedens und der Harmonie, die in ihrer Seele herrschten. Ihm verdankte Maria die Schönheit ihres Lebens. Von Gott und seiner Liebe hatte sie ihr makelloses Herz und das Leben empfangen. Das war der Grund ihrer Freude. Als sie den Gruß des Engels »Voll der Gnade« vernahm, war sie beglückt, einfach ein Werk Gottes zu sein, das der völlig unverdienten Gunst des himmlischen Vaters zu verdanken war, und sie schöpfte aus ihrer Überzeugung die Gewissheit, dass diese Gnade nie verloren gehen, dass das Werk Gottes sich in ihr weiterentwickeln und vollenden wird. Das unbefleckte Herz Mariens war das Zeugnis einer Liebe, die sich nie zurückziehen würde, das für immer geschenkte Unterpfand der erlösenden Liebe und ihres Triumphes über die Sünde.

---

[14] 1 Joh 4,10.

Zweites Kapitel

Jungfräuliches Herz

Das Gelübde der Jungfräulichkeit

Maria antwortet auf den Gruß und den Vorschlag des Engels, um einen außerordentlichen Entschluss, der auf den ersten Blick den Absichten Gottes zu widersprechen scheint, zu bekräftigen. Als sie ersucht wird, die Mutter des Messias zu werden, fragt sie: »Wie soll das geschehen, da ich keinen Mann erkenne?«[1] Sie erkennt keinen Mann, das heißt, sie will jungfräulich bleiben, wie sie es bisher gewesen und auch in Zukunft zu bleiben entschlossen ist. Das ist in einfachen, aber sehr bestimmten Worten ausgesprochen. Wenn Maria zu Beginn des Gespräches durch die unbekannte Stimme des Engels einen Augenblick erschrocken und verwirrt war, so erweist sie sich in ihrer Antwort klar und beherrscht. Nicht dass sie bereit gewesen wäre, Gott zu widerstehen, und, wie man es manchmal auslegt, die göttliche Mutterschaft zu opfern, um ihre Jungfräulichkeit zu bewahren. Maria betrachtet sich als die Magd des Herrn und stellt sich ihm ganz zur Verfügung: Es geht ihr nicht darum, den göttlichen Vorschlag zurückzuweisen; ihre Zustimmung ist schon ent-

---

[1] Lk 1,34.

halten in der Frage »Wie soll das geschehen?«. Sie sagt: »Wie soll« und nicht: »Wie sollte«. Sie zweifelt nicht, dass es geschehen wird, dass die göttliche Absicht sich verwirklicht, aber sie möchte wissen, wie diese Verwirklichung vor sich geht. Die Tatsache steht fest, sie befragt den Engel über das »Wie«.

Und damit eröffnet sie ihr großes Geheimnis, ihren Entschluss, Jungfrau zu bleiben. Es ist wirklich ein großes Geheimnis, das die Bewohner Nazareths und alle, die sie kennen, und sogar gut kennen, nicht ahnen können, da sie mit Josef verlobt ist. Mit dem Engel aber, der ihr die von Gott zubestimmte Aufgabe enthüllt und in seiner Anrede »voll der Gnade« das Wesen ihrer Seele kennzeichnet, kann Maria darüber sprechen wie über etwas, was ihm bekannt ist und keine weitere Erklärung benötigt. Trotzdem hat sie gewiss beim Aussprechen der wenigen Worte »Ich erkenne keinen Mann« eine starke Erregung verspürt, denn sie konnte sich nicht mit gleichgültigem Herzen über ihr innerstes Sehnen und ihren teuersten Entschluss äußern. Sie eröffnete dem Engel ihr tiefstes Leben und ihr Herz schlug wohl heftig wie sonst nie, als sie das Kostbarste enthüllte, was sie besaß.

Wenn sie in diesem feierlichen Augenblick ihr Gelübde erneuert, so tut sie es in der Überzeugung, eins mit dem Willen Gottes zu sein. Undeutlich spürt Maria, dass ihre Jungfräulichkeit der ihr vorgeschlagenen Mutterschaft nicht geopfert werden soll: Diese Frage stellt sich nicht einmal und es kann sich kein Widerspruch ergeben, denn Jungfräulichkeit und Mutterschaft sind beide Teil des göttlichen Planes. Auf einen Anruf Gottes hin hat sich das Mädchen von Nazareth im Geheimen verpflichtet, jungfräulich zu bleiben. Maria ist sich völlig bewusst, darin einzig den göttlichen Willen befolgt zu haben. Das Sehnen nach unbefleckter Reinheit, das in ihr stets lebendig war, die innere Stimme, die zum Gelübde drängte, in der

Jungfräulichkeit zu leben, die tiefe Freude, die sie in dieser Verpflichtung und in der Treue zu ihr verspürte: All dies konnte nur aus Gott stammen. Maria ist dessen gewiss. Darum ist sie mit ihrer Jungfräulichkeit so stark verbunden. Mit aller Deutlichkeit spricht sie zum Engel über ihren Entschluss wie über etwas, auf das man nicht zurückkommt, weil Gott selbst die Veranlassung dazu gegeben und alles in seine Pläne einbezogen hat.

Die Erklärung, dass Maria bei der Verkündigung sich eines Gelübdes erinnerte, das sie gemacht und zu erfüllen sich verpflichtet glaubte, besagt zu wenig. Nicht der juristische Begriff einer Verpflichtung, die erfüllt werden muss, lenkt das Mädchen von Nazareth. In seinem Entschluss ist alles Absolute und Unwiderrufliche enthalten, das in feierlichen Gelübden zum Ausdruck kommt. Aber es hat dieses Gelübde in voller Ungezwungenheit abgelegt, die durch keinerlei Konvention und äußere Förmlichkeit umrahmt oder behindert worden war. Seine Hingabe war vollständig und einfach zugleich, ohne Vorbehalt in der Seele und nicht begrenzt durch Worte in der inneren Zustimmung. Diese Opfergabe war sich selbst der eigene Ausdruck.

So wird begreiflich, wie sehr Maria sich mit ihrer Jungfräulichkeit gleichsetzte und in ihr die tiefste Erfüllung ihres Wesens fand. Zu sagen, dass sie jungfräulich, dass sie die Jungfrau war, heißt auszudrücken, was ihr Innerstes war, was sie als Liebstes besaß. Wie die anderen jüdischen Frauen es natürlich fanden zu heiraten, so selbstverständlich war es für Maria, dass sie zur Jungfräulichkeit bestimmt sei. Die göttliche Berufung hatte derart von ihrer Seele Besitz ergriffen, dass sie von ihr nicht mehr verschieden war. Maria war so, wie Gott sie wollte, nicht infolge einer irgendwie erzwungenen Unterwerfung, die von ihr beständig harte Opfer gefordert hätte, sondern infolge der Übereinstimmung all ihres

Sehnens und aller Gefühle mit dem göttlichen Willen. Die Jungfräulichkeit war für sie zugleich ein Ideal, das sie beglückte, und eine Wirklichkeit, die sie völlig erfüllte.

Jungfräulichkeit und Erwartung des Messias

Aus diesem Ideal floss eine höhere Harmonie und Freude in sie. Aber wenn es sich ohne Knirschen und Gleichgewichtsstörung verwirklichte, so war es doch nicht frei von Verzicht. Mit der Verpflichtung zur Jungfräulichkeit hatte Maria freiwillig auf das, was der geheime Traum vieler Frauen im jüdischen Volke bildete, verzichtet: den Messias unter ihren Nachkommen zu sehen. Davon hat gewiss auch Maria geträumt; denn wenn je eine Frau in Israel das heiße Verlangen verspürt hatte, Mutter oder doch wenigstens Ahnfrau des Messias zu werden, musste es in erster Linie nicht Maria sein? Besaß sie nicht mehr als die anderen, in einem gesteigerten Grade, die Sehnsucht nach der Ankunft des Messias und erwartete sie nicht aus ganzem Herzen sein Kommen, da er die Menschen erlösen sollte? In ihrer Reinheit seufzte sie nach der Zeit, wo die Sünden der Menschheit Vergebung finden und das Reich Satans dem Reiche Gottes weichen sollte; sie hungerte nach Heiligkeit für das ganze Universum. Erbarmungsvoll blickte sie in mitleidender Liebe auf das Elend und die menschlichen Schwächen und ungeduldig erwartete sie den Tag, wo Gott die Not lindern und den Aussatz der Seelen heilen würde. Sie wünschte, die Macht des Messias erleben zu können, der den Menschen die Kraft zu lieben bringen und ihre Traurigkeit in Glück verwandeln sollte.

Um die Ankunft dieses Tages zu beschleunigen und sich auf ihn vorzubereiten, wollte Maria Jungfrau bleiben. Die anderen Frauen dachten, das Kommen des Messias durch ihre Mutterschaft in die Wege zu leiten, und das schien ganz natürlich zu sein. Maria ging den entgegengesetzten Weg: Sie brachte die Mutterschaft zum Opfer dar. Warum? Weil sie begriffen hatte, dass Gott für das Kommen des Messias eine absolute Hingabe des ganzen Seins forderte. Dieses Kommen sollte, wie Maria gefühlt hatte, geistiger Art sein, nicht eine neue zeitliche Herrschaft begründen, sondern einen Zustand der Heiligkeit. Sie weihte sich darum völlig Gott und hoffte, damit in bester Weise ihren Teil zum baldigen Kommen des Messias beizutragen. Sie zählte darauf, dass Gott ihr Opfer nicht verschmähen und ihr geheimes Sehnen erfüllen würde.

Man erinnere sich, wie der hl. Paulus die Jungfräulichkeit betrachtete: als Ideal, das der bevorstehenden Ankunft des Herrn und der vergänglichen Gestalt unserer Welt entspricht. »Die Zeit ist kurz«, erklärt er.[2] In diesem Geiste strebte Maria nach dem Ideal. Sie wünschte, schon aus jenem himmlischen Leben zu leben, das sich den fleischlichen Fesseln entzieht und das ganze Denken ausschließlich auf den Herrn richtet. Die Zeit war kurz vor dem Kommen des Messias, und Maria brachte Gott ihr jungfräuliches Herz wie eine Erwartung dar.

Mit der Erfüllung dieser Erwartung brachte die Verkündigung der Jungfrau eine große Überraschung: Als der Engel ihr erklärt, dass die Wahl Gottes auf sie gefallen sei, glaubt sie ihm sogleich, doch versteht sie nicht, wie sie Mutter werden kann. Die Antwort »Wie soll das geschehen, da ich doch keinen Mann erkenne?« beweist, dass Maria die Jungfräulichkeit als ein Hindernis für die Mutterschaft betrachtet und trotz allem dem jungfräulichen Stand verpflichtet bleibt.

Sie bittet also um eine Erklärung. Sie weiß, dass sie Mutter werden wird gemäß der Botschaft, die an sie gerichtet worden ist. Sie weiß auch, dass sie Jungfrau bleiben wird entsprechend der göttlichen Eingebung, die sie seit Langem leitet. Sie weiß

---

[2] 1 Kor 7,29.

schließlich, dass Gott die beiden scheinbar unvereinbaren Dinge in Einklang bringen wird und sie fragt nach dem Wie. In diesem feierlichen Augenblick bekundet sie ein erneutes Mal die Absicht, in der völligen Hingabe an Gott zu verharren, und im Ton ihrer Stimme schwingt schon der Wille mit, der in der endgültigen Antwort deutlicher zum Ausdruck kommt. Selbst nachdem ihr die Gnade zuteilgeworden ist, Mutter des Messias zu werden, ja gerade da wünscht sie, Gott in völliger Hingabe weiter anzugehören. Mit den Worten »Ich erkenne keinen Mann« will sie Gott bezeugen, dass sie sich durch die Botschaft des Engels von ihrer Verpflichtung zur Jungfräulichkeit nicht im Geringsten entbunden fühlt, sondern an ihr unlösbar festhält. Wenn sie nur lau auf den göttlichen Anruf geantwortet hätte, würde sie die Gelegenheit genutzt haben, sich von ihrem Gelübde entbunden zu betrachten. So hätte sie von der Macht Gebrauch gemacht, die im Angebot, Mutter des Messias zu werden, enthalten war. Maria aber legt diese Macht in die göttlichen Hände zurück und bekennt sich dadurch mehr denn je als gottgeweiht: Als Mutter will sie Jungfrau bleiben, um mit Gott in völliger Vereinigung zu verharren. In den Worten »Ich erkenne keinen Mann« klingt schon ihr »Ich bin die Magd des Herrn« mit. Selbst als Mutter des Messias will Maria Magd bleiben, und die Jungfräulichkeit ist der deutlichste Ausdruck dieses Magdseins, denn sie pflanzt das Dienen in den Urgrund des Herzens, an die Quelle allen Fühlens und Tuns. Aus diesem Grunde will Maria klar und bestimmt als Antwort auf die Botschaft Gott eine Seele, einen Körper darbringen, die jungfräulich sind.

Gott wollte die Bestätigung dieses Willens zur Jungfräulichkeit. Deshalb klärte er Maria nicht sogleich über die Art ihrer Mutterschaft auf. Er hätte gewiss durch die Stimme des Engels unverzüglich den Weg nennen können, den er für die Empfängnis des Messias vorausbestimmt hatte. Wenn er ihn im Dunkeln lässt und die Aufklärung zurückhält, so geschieht es aus dem Wunsch, eine spontane Stellungnahme Marias, eine Bestätigung ihres Willens, jungfräulich zu bleiben, zu vernehmen. Er wünscht diese Bestätigung wie eine Liebeserklärung; denn der Entschluss, Jungfrau zu bleiben, ist eine Liebeserklärung und er antwortet sogleich darauf mit der Ankündigung, dass ihre Jungfräulichkeit keinen Makel erleiden wird, da der Heilige Geist allein in ihr die Empfängnis des Messias bewirken wird.

Eine Liebeserklärung ist das Wort »Ich erkenne keinen Mann«, das nicht eine Leere, sondern eine Fülle zum Ausdruck bringt. Maria hütet sich vor jeder körperlichen Liebe, weil sie wünscht, nur von einer geistigen Liebe erfüllt zu sein. Ihre Jungfräulichkeit ist in erster Linie nicht Enthaltung, sondern Hinneigung. Maria hatte ihre Liebe Gott geweiht, und zwar mit der Innigkeit, mit der eine Braut sich dem Bräutigam hingibt. So umschloss ihre Vereinigung mit Gott alles, was die Ehe Gutes und Schönes umfasst, aber in der geistlichen Ordnung, auf der Ebene der Seele.

Man könnte sich indessen fragen, ob Maria wirklich die Absicht hatte, ihre Liebe in der Art einer Braut Gott zu schenken. Hätte sie einen solchen Gedanken nicht zu kühn gefunden? Stand der Jahwe der Juden nicht zu hoch über allen Menschen? Hätte ein Mädchen es wagen können, ihm ein bräutliches Herz anzubieten? Gott hatte vor der Verkündigung Maria die Gunst, die er ihr bezeugen wollte, nicht zu erkennen gegeben. Er hatte sie ebenso wenig wissen lassen, dass er sie in einzigartiger Weise liebe, dass sie seine viel geliebte Tochter, seine unter allen Auserwählte sei. Wie hätte Maria mit einem bräutlichen »Ja« auf eine Liebeserklärung antworten können, die sie nicht erhalten hatte?

Wenn ihr aber keine solche Erklärung bekundet worden war, so hatte Maria sie doch vernommen. Sie glaubte mit ganzer Seele an das Wort Gottes, wie es aus der Schrift erklang. Gott hatte doch durch die Propheten und die heiligen Schriftsteller die Liebe, die er zwischen Israel und ihm zu erwecken wünschte, zu erkennen gegeben. Jahwe hatte nach den Worten Hoseas beschlossen, sich mit Israel zu verbünden, es in die Einsamkeit zu führen und ihm zu Herzen zu sprechen. »An diesem Tage, erklärt Yahwe, wirst du mich ›mein Bräutigam‹ nennen … und ich werde mich mit dir verloben in der Treue, und du wirst Yahwe kennen.«[3] Es ist unvorstellbar, dass Maria diese prophetischen Worte angehört hat, ohne von der göttlichen Liebe, die sich in ihnen offenbart, berührt zu werden und ohne die Bedeutung der Verheißung, eines Tages wird sich diese Vermählung verwirklichen, zu erfassen. Wie sie bei der Verkündigung die Kühnheit besaß, an die Verwirklichung der Worte des Engels zu glauben, hatte sie früher die Kühnheit, an die Erfüllung der Prophezeiung Hoseas zu glauben. Sie hatte diese Verheißung ernst genommen und begriffen, dass die angebotene Vermählung für ganz Israel, also auch für sie, galt. Sie war sich bewusst geworden, dass Gott von ihr, wie vom ganzen jüdischen Volk, eine bräutliche Liebe verlangte. Und im Glauben an diese gewünschte Vermählung wie im Glauben an den Vorschlag, die Mutter des Messias zu werden, hatte sie in der ganzen Kraft ihres Herzens die Antwort gegeben.

---

[3] Hos 2,18.21–22.

Der Satz »Ich erkenne keinen Mann« bildet das Echo auf das Wort Hoseas »Du wirst Yahwe kennen«. Maria will mit Gott vereint bleiben. Ihre Haltung ist die Erwiderung auf alle Vorwürfe, die der Prophet an sein Volk gerichtet hat: Israel war mit einer Frau verglichen worden, die durch Ehebrüche sündigt, denn der Götzendienst, dem es frönte, glich Hurerei. Maria hatte die Vorwürfe einer durch Untreue verletzten Liebe vernommen. In vollem Gegensatz zu den Treuebrüchen Israels wollte sie Gott ein Herz darbieten, das ihm völlig gehören sollte in einer absoluten und getreuen Hingabe, die jede Regung des Fleisches ausschloss. Sie war entschlossen, keinen Mann zu kennen, um nur Jahwe allein zu kennen und eine Braut im Sinne der göttlichen Vorstellung zu werden.

Sie wusste, dass die von Gott angebotene Liebe alle Zärtlichkeit und Anziehungskraft der ehelichen Liebe in sich barg. Das Hohelied hatte ihr die Schätze der göttlichen Zuneigung andeutungsweise zu erkennen gegeben. Ihr Herz, das allzeit wachsam blieb, hatte sich in den Worten der Braut erkannt: »Ich höre meinen Vielgeliebten anpochen: öffne, meine Schwester, meine Freundin, meine Taube, meine Vollkommene ... Mein Geliebter ergeht sich in seinem Garten voller wohlduftender Beete, um zu weiden in den Auen und Lilien zu pflücken. Ich gehöre meinem Geliebten, und mein Geliebter gehört mir.«[4] Maria empfand größere Freude am Hohelied als an den Prophezeiungen, die die Vermählung Jahwes mit Israel verhießen. Denn die Propheten sprachen stets von der Untreue der Braut und vom Zorn des Bräutigams. Das Hohelied hingegen besang die Schönheit der ersten Liebe, die weder Schwächung noch Enttäuschung erlitten hat, einer brennenden, begeisternden Liebe voller Glückseligkeit. So

---

[4] Hld 5,2; 6,2–3.

musste in Wirklichkeit die Liebe sein, die Gott mit den Menschen in der messianischen Zeit verbinden sollte, eine Liebe, die ewig ihre Frische bewahrt und durch keine Untreue erschüttert werden kann. Nach dieser innigen, unfehlbar verheißenen Liebe strebte Maria durch ihre Jungfräulichkeit.

Und diese Liebe in ihrer unerschöpflichen Frische zu erhalten, war Marias Wunsch. Als sie sich vom Engel als »voll der Gnade« angesprochen hörte, hatte sie diesen Liebesgruß empfunden wie jenen im Hohelied. Und sie wollte von der Höhe dieser Liebe nicht hinabsinken. Einst hatte Gott Worte eines Bräutigams an Israel gerichtet, die jenen der Verkündigung nicht unähnlich sind. Er selbst hatte die Schönheit der Braut erschaffen: »Ich schmückte dich mit Geschmeide ... So wurdest du herrlich und zu königlicher Würde tauglich. Dein Name verbreitete sich ob deiner Schönheit unter den Völkern, denn sie war vollkommen dank des Glanzes, den ich über dich ergossen hatte – Spruch Jahwes.«[5] Aber diese Braut hatte ihre Schönheit missbraucht, um sich von jenem zu entfernen, der sie erschaffen, und um den Bräutigam zu verraten. »Du vertrautest auf deine Schönheit ...«[6] Maria hatte eben den Engel angehört, der die Schönheit ihrer Seele, voll der göttlichen Gnade, gepriesen und die königliche Würde ihres Kindes verkündet hatte. Sie wollte Gott erneut erklären, dass sie diesen Glanz, den er über sie ergoss, nie gegen ihn missbrauchen werde. Sie bleibe für immer mit ihm vereint; sie werde keinen Mann erkennen und in Treue leben. Sie, die Gott außerordentlich schön und vollkommen gemacht, die er zu königlicher Würde berufen hatte und deren Name unter allen Völkern sich verbreiten sollte, sie gab ihre Schönheit ihm, von dem sie stammte, zurück.

---

[5] Ez 16,11.13.14.

[6] Ez 16,15.

Als sie durch die Worte des Engels über das Walten des Heiligen Geistes die Bestätigung ihrer Jungfräulichkeit erhalten hatte, erkannte sie gleichzeitig, dass Gott auf außerordentliche Weise der bräutlichen Liebe, die sie ihm weihte, die Zustimmung gab. Sie wiederholte ein Wort, das beides, die Hingabe und die Demut der Braut, in sich schließt: »Siehe, ich bin die Magd des Herrn.« Als Magd bot sich die jüdische Frau dem Gatten dar. Nehmen wir als Beispiel Abigajil, der die Boten Davids erklären: »David hat uns zu dir gesandt, da er dich zur Frau haben will.« – »Sie erhob sich«, sagt uns das Buch Samuel, »und nachdem sie mit dem Gesicht die Erde berührt hatte, sagte sie: ›Siehe, deine Magd wird Sklavin werden, um die Füße der Diener meines Herrn zu waschen.‹«[7] Diesen gleichen Seelenzug beobachten wir in Maria: Sie empfängt die Gunst, Braut zu sein, aber sie erniedrigt sich und nennt sich Magd. Magd, wie es die Bräute in Israel sein mussten, aber Magd des alleinigen Herrn.

Und uns wird damit offenbar, wie sich in Maria die Jungfräulichkeit mit der Demut verbindet. Die Jungfrau findet in ihrer Jungfräulichkeit und in der Ausschließlichkeit ihrer Liebe zu Gott keinen Grund zum Stolz. Im Gegenteil, die göttliche Gnade, die sie in einem ganz besonderen Sinn und durch ein einzigartiges Wunder zur Braut Gottes macht, erweckt in Maria nur eine Bewegung zur Erniedrigung, eine noch tiefere Haltung des Magdseins. Magd sein bedeutet für Maria wahrhaft Braut sein. Sie ist der Auffassung, dass sie Gott nicht die ganze Liebe, deren ihr Herz fähig ist, schenken würde, wenn sie sich nicht völlig in seinen Dienst stellte. Im Wort »Magd« drückt sich ihre unbeschränkte Liebe aus.

Der Ausdruck bezeugt ebenfalls die Zurückhaltung, die Maria in den Regungen ihres Herzens übt. Wenn wir ihr

---

[7] 1 Sam 25,40–41.

eine bräutliche Liebe zuschreiben, heben wir hervor, was in ihrer Seele verborgen blieb, was sie fühlte, ohne es genauer auszudrücken. Wenn sie die Worte der Heiligen Bücher über die Liebe Jahwes zu seinem Volke hörte, wurde ihr bewusst, dass ihre innige Verbindung mit Gott all jene Ausdrücke überstieg, vor allem die des Hoheliedes, denen ein fleischlicher Zug nicht abgeht. Die Ehe bot nur einen unvollkommenen Rahmen, um eine höhere Wirklichkeit begreiflich zu machen. Die jungfräuliche Liebe in ihrer Reinheit verwandelt die Gefühle der ehelichen Hingabe derart, dass sie in eine höhere Ordnung erhoben werden und ihr eine Bedeutung verleihen, die mit den gewohnten Ausdrücken menschlicher Liebe nicht wiedergegeben werden kann. Braut sein blieb nur ein Symbol und Maria empfand in ihrem jungfräulichen Herzen eine Liebe, die dem entsprach und doch grundverschieden davon war; darum spielt sie nur mit großer Zurückhaltung und demütiger Züchtigkeit auf sie an.

Ideal der Vollkommenheit und der Freude

So steht die Jungfräulichkeit nicht diesseits, sondern jenseits der Ehe. Im jungfräulichen Herzen Mariens lagen der ganze Reichtum und die volle Schönheit einer bräutlichen Liebe, aber auf eine höhere Ebene erhoben und darum zur vollen Entfaltung gebracht. Die Jungfräulichkeit ermöglicht und verwirklicht, was die eheliche Liebe erstrebt, ohne es je zu erreichen: die Hingabe des ganzen Wesens, die zu einer vorbehaltlosen Vereinigung führt. Im Grunde der menschlichen Liebe ist in der Tat die Sehnsucht nach völliger Vereinigung verborgen, nach einer Verschmelzung der Personen, in der jede sich ganz hinzugeben und grenzenlos in der Entgegennahme der Gabe des anderen zu weiten vermöchte. Die Liebe ist beseelt und bedrängt von dieser Sehnsucht zur vollkommenen Vereinigung. Und sie möchte sie vollziehen in einer kristallenen Reinheit, damit die Einheit in jeder Beziehung ein Ideal verwirklicht. Aber dieses Ideal steht über ihren Möglichkeiten: Die eheliche Liebe vermag es nicht zu erreichen. Selbst wenn sie unbeschwert ist von fleischlichen Gelüsten, selbst wenn sie sich in der Reinheit zu erhöhen bestrebt, gelangt sie nicht zur völligen Verschmelzung, von der die Seele träumt. Die Partner bleiben sich in einem gewissen Maß gegenseitig verschlossen; sie leben, ohne sich alle Tiefen eröffnen zu können. Was aber in den Beziehungen zwischen Menschen nicht möglich ist, kann in der Begegnung der Seele mit Gott Wirklichkeit werden. Die Seele kann sich Gott voll und ganz hingeben in ihrer größten Tiefe, die sie einem Menschen zu eröffnen nicht imstande ist. Die Jungfrau ist es, die Gott ihre totale Liebesfähigkeit auszuliefern vermag mit allen Kräften des Herzens; sie gelangt zu einer Vereinigung ihres ganzen Wesens mit Gott. Diese ideale Verschmelzung, in der sich zwei Wesen vorbehaltlos gehören, verwirklicht sie, weil Gott ihr die Kraft dazu verleiht, er, der sich als Erster für diese Vereinigung darbietet und die Seele dazu aufruft. In dieser Vereinigung ist alles Körperliche überwunden und das Hindernis des Fleisches, das die Vollständigkeit der Vereinigung verunmöglicht, besteht nicht mehr. Selbst wenn es zur Verschmelzung der Seelen beiträgt, bleibt das Fleisch einer solchen Armseligkeit und Unzulänglichkeit verhaftet, dass es den Auftrieb der wahren Hingabe bremst. Ebenso fehlt auch die Schranke, die in der Unvollkommenheit des anderen gegeben ist, denn die Seele gibt sich dem vollkommenen Sein hin. Eine Frau muss die Fehler ihres Mannes ertragen, vor allem die naturbedingte Unvollkommenheit, die bewirkt, dass der Ehemann als Geschöpf und Sünder dem erhofften Ideal weder entspricht noch entsprechen kann. Die Jungfrau aber begegnet im göttlichen Bräutigam der Vollkommenheit, einer Vollkommenheit, die alles übersteigt, was sie sich von ihr vorzustellen vermag. Darum hat sie auch keinen Grund, irgendetwas von ihrer Selbsthingabe zurückzubehalten oder zurückzuziehen. Sie ist eingeladen und aufgerufen, sich immer tiefer, immer völliger zu vereinen. Und in dieser Vereinigung verwirklicht sie das geheime Ideal ihres Herzens: ganz einem Wesen anzugehören, das ihr ganz angehört. Die jungfräuliche Liebe erreicht in der Vereinigung das Übermenschliche, das die eheliche Liebe anstrebt, ohne ihm je nahezukommen.

In Maria hat sich das Ideal jungfräulicher Liebe ohne jeden Abstrich verwirklicht. Nie hatte ein Mensch eine so brennende Liebe gekannt wie die der Jungfrau und nie die Sehnsucht jeder Liebe – die ganz reine und allumfassende Vereinigung mit dem geliebten Wesen – in so hohem Grade zu erfüllen vermocht. Maria war bis in die innersten Tiefen der Seele für Gott geöffnet, mit ihm vereint, und schrankenlos empfing sie die Gabe, in der Gott sich selbst ihr schenkte. Dies alles vollzog sich in einer solchen Unergründlichkeit, dass die äußerlichen Erscheinungen dieser Liebe nur einen schwachen Widerschein darstellten; Maria lebte diese Liebe mehr, als dass sie von ihr sprach.

Wir dürfen uns darum durch die Einfachheit und das Schweigen Mariens nicht täuschen lassen. Diese Einfachheit verbirgt eine ungewöhnliche Hingabe und Begeisterung; das Schweigen verhüllt eine außerordentliche innere Tätigkeit. Kein Loblied preist uns die Wunder ihrer Liebe, aber diese Wunder sind da und die jungfräuliche Liebe hat ihre Hingabefähigkeit ins Höchste gesteigert.

In vollkommener Weise hat sie in sich vereinigt, was die Welt zu trennen versucht ist: die Heiligkeit und die Liebe. In den Augen vieler scheint die Heiligkeit etwas Strenges und Langweiliges zu sein, das abstößt oder gleichgültig lässt, während die Liebe eine verlockende Wirklichkeit darstellt. In Marias Seele besitzt die Heiligkeit die Anmut und die Anziehungskraft der Liebe und die Liebe bildet die sichere Grundlage der Heiligkeit. Das ist die lebendige Lehre, die die Seele der Jungfrau uns gibt: Die Heiligkeit, die in der Hingabe an Gott besteht, ist die wahre Liebe, die das menschliche Herz befriedigt.

Maria hat sich in dieser Liebe entfaltet. In ihr hat sie ihre Freude gesucht und gefunden. Sie hat erfahren, dass die Liebe Gottes hält, was sie verspricht. Denn wenn es hart ist für ein Mädchenherz, sich ausschließlich Gott vorzubehalten, so entschädigt das Glück, das notwendigerweise aus dieser Liebe erwächst, reichlich für das Opfer. Die menschliche Liebe gibt oft weniger, als sie erwarten ließ: Sie blendet vorerst und enttäuscht in der Folge. Die jungfräuliche Liebe hingegen beglückt über alle Erwartung. Gott enttäuscht nicht. Er zeigt sich großmütiger am Ende als zu Beginn und wenn er überraschend eingreift, so geschieht es, um durch das Ausmaß seiner Freigebigkeit, die stets die Grenzen des Erwarteten sprengt, Verwunderung zu wecken. In Gottes Macht und Liebe gibt es nicht nur kein Versagen, sondern die Fülle, die er dem Herzen, das sich ihm schenkt, mitteilt, bildet eine unerschöpfliche Bereicherung. Gewiss, Maria wurde vom ersten Augenblick ihres Daseins an mit der Fülle der Gnade überhäuft, doch enthüllte sich ihr diese Fülle in einem stetigen Wachsen. Täglich war Maria überrascht, wenn sie neue Schätze in ihrer Liebe entdeckte. Täglich musste sie sich sagen, dass sie gutgetan, Gott ihre Jungfräulichkeit zu weihen, dass diese Hingabe für ihre Seele eine sich immer erneuernde Quelle des Glücks bildete, mit welchem keine menschliche Freude zu vergleichen war. Maria äußert dem Engel gegenüber ihren Entschluss, Jungfrau zu bleiben, in so entschiedener Weise, weil sie ihr Gelübde ständig mit begeistertem Eifer erneuert und schließlich das Leben ihrer jungfräulichen Liebe gleichgesetzt hatte.

Liebe und Zärtlichkeit

Maria hatte wie jedes andere Geschöpf das Bedürfnis nach Zärtlichkeit, sich geliebt und liebend zu fühlen. Gewiss, sie wusste, dass die Liebe nicht in oberflächlichen Gefühlen des Menschen, nicht im Auf- und Abwogen der Eindrücke und Empfindungen besteht, sondern dass sie eine wesentlich tiefere Anlage ist, aus der man sich hingibt und das Beste für den Geliebten will. Und ebenso stand für sie fest, dass die Liebe sich nur voll entfaltet, wenn sie von einem Gefühl begleitet wird, das ihr zugleich zur Äußerung und als Stütze dient: zur Äußerung, denn die Liebe muss sich offenbaren können, um ganz Besitz zu ergreifen vom geliebten Wesen; zur Stütze, denn sie schöpft Freude aus der erlebten Hinneigung. Diese Zärtlichkeit des Gefühls hat Maria in ihrer jungfräulichen Liebe gespürt. Von außen betrachtet könnte man annehmen, dass der Verzicht auf die menschliche Liebe den Verzicht auf Zärtlichkeit miteinschließt. Ist Gott nicht in unendlich weiter Ferne? Selbst in seiner Gegenwart bleibt er unfassbar und wie nicht zugegen, weil seine Anwesenheit von unseren Sinnen nicht wahrgenommen wird. Verlangt aber Zärtlichkeit nicht greifbare Anwesenheit, ein Wesen, das man berühren kann? Nichts scheint der Zärtlichkeit entgegengesetzter zu sein als die Abstraktion, und ein Wesen, dessen Vorhandensein behauptet wird, ohne dass es sichtbar in Erscheinung tritt, vermag höchstens, kühles Interesse zu wecken. Maria hat durch ihre gelebte Jungfräulichkeit erfahren, dass es sich ganz anders verhält. Es gibt keine Liebe, in welcher das Feuer der geliebten Gegenwart glühender empfunden wird als in der jungfräulichen Liebe. Was ist die von jeder Liebe gesuchte Gegenwart wirklich? Sie ist weniger eine von den Sinnen gesuchte, sondern eine geistige Gegenwart für die Seele. Eine spürbare Gegenwart wird ersehnt, weil sie die Gegenwart einer Person bedeutet. Die geistige Gegenwart des geliebten Wesens wird aber in höchstem Maße in der jungfräulichen Seele verwirklicht, in der Gott wohnt und sich der ihm entgegenströmenden Liebe öffnet. Keine Gegenwart könnte wirklicher sein als diese. Darum hat Maria mehr als alle anderen Geschöpfe die geliebte Gegenwart besessen, weil sie sich völliger als die anderen Gott geweiht hatte; schon vor der Menschwerdung war Gott in ihr gegenwärtig. In ihr weit geöffnetes Herz konnte Gott mit dem unendlichen Reichtums seines Wesens eintreten.

Diese göttliche Gegenwart war spürbar. Maria glaubte an sie, und ihr Glaube war gestärkt durch das Gefühl, das sie in der Vereinigung mit Gott empfand. Gott ließ sie in bestimmten Augenblicken seine grenzenlose Zärtlichkeit erahnen. Ihre Seele wurde plötzlich erfüllt mit Wärme und Maria spürte, in welchem Maß Gott liebevoll und anziehend war, wie sehr seine Nähe eine unsagbare Freude auslöste, die mit menschlichen Worten nicht ausgedrückt werden kann. Wäre sie in ihrem äußeren Verhalten nicht sehr maßvoll und zurückhaltend gewesen, hätte sie das Übermaß ihres Glückes begeistert kundgegeben. Maria erkannte, dass die volle Größe Jahwes, wie sie von den Propheten besungen worden war, in ihrer Seele gegenwärtig war und in der Erfahrung ihrer Liebe fand sie alles Wunderbare, das vorausgesagt worden war, bestätigt. Sie schätzte es besonders, dass die feurige Hinneigung ihre Ursprünglichkeit nicht verletzte, denn sie wirkte sich aus in erstaunlicher Sanftheit. Alles geschah in zartester Weise, sie hatte sich nur der Seligkeit zu überlassen. Maria erkannte in der Sanftheit wie im Feuer die Unendlichkeit der göttlichen Liebe.

Die jungfräuliche Liebe Mariens erlebte also Augenblicke des Entzückens, in denen Gottes Zärtlichkeit ihre Seele völlig erfüllte. Aber die Augenblicke außerordentlicher gefühlsmäßiger Ergriffenheit vergehen rasch. Sie sind wie Blitze, die einen Moment den inneren Horizont erhellen; dann fällt alles wieder in eine gewisse Dunkelheit. Die Entzückung hat die Seele nicht getäuscht: Maria wusste bei diesem Geschehen, dass das, was sie fühlte, der Wahrheit entsprach. Die göttliche Gegenwart ist reizvoller als alles, was menschliche Gefühle wiederzugeben vermöchten. Doch für gewöhnlich bleibt diese Gegenwart verborgen, und Maria befand sich meistens in einem ruhigen Seelenzustand, in welchem ihre Empfindungen nichts Ekstatisches hatten. Doch selbst in der Ruhe war, gleich einem gedämpften Licht, das Bewusstsein der göttlichen Gegenwart wach. Diese Gegenwart wurde auf andere Weise empfunden. Maria fühlte sich in die göttliche Liebe eingehüllt. Sie war die Luft, die Atmosphäre ihres Lebens. Ihr Herzensgrund vibrierte im Einklang mit Gott, befand sich in einem Frieden, aus dem alles andere erwuchs. Ihre Liebe war ihr Ruheort und vermittelte ihr die geheime Freude der göttlichen Gegenwart. Ihre ganze Tätigkeit entwickelte sich aus diesem verborgenen Mittelpunkt der Seele, wo Gott mit seiner Liebe ansetzte und seinen Frieden und seine Ordnung herrschen ließ. Maria verspürte immerwährend die Innigkeit, die sie mit Gott verband, wie einen Hintergrund, vor dem sich ihr Denken und ihr Tun abspielte. Gott war der Gefährte ihres Lebens. Sie hatte es nicht nötig, ihn jeden Augenblick zu sehen, um zu wissen, dass er bei ihr war, wie wir einen Reisebegleiter nicht fortwährend ansehen müssen, um gewiss zu sein, dass er neben uns einherschreitet. Das Bewusstsein, dass Gott sie liebt, dass Gott sie begleitet, erlosch nie in der Seele Mariens. Dieses Gefühl, wenn es auch im Halbdunkel des Bewusstseins empfunden wurde, spielte eine sehr bedeutende Rolle im Seelenleben der Jungfrau. Es hielt in ihrem Geist die Aufmerksamkeit Gott gegenüber wach und erinnerte sie stets daran, dass die jungfräuliche Liebe alle Lebensaufgaben beherrschte.

Liebe und Prüfung

Weit entfernt davon, eine Ursache der Kälte zu sein, war die Jungfräulichkeit für Maria die Quelle einer Zärtlichkeit, die stets bereit war, sich mitzuteilen. Gewiss, diese Zärtlichkeit erlebte auch Zeiten der Prüfung. Wir sprachen von Augenblicken außerordentlicher Freude, innerer Entzückung und vom gewöhnlicheren, ruhigeren Zustand einer dunkel empfundenen göttlichen Gegenwart. In gewissen Zeiten der Verwirrung, der Trostlosigkeit oder des Kummers erlebte Maria die Qual der Abwesenheit. Sie hatte gleichsam den Eindruck, dass Gott sich von ihr zurückziehe, dass er sie verlasse. Erschreckt stellte sie fest, dass in ihrem Herzen nichts mehr vom geliebten Wesen spreche, dass seine Gegenwart sich verflüchtigt habe. Eine drohende Leere hatte sich in ihr gebildet. Das innere Leben war erloschen; nur noch Schwere und Todesstille war vorhanden, eine Gleichgültigkeit, die unüberwindbar zu sein schien. Das Hohelied beschreibt die Angst der Braut, die den Vielgeliebten verloren hat: »Ich suchte nach ihm, aber fand ihn nicht; ich rief nach ihm, doch gab er keine Antwort.« Maria erinnerte sich, die an die Töchter Jerusalems gerichtete Bitte bei der Schriftlesung gehört zu haben: »Ich beschwöre euch, Töchter Jerusalems, wenn ihr meinen Geliebten findet, was wollt ihr ihm melden? Dass ich krank bin vor Liebe?« Und als Antwort folgte die Frage: »Was ist dein Geliebter mehr als andere Geliebte, dass du uns also beschwörst?«[8] Gewiss, die Zeugen einer Liebe

[8] Hld 5,6.8.9.

sind stets versucht, diese Frage zu stellen: Warum eher diese eine Person lieben, warum sie so viel höher schätzen als andere? Diese Frage aber, die bei der ehelichen Liebe berechtigt ist aufgrund der Auswahl zwischen Menschen, verliert ihren Sinn, wenn es sich um eine jungfräuliche Liebe handelt, bei welcher Gott den Menschen vorgezogen wird. In der Jungfräulichkeit ist die Neigung des Herzens begründet, denn der Geliebte steht höher als irgendein anderer Geliebter. Maria hätte mit der Braut des Hoheliedes antworten können: »Seine Rede ist Süßigkeit, seine Person ist lauter Anmut.«[9] Sie hatte den Reiz der göttlichen Gegenwart und die Süßigkeit ihrer Worte erlebt. Doch in diesem Augenblick fand sie im Hohelied selbst nur einen schwachen Widerschein ihres Zustands. Sie hatte die poetische Frische des Hohelieds bewundert, in dem Gott den Liebestraum, den er ersonnen und eines Tages mit Israel zu verwirklichen gedachte, erahnen lässt. Doch schien es ihr, dass in den leidenschaftlichen Ausdrücken und selbst in der Angst, den Geliebten verloren zu haben, ein angenehmes Spiel dargestellt war im Vergleich zu dem Zustand tiefster Trostlosigkeit, in dem sie sich befand. Die Worte der Braut und des Bräutigams hatten sie stets gerührt und mit Bewunderung erfüllt. Aber sie hatte sich nicht vorgestellt, dass der Kummer, den Geliebten zu verlieren, eben das war, was sie jetzt empfand, der Zustand einer verlassenen Seele, in der nur Einsamkeit und Leere ist. War also das der Sinn des Geschehens im Hohelied, diese düstere Empfindung des Verlassenseins und diese Gefühllosigkeit gegenüber der Liebe? Maria begann die Wirklichkeit der dichterischen Schau von der Flucht des Geliebten zu erleben. Gottes Gegenwart in sich nicht mehr spüren, sie zu suchen, ohne sie zu finden, nach ihr zu rufen, ohne Antwort zu erhalten, plötzlich von allem, was den Reiz und

[9] Hld 5,16.

den Halt des Lebens bildet, entblößt zu sein, die Stütze zu verlieren, auf welche alle Hoffnung gegründet ist, die Quelle, aus der man alle Freude schöpfen will! Diese Qual zu erdulden übersteigt den Eindruck, den eine Beschreibung zu bewirken vermag, und Maria, die ihre ganze Hinneigung auf Gott gerichtet hatte, litt unsagbar an der Leere, die sie befallen hatte. So sehr die jungfräuliche Liebe ihre Zärtlichkeit bis zur Fülle entwickelt und entfaltet hatte, so sehr empfand sie die Qual der Dürre. So sehr sie Marias Gefühle verfeinert hatte, so sehr verwandelte sie sich in diesen Zeiten der Dunkelheit in tiefen Schmerz.

Was hatte sie getan, um ein solches Ausbleiben der göttlichen Gunst erleben zu müssen? Die Propheten hatten von einer Vermählung Jahwes mit dem jüdischen Volk gesprochen und hervorgehoben, dass Gott seinem Volk die gewährte Gunst einstweilen entzogen habe, weil das Volk sich auf den Weg der Sünde begeben und sich des Ehebruchs schuldig gemacht hatte. Darum folgte der Zorn dem Gunsterweis. Maria wusste, dass sie Gott nicht missfiel und dass diese Abwesenheit, die sie in ihrem Seelengrund empfand, keine Kundgebung des göttlichen Zornes bedeutete. Das Hohelied beschrieb eine derartige, zeitweilige Abwesenheit ebenfalls bei einer Liebe, in der es keine Untreue gab und die keinen Vorwurf an die Braut zuließ. Die Geliebte hatte ihr Möglichstes getan, da ihr Herz wachsam blieb und sie eiligst die Tür öffnete: »Ich habe meinem Geliebten geöffnet, doch mein Geliebter war umgekehrt, war verschwunden.«[10] Es konnte sich also nicht um ein Vergehen der Braut handeln und trotzdem wurde ihr ein großer Kummer auferlegt. Hat Gott damit nicht sagen wollen, dass er selbst der treuesten Braut, der reinsten und vollkommensten Jungfrau manchmal seine Gegenwart

---

[10] Hld 5,6.

entzieht und die Qual des Fernseins zuteilwerden lässt? Wenn in dieser idealen, vom Hohelied beschriebenen Liebe der Bräutigam sich entfernt, so muss es auch geschehen in der idealen Liebe, die Maria mit Gott verbindet. Die Jungfrau erkannte, dass darin keine Abkühlung Gottes noch ein Zeichen des Vorwurfs ihr gegenüber lag. Sie bemühte sich darum aus ganzer Seele, den Glauben und das Vertrauen lebendig zu erhalten, ohne Wanken zu glauben, was sie nicht mehr zu fühlen vermochte. Es drängte sie nach der göttlichen Gegenwart, die sie trotz ihrer Empfindungen noch in der Abwesenheit zu erkennen glaubte; mit der ganzen Kraft des Willens bot sie immer wieder Gott ihre Liebe an. Ihr jungfräuliches Herz blieb in diesen fassungslosen Augenblicken von einer bewunderungswürdigen Festigkeit. Es ließ nicht nach in seinem Eifer, aber änderte die Art und Weise. Maria liebte Gott anders, ohne Gefühl, aber sie liebte ihn nicht weniger.

Die Heilige Schrift erleuchtete Maria weiterhin über die Bedeutung der trostlosen Stunden. Warum sandte Gott der Seele, die er über alles liebte, solche Leiden, obwohl sie keinerlei Untreue begangen hatte? Die Antwort findet sich nicht im Hohelied, das sich auf die Darstellung der Angst der Braut beschränkt. Maria entdeckte sie in ihrer Erinnerung an die Erklärungen der Propheten. Das Volk Israel hatte sich von Gott abgewandt und der Schande der Sünde hingegeben. Es hatte die erhaltene Gunst missbraucht, um nach eigenem Gutdünken zu handeln, wie eine Frau ihre Schönheit missbraucht, um zu sündigen. Die Heiligen Bücher waren voll von Berichten über die Untreue des auserwählten Volkes. Maria betrachtete sich als Braut Gottes, weil ganz Israel es war, und darum fühlte sie sich auch mitverantwortlich für die Sünden dieses Volkes. Selbst makellos treu, fühlte sie sich den schrecklichen Treulosigkeiten der Vergangenheit und Gegenwart verbunden. Es war ihr klar, dass diese Sünden den Zorn Gottes verdienten, dass sie das Verlassen Israels durch Jahwe rechtfertigten. So nahm auch sie, die Unschuldige, diese Sünden auf sich. Sie wollte die Folgen der Sünden ihres Volkes tragen helfen, und in ihrer makellosen Reinheit dachte sie, dass kein Fehler zu schrecklich sei, um ihr nicht in seinen unglückseligen Folgen auferlegt werden zu können. Als sie Gottes Abwesenheit zu spüren begann, ahnte Maria instinktiv, dass diese Prüfung ihr um der Sünden Israels willen zuteilwurde, weil eben diese Sünden die Verlassenheit durch Gott verdient hatten. So freute sie sich schließlich, die Qual der Abwesenheit für die unzähligen Sünder aufopfern zu können. Sie hatte also den Wert der Trostlosigkeit, die sie in ihrem jungfräulichen Herzen erlitt, für die Gemeinschaft erfasst. Es war das Leiden, das das Volk für seine Missetaten sich zugezogen hatte und das Maria im Geiste der Verbundenheit entgegennahm. Die innere Leere und die Not der Seele erhielten bei ihr den Sinn der Erlösung und Sühne und erfüllten so die Rolle, die Gott ihnen im Heilsplan zuerteilte.

In Maria weitete sich durch diese Prüfungen das Verständnis ihrer Jungfräulichkeit und sie begriff mehr und mehr, dass ihre jungfräuliche Liebe nicht nur ein Band der Innigkeit zwischen ihr selbst und Gott war, sondern gleichzeitig eine Sendung für die Menschheit. Später stellt Jesus die freiwillig gewählte Jungfräulichkeit als einen den messianischen Zeiten besonders entsprechenden Stand dar. Er wandte sich an seine Jünger und wies hin auf die Menschen, die sich entschließen, in völliger Keuschheit zu leben. Dieser Grundsatz gilt für Frauen wie für Männer. Jesus lobt alle, die diesen Weg um des »Himmelreiches willen« eingeschlagen haben[11] und er fügt hinzu,

---

[11] Mt 19,12.

dass nicht alle dies zu erfassen imstande sind. Maria hat es begriffen und ihre Liebe Gott bewusst geweiht um »des Himmelreiches willen«, nicht nur um in dieses Reich zu gelangen, sondern ebenso um seine Errichtung auf der ganzen Erde zu fördern. So erhielten die Prüfungen, die belanglos hätten bleiben können, in ihren Augen eine weit höhere Bedeutung. Sie waren in ihrem kristallklaren Herzen der Niederschlag der Sünden der Menschheit, deren Gewicht sie mittragen wollte, und sie stellten einen Schritt auf die verheißene Vergebung und Ankunft eines neuen Zeitalters dar. Maria verstand die Rolle des Leidens durch die Geschichte ihrer eigenen jungfräulichen Liebe. Sie erfasste, dass sie als Jungfrau mehr geprüft werden musste als die anderen, dass ihre Liebe mehr Schmerz in sich schloss, weil sie unmittelbarer mit dem Erlösungswerk Gottes verbunden war.

Die jungfräuliche Liebe, die Maria von den Menschen abgesondert hatte, verband sie mit ihnen in einer tieferen Verbundenheit. Für die Menschheit blieb Maria Jungfrau, für die Sünder brachte sie alle mit ihrer Liebe verknüpften Opfer dar, vor allem die Not, die sie regelmäßig bedrängte, wenn sie die göttliche Gegenwart nicht mehr fühlte, und Gott sie zu verlassen schien. Diese Prüfungen brachten sie den Menschen, für die sie alles aufopferte, und gleichzeitig auch Gott näher. Denn im Leiden verdoppelte sich ihr Eifer und ihre Treue bestätigte sich mit größerer Kraft in der Verlassenheit. Sie war nach dem Erleben dieser qualvollen Stunden von einer größeren Liebe beseelt als je zuvor. Und sie verkostete den Zauber der göttlichen Vereinigung umso mehr, je größer der Kummer war, den sie während der Verlassenheit empfand. Ihre Liebe war kräftiger, ihre Vereinigung vollständiger geworden.

Die jungfräuliche Liebe, die sich fortwährend weiter entfaltete und kräftigte, machte Maria in den Augen Gottes immer wohlgefälliger. Wenn Maria mehr als jedes andere Geschöpf die Anziehungskraft Gottes erlebt hatte, so war auch der umgekehrte Vorgang wahr. Man müsste vom Wohlgefallen sprechen, das Maria während ihres ganzen Lebens in Gott wachgerufen hat. Gewiss, Gott kann abweisend und unerreichbar sein für alle Anmut niedriger Wesen, denn er ist der unumschränkte Herr. Es steht ihm frei, an der Schönheit der Seelen, die er erschaffen hat, Gefallen zu finden. Er hat diesen letzteren Weg gewählt. Für ihn liegt die Anmut einer Seele in der Glut ihrer Liebe. Wenn die Menschen sehr empfänglich sind für jedes Zeugnis der Zuneigung und sich zu jenen hingezogen fühlen, die ihnen Sympathie bekunden, so ist Gott, der schlechthin geliebt sein will, nicht weniger geneigt, an der Seele, die sich ihm voller Hingabe nähert, Wohlgefallen zu finden. Da er Maria über alle Geschöpfe liebte, erwartete er von ihr eine feurigere Liebe als von allen anderen Menschen. Als er die Ursprünglichkeit und Frische dieser jungfräulichen Liebe sah, die Maria ihm mit ganzem Herzen entgegenbrachte, wie hätte er sie nicht mit erhöhter Freude betrachten können? Maria war sich in ihrer Einfachheit des Reizes nicht bewusst, den ihre jungfräuliche Seele auf Gott ausübte, so wie viele Seelen auch heute nicht wissen, welch großes Gefallen der Herr an ihrer Jungfräulichkeit findet. Sie besaß in Wahrheit das Herz Gottes, und schon als Jungfrau hatte sie eine Allmacht über den Allmächtigen erworben.

Man muss an diese Ausstrahlung Mariens denken, um den Vorgang der Verkündigung zu verstehen. Der Engel erklärt Maria, dass sie vor Gott Gnade gefunden hat und einen Sohn empfangen wird. Sie hat vor Gott zweifellos Gnade gefunden kraft der freien Entscheidung des Schöpfers, der Maria erwählte in völlig freier, huldvoller Wahl. Und diese Wahl hat Maria im Augenblick der Verkündigung zu einem vollkommenen, mit göttlicher Gnade erfüllten Geschöpf gemacht. Der ewige Vater wünscht im Anblick der Schönheit ihrer Seele, dass sein Sohn aus Maria geboren wird, damit Christus in seinem Menschenantlitz die Züge dieser Schönheit tragen und von ihrer Anmut gezeichnet wird. Die Anmut der Jungfrau muss die Anmut des Messias werden: Der Engel bittet Maria im Auftrag Gottes darum.

Maria hatte sich in ihrer jungfräulichen Liebe unbewusst auf die Mutterschaft vorbereitet. Sie wusste vor der Verkündigung, dass ihre Jungfräulichkeit nicht ohne Frucht bleiben wird, denn sie hatte sich voller Vertrauen Gott geweiht, um im Maß ihrer Fähigkeiten zur Errichtung des messianischen Reiches beizutragen. Sie wusste ebenso, dass alle ihr auferlegten Opfer, durch die ihre jungfräuliche Liebe geprüft wurde, ein Beitrag zur Sühne der Sünden der Welt darstellten. Diese unsichtbare Fruchtbarkeit ihres Lebens blieb ihr nicht verborgen. Aber sie hatte nie gedacht, dass Gott sie durch die Entfaltung der jungfräulichen Liebe zur Mutterschaft vorbereiten würde. Doch je mehr Maria in dieser idealen Liebe wuchs und je vollkommener sie die Jungfräulichkeit verwirklichte, umso deutlicher kündigte sie die Person Christi an. Die Jungfräulichkeit ist eine Weihe, durch die sich die Seele Gott angleicht und die einem menschlichen Antlitz göttliche Züge einprägt. Wenn Gott eine ihm freiwillig hingegebene Seele besitzt, drückt er ihr den Stempel seiner eigenen Vollkommenheit auf und macht sie zum leuchtenden, reinen Spiegel seiner Schönheit. Marias Frauenantlitz wies darum göttliche Züge auf, die Züge eines Menschengesichts, die auf den Sohn Gottes übergehen sollten.

Zweiter Teil

Die Entfaltung

Die Weihe des unbeflecktem, jungfräulichen Herzens Mariens bewirkte eine Entfaltung, die ihre Fülle im Geheimnis ihrer Mutterschaft erreichte. Bei der Betrachtung dieser Entfaltung dringen wir in die Urtiefen dieser unter allen bevorzugten Seele ein und wir verstehen die Tragweite ihrer Sendung, da alles in ihr auf die Aufgabe, Mutter des fleischgewordenen Wortes zu werden, angelegt war.

Der Titel »Gottesmutter« ist von der Kirche im Konzil von Ephesus feierlich verkündet worden zur Freude des christlichen Volkes, das seiner Begeisterung spontan Ausdruck verlieh. Dieser Titel weist auf die wunderbare Größe Mariens, des Geschöpfes hin, das Mutter des Schöpfers geworden ist. Dass eine Frau die Mutter des Herrn sein durfte, ist ein Grund unaufhörlichen Staunens für die Menschen, die in einer Welt leben, deren Grenzen und Hinfälligkeit sie erfahren, und die die eigene Schwäche und Gebrechlichkeit kennen. Ein Mensch wie sie hat diese Grenzen überschritten, da Gott ihm als Sohn geschenkt wurde, und die menschliche Kleinheit ist dadurch ins Maß göttlicher Größe erhöht worden. Diese herrliche Tatsache kann man nicht genug bewundern und lobpreisen, doch wir möchten versuchen zu begreifen, was sie in der Seele Mariens bewirkt und wie sich diese Größe in ihren Gefühlen und in ihrem Verhalten ausgedrückt hat. Im Herzen Mariens müssen wir also die göttliche Mutterschaft betrachten.

Um dieses mütterliche Herz zu verstehen und zu erfassen, könnten wir die Psychologie jeder menschlichen Mutterschaft darauf anwenden. Wir würden dann von Maria sagen, was man von jeder Mutter sagt, die sich ihrer Aufgabe bewusst und sie in bester Weise zu erfüllen bestrebt ist. Wir könnten betonen, dass die Liebe und die mütterliche Hingabe auf den Sohn Gottes und damit auf ein Mysterium gerichtet waren. Eine solche Untersuchung wäre gewiss berechtigt, da Maria Mutter ist, und zwar in der eigentlichsten und vollkommensten Weise. Es wäre daher natürlich, ihr den ganzen Reichtum und die volle Schönheit der mütterlichen Liebe zuzuschreiben. Doch ein solches Bild wäre von Grund auf ungenügend und das Wesentliche der Mutterschaft Mariens würde fehlen. Diese Mutterschaft führt nicht nur zu einem Mysterium; sie selbst ist ein Mysterium. Sie vollzog sich auf einer höheren Ebene, auf der übernatürlichen, weit über einer gewöhnlichen Mutterschaft. Außerordentlich an ihr ist nicht nur, dass sie Maria mit dem Sohn Gottes verbindet, sondern sie knüpft zwischen Mutter und Sohn ein Band, das völlig von dem verschieden ist, das gewöhnlich eine Mutter mit ihrem Kind verbindet. Die Natur der Mutterschaft selbst ist verwandelt. Die Jungfrau besitzt ein anders geformtes mütterliches Herz, das den ganzen Reichtum der Liebe zu eigentlich religiösen Akten und Gefühlen erhebt. In Maria ist das Bild der Mutterschaft verklärt und die Hingabe des mütterlichen Herzens erhält eine bisher unbekannte Tiefe über alle Tiefen der natürlichen Regungen hinaus.

Wie ist in Maria die Natur der Mutterschaft selbst verwandelt? Jede Seele ist in die übernatürliche Ordnung einbezogen und ihr verpflichtet, denn Gott erhebt sie über die einfache menschliche Natur hinaus, um mit ihr in wahrhaft persönliche Beziehungen zu treten, Beziehungen höchster Innigkeit, in denen er sich ihr in seiner ganzen Göttlichkeit mitteilt, aber auch eine völlige Hingabe verlangt. In Maria bilden diese persönlichen Beziehungen eine Einheit mit ihrer Mutterschaft, da sie zwischen Mutter und Sohn gleichzeitig die Beziehungen zwischen dem Geschöpf und seinem Schöpfer sind. Die Verbundenheit der Jungfrau mit ihrem Kind ist gleichfalls die Verbundenheit einer Seele mit ihrem Gott. Die Mutterliebe stellt also in Maria eine übernatürliche Eigenschaft dar und steht auf einem unendlich höheren Plan als die einfache Verbindung einer Mutter mit ihrem Kind.

Des Weiteren ist zu betonen, dass die Beziehungen der Seele mit Gott im mütterlichen Herzen Mariens ihren Höhepunkt erreichen. Wenn die Mutterschaft erhöht wird durch die übernatürliche Wirklichkeit, so findet diese übernatürliche Wirklichkeit in der Mutterliebe einen besonders geeigneten Boden für ihre höchste Entfaltung. Maria kann sich Gott mehr hingeben, weil sie sich in der Weise hingeben kann, in der eine Mutter sich ihrem Kind hingibt; die volle Kraft ihrer Mutterliebe findet Eingang in ihre Weihe an den Herrn. Das mütterliche Herz der Jungfrau bildet den Höhepunkt der Verbindung der menschlichen Seele mit Gott.

Darum kann man die Mutterliebe der Jungfrau auch nicht von ihrer Frömmigkeit trennen, und man kann ihr mütterliches Herz nicht ergründen, ohne auf ihr übernatürliches Leben, ihr Leben des Glaubens, der Hoffnung und der Liebe, einzugehen. Maria ist wahrhaft Gottesmutter durch den Glauben, die Hoffnung und die Liebe. Diese Tugenden bilden das ganze christliche Leben und vereinen die Seele mit dem Herrn. Unvergleichlich erhaben ist diese Mutterschaft, wir wiederholen es, doch wenn wir uns erinnern, dass die Jungfrau uns durch sie nahesteht, dass ihre Mutterschaft dem Leben jedes Christen ähnlicher wird, dass das Band der göttlichen Mutterschaft durch diese Tugenden geknüpft ist: Entspricht dann dieses Band nicht jenem, das uns mit Gott verbindet, und finden wir in der göttlichen Mutterschaft nicht eine Verwandtschaft mit unserer gewöhnlichen Stellung als Christen? Wenn man die wunderbare, übernatürliche Tiefe des mütterlichen Herzens Mariens begreift, so versteht man die unergründliche Tiefe der Vereinigung mit Gott besser, zu der wir in der Nachfolge der Jungfrau berufen sind.

Einzigartig an der Mutterschaft der Jungfrau ist in gewisser Weise gerade das, was sie mit uns gemeinsam hat. Und dies weist uns darauf hin, dass Maria diese so erhabene göttliche

Mutterschaft für uns übertragen worden ist und dass die bevorzugte innigste Verbindung Mariens mit Gott so beschaffen ist, dass auch wir dieses Gutes teilhaftig werden können. Maria ist im Hinblick auf unser Heil Gottesmutter geworden und mit der Mutterschaft begann sie mit der Verwirklichung dieses Heils. In ihrem mütterlichen Herzen vollzog sich die Geburt des eigentlichen christlichen Lebens. Im Glauben, in der Hoffnung und in der Liebe, die diese Mutterschaft beseelten, ist der erste Versuch christlichen Lebens vollzogen worden. Maria hat dieses Leben und diesen Versuch in unser aller Namen und für uns unternommen. Das Reich Gottes war von Christus noch nicht verkündet worden, auch die Kirche war noch nicht errichtet, und schon entstand im mütterlichen Herzen der Jungfrau dieses Reich; die Reinheit und Heiligkeit der Kirche wuchsen in ihm heran. Wie Marias mütterlicher Leib dem Heiland als Wohnstatt gedient hat, bevor er uns das Heil brachte, so hat ihr mütterliches Herz der Kirche vor ihrer Gründung als Zuflucht, um es so auszudrücken, gedient. Man kann wahrhaft behaupten, dass Marias mütterliches Herz vor dem öffentlichen Leben Jesu das Herz der Kirche war, und danach ist es ihr Symbol geworden.

Wenn wir dieses mütterliche Herz ergründen, gehen wir also zurück zur Wiege des christlichen Lebens. Um eine lebendige Wirklichkeit völlig zu verstehen, muss man zu ihrer Quelle aufsteigen. Bei der Betrachtung der Mutterschaft Mariens kehren wir zurück zur Quelle des Glaubens, der Hoffnung und der Liebe und wir erfassen deren Bedeutung tiefer. Wir erkennen das christliche Ideal im Augenblick seiner Entstehung in der unberührten und reinen Frische seines ersten Aufschimmerns.

Drittes Kapitel

Herz, vom Glauben beseelt

Selig, die geglaubt hat

Maria ist so sehr die Mutter des Glaubens, weil ihr Glaube wirklich entscheidend war für das Glück, das mit ihrer göttlichen Mutterschaft verbunden ist. Wir sind versucht zu erklären, dass einzig die Würde, Gottesmutter zu sein, Marias Glück bewirkte, und dass ihre Größe einfach aus der Größe des Sohnes stammt. Doch in den Augen Gottes verhält es sich anders: Die Größe und das Glück der Jungfrau sind gewiss in ihrer Mutterschaft begründet, aber insoweit, als diese Mutterschaft aus ihrem Glauben erwachsen ist. Der Heilige Geist selbst sagt es uns durch Elisabeths Stimme.

Bei der Heimsuchung wird Elisabeth vom Heiligen Geist erfüllt und im Licht von oben sieht sie Maria, wie Gott selbst sie sieht: »Gebenedeit unter den Frauen.« Was erblickt sie in Maria? Vorerst ihre Mutterschaft, die bisher ein Geheimnis war zwischen Gott und Maria, die jetzt zum ersten Mal einem anderen Menschen enthüllt wird. Elisabeth erkennt in ihrer Verwandten auf göttliche Eingebung hin die Mutter des Messias: »Gebenedeit ist die Frucht deines Leibes! Wie kommt es, dass die Mutter meines Herrn mich besucht?« Genauer, Elisabeth hat die messianische Mutterschaft an den Freudebewegungen erkannt, die sie selbst spürte: »Sobald die Stimme deines Grußes an mein Ohr klang, ist das Kind in meinem Schoß gehüpft vor Freude.«[1] Maria verbreitet die messianische Freude, dieses Erschauern vor Glück, das die Menschen bei der Ankunft des Erlösers erschüttern sollte. »Jauchzet und frohlocket in ewiger Freude über das, was Ich erschaffen werde«,[2] hatte einst der Herr verkündet. Der Augenblick war gekommen und die verheißene Schöpfung vollzogen, wie es der Anfang »ewiger Freude« bezeugte, die Elisabeth erfüllte. Diese Schöpfung hatte Maria zur Mutter des Messias gemacht.

Elisabeth begriff dunkel die ganze Tragweite des Geschehens. Sie erkannte in der jungen Frau, die sie aufsuchte, eine Mutterschaft von außerordentlicher Macht, deren Ausstrahlung sie verwandelte: Maria war in der Tat »die Mutter des Herrn«, eines Herrn, den Elisabeth den ihren nannte, weil sie seine unwiderstehliche Anziehungskraft erlebte. Die Mutter Johannes' des Täufers erkannte die unendliche Distanz, die Marias Mutterschaft von ihrer eigenen trennte. Sie war sich ihrer Geringheit im Vergleich mit der Größe der Jungfrau so sehr bewusst, dass sie über den Besuch erstaunt war und sich einer derart wunderbaren Gunst unwürdig fand. Aber sie vergaß sich sogleich, um ihren Blick auf Maria zu lenken und das Glück der Mutter des Messias zu lobpreisen. Und hier fällt ein neues Licht des Heiligen Geistes auf den Vorgang. Wenn Elisabeth einfach spontan ihren Gedanken gefolgt wäre, hätte sie die Jungfrau wegen ihrer Mutterschaft seliggepriesen. Aber sie erklärte ihr Glück aus einem anderen Grund: »Und selig, die geglaubt hat, dass sich erfüllt,

---

1 Lk 1,42–44.

2 Jes 65,18.

was der Herr ihr sagen ließ.«[3] Wegen ihres Glaubens ist also Maria selig.

Diese Aussage ist so überraschend, dass man versucht ist, sie zu übersehen. Manche Exegeten oder Übersetzer stützen sich auf den Doppelsinn des evangelischen Textes und lassen Elisabeth sagen: »Und selig jene, die geglaubt hat, weil sich erfüllen wird, was ihr vom Herrn eröffnet worden ist.« Der Grund der Seligkeit der Jungfrau würde demnach nicht eigentlich im Glauben liegen, sondern in der Erfüllung dessen, was geglaubt worden ist, das heißt, dass Maria selig ist aufgrund ihrer göttlichen Mutterschaft. Diese Übertragung nimmt den Worten Elisabeths ihre Bedeutung, entspricht dem natürlichen Sinn der Aussage weniger und vor allem nicht dem Zusammenhang des Geschehens. Sie würde voraussetzen, dass die Tatsache, an die Maria geglaubt hat, noch nicht verwirklicht ist, während sie doch schon eingetreten ist, da Elisabeth ihr unumstößliches Zeichen feststellt. Die Jungfrau hat an die ihr vom Engel angebotene messianische Mutterschaft geglaubt und diese Mutterschaft ist unverzüglich Wirklichkeit geworden. Als Zeuge dieser Mutterschaft geht Elisabeth zur Quelle zurück und erklärt, dass diese Seligkeit der Mutter des Messias ihren Ursprung im Glauben hat: »Selig, die geglaubt hat, dass sich erfüllen wird, was ihr vom Herrn gesagt worden ist!«

Mit Absicht hob sie die Vorzüglichkeit dieses Glaubens hervor. Sie verglich ihn mit der Ungläubigkeit ihres Gatten Zacharias, der ebenfalls von einem Engel des Herrn die Verheißung einer wunderbaren Mutterschaft empfangen, sich aber geweigert hatte, ihr Glauben zu schenken. Dieser Gegensatz fiel Elisabeth im Augenblick der Begegnung auf: Als sie den frohen Gruß Mariens vernahm, erinnerte sie sich, dass Zacha-

---

[3] Lk 1,45.

rias vor sechs Monaten keinen Gruß an sie gerichtet hatte, als er vom Tempel, wo er seinen Dienst verrichtet hatte, zurückkehrte. Schweigend war ihr Gatte vor sie hingetreten, in einem Schweigen, das seither als Sühne für seinen Unglauben nicht gelöst worden war. Da erklang die Stimme der Jungfrau in dieser Stille und Elisabeth erkannte in ihr das Zeichen des Glaubens. Im Gegensatz zum unglücklichen, zum Schweigen verurteilten Zacharias war Maria selig, weil sie geglaubt hatte.

Die Stimme der Jungfrau, die Elisabeth hörte, war wirklich die Stimme des Glaubens, eine freudige Stimme, die triumphierend in das traurige Schweigen des Zweifels und der Ungläubigkeit klang. Sie verwandelte die Atmosphäre eines Hauses, über dem seit einigen Monaten die Erinnerung an eine Glaubensverweigerung schwebte. Der Glaube Mariens trat siegreich ein in das Heim des Zacharias, als wäre er ausersehen, siegreich in eine bis dahin vom Unglauben beherrschte Welt einzudringen. Im Augenblick der Heimsuchung personifizierte er den Glauben der Kirche, und sein Eindringen in Elisabeths Haus bedeutete das Eindringen ins Universum des christlichen Glaubens, eines von der Jungfrau stets vorangetragenen Glaubens.

Man könnte sich immerhin fragen, ob Elisabeth den Ausspruch »Selig, die geglaubt hat« nicht einzig in Hinsicht auf ihren Gatten getan hat, ohne hervorheben zu wollen, dass bei Betrachtung der Dinge in aller Unvoreingenommenheit wirklich der Glaube und nicht die Mutterschaft Mariens die Seligkeit schuf. Wie könnte sich die Größe des Glaubens an der Größe der göttlichen Mutterschaft messen?

Wir gestehen, dass das Lob Elisabeths uns immer wieder überrascht. Darum scheint es uns mit dem Zeichen des Heiligen Geistes geprägt zu sein: Die göttliche Weisheit übersteigt alle menschliche Weisheit und bietet uns Gewähr, dass die echte Seligkeit Mariens in ihrem Glauben beruht. Man muss dieser Behauptung voll zustimmen, doch darauf achten, dass dieser Glaube nicht von der göttlichen Mutterschaft getrennt wird. Die göttliche Mutterschaft ist an sich groß; sie ist ein einmaliger Vorzug von unfassbarer Weite. Sie ist das Werk Gottes und einbezogen in das erhabene Meisterwerk der Fleischwerdung. Aber Gott wollte dieses Werk der Seele Mariens nur mit ihrer Mitarbeit zu eigen geben, sodass die Größe der göttlichen Mutterschaft wirklich nur zur Größe der Jungfrau geworden ist durch die Zustimmung ihres freien Willens. In dieser Zustimmung aber bezeugt sich der Glaube. Maria gab ihre volle Zustimmung dank eines totalen Glaubens; durch den Glauben also hat sie die Größe der göttlichen Mutterschaft in vollem Ausmaß erworben.

In den Beziehungen zwischen den Menschen und Gott sind die göttlichen Gaben nie unzulänglich, wohl aber beim Menschen die Fähigkeit und der Wille, sie entgegenzunehmen. Durch den Glauben hat Maria Fähigkeit und Willen, die Gabe Gottes aufzunehmen, in höchstem Maß geweitet. Darum ist ihr Glaube Ursprung ihrer Seligkeit und Größe.

Elisabeth hatte dies eingesehen und musste, obwohl sie die unermessliche Wohltat Gottes zu würdigen verstand, bedauern, dass ihr Gatte diese Wohltat mit Misstrauen entgegengenommen hatte. Zacharias' Seele erwies sich zu klein, um das Ausmaß der göttlichen Huld erfassen zu können, und diese Beschränktheit lastete auf Elisabeths Mutterschaft. Die Mutterschaft der Jungfrau hingegen hatte sich in einem schrankenlosen Glauben entfaltet, und dieser Glaube hatte das mütterliche Herz Mariens geformt, ein Herz im Ausmaß der göttlichen Mutterschaft, die ihr anvertraut wurde. Durch den von der Gnade und der göttlichen Allmacht belebten Glaubensakt wurde das Herz der Jungfrau geöffnet und geweitet entsprechend der ganzen Größe des Muttergottesseins und es hatte seine ganze Seligkeit daraus geschöpft. Durch den Glauben ist die göttliche Mutterschaft Eigentum der Seele, Besitz des Herzens Mariens geworden.

Die erste Seligkeit

Der Ausruf »Selig, die geglaubt hat« stellt die erste Seligkeit des Evangeliums dar. Die Seligkeiten bringen die endgültige Freude der messianischen Zeiten zum Ausdruck: ein neues, alle irdischen Gefühle übersteigendes Glück, das die Errichtung des Reiches Gottes begleitet. Elisabeth erkennt dieses Glück in der Jungfrau. Lange vor der Bergpredigt hatte die Jungfrau das Ideal der Seligkeiten verwirklicht. Ihr mütterliches Herz hatte das Glück, das von Jesus den Armen, den Reinen, den Barmherzigen, den Verfolgten verheißen wird, besessen. Es hatte es besessen durch die Vollkommenheit seines Glaubens.

Man kann sich daher wundern, dass der Glaube in den vom Herrn aufgezählten Seligkeiten nicht genannt wird. Er ist aber in Wirklichkeit, auch wenn er nicht ausdrücklich bezeichnet wird, in ihnen mitenthalten. »Selig, ihr Armen, denn euch gehört das Reich Gottes«, sagt Jesus.[4]

Diese Armut ist nicht einfach eine materielle Angelegenheit, die Lage des Menschen, dem die Güter dieser Welt fehlen. Sie ist eine Haltung des Geistes, wie der hl. Matthäus sich ausdrückt: »Selig, die arm sind vor Gott.«[5] Was ist grundlegend in dieser Haltung und warum wird ihr das Reich Gottes verheißen? Arm ist, wer keinerlei irdische Hilfe, keine Güter dieser Welt besitzt, auf die er vertraut. Reichtum als Symbol der Macht des Menschen über die Güter des Universums betrachtet er als eine Illusion; er weiß um die Frag-

---

[4] Lk 6,20.

[5] Mt 5,3.

würdigkeit aller Dinge und setzt sein Vertrauen allein auf Gott. Er erwartet alles vom Herrn. Aus dieser Sicht hat das Alte Testament ihn gelobt und gepriesen. Christus verspricht darum den Armen das Reich Gottes, das heißt jenen, die einzig auf Gott zählen und nichts besitzen wollen als nur dieses Reich höherer Natur. Diese Armut setzt aber wesentlich eine Glaubenshaltung voraus; der Glaube ist das bedingungslose Vertrauen in die göttliche Allmacht, die feste Überzeugung, dass Gottes Wort die Wahrheit ist. Die Armen sind selig, sie empfangen das Glück aus dem Heil, weil sie Menschen demütigen Glaubens sind und einzig Gott und seinen Verheißungen vertrauen. Nun wird verständlich, wie die Jungfrau diese Seligkeit verwirklicht hat. Völlig mittellos vor dem Engel, der ihr die jungfräuliche Mutterschaft ankündigte, vollkommen »arm« brachte sie dem göttlichen Wort und der göttlichen Macht vollkommenes Vertrauen entgegen: Sie hatte geglaubt, »dass sich die Dinge, die ihr im Auftrag des Herrn mitgeteilt worden waren, verwirklichen werden«. Die Armut hatte sie veranlasst, völlig auf Gott zu bauen, und in dieser Haltung des Glaubens war ihr sogleich das Reich Gottes, das den Armen verheißen ist, zuteilgeworden, das Reich, das sie unverzüglich in der Person Jesu in sich zu tragen begann.

So prägt der Glaube durch die »geistige Armut«, die er in sich schließt, zutiefst das Wesen der Mutterschaft Mariens. Diese göttliche Mutterschaft ist nicht das Ergebnis des Ehrgeizes einer menschlichen Person, die sich möglichst entfalten und breitmachen will, die die Wirklichkeit derart zu beherrschen versucht, dass sie Gott sich unterwerfen und eine mütterliche Macht auf ihn ausüben möchte. Ein solcher Ehrgeiz wäre jenem gleichzusetzen, der Adam und Eva in die Erbsünde stürzte und darin gipfelte, wie Gott zu werden und eine Macht wie die seine zu besitzen. Im Gegensatz zu dieser herausfordernden Haltung bestand die Verfassung Mariens in einem totalen Willen der Unterwerfung, die bis auf den Grund der Seele ging: in nichts auf sich selbst zu zählen, allen Glauben in Gott zu setzen. Durch diesen absoluten Glauben bezeugte sie, dass sie nichts beanspruchte, sondern alles anzunehmen bereit war. Sie bot sich der göttlichen Allmacht dar, die alles in ihr bewirken sollte. Maria war nicht Muttergottes geworden, indem sie Gott an sich riss, sondern indem sie sich dank ihres Glaubens völlig von ihm in Besitz nehmen ließ.

Darum ist die Seligkeit der göttlichen Mutterschaft mit der Seligkeit der Armen eins, und Marias Glück ist dem Glück jener ähnlich, die ihr Vertrauen einzig in Gott setzen, die aus ihrem Glauben leben. Der Herr selbst gab dies einer Frau aus dem Volk zu verstehen, die, von Bewunderung ergriffen, sogleich seine Mutter nicht ohne ein Gefühl des Neides pries. »Selig der Schoß, der dich getragen, und die Brust, die dich gestillt hat!«[6], hatte sie inmitten der Menge ausgerufen. Sie sah die Herrlichkeit Jesu auf seine Mutter zurückfließen und stellte sich diese Mutter im Glanz des Ruhmes eines solchen Sohnes und erfüllt von Glück vor. Christus leugnet das Glück seiner Mutter nicht, aber in seiner Antwort weist er auf die wahre Quelle dieses Glückes hin, und zwar in der Form eines allgemeingültigen Gesetzes: »Ja, selig sind vielmehr, die das Wort Gottes hören und es befolgen.«[7] Die wahre Seligkeit, die Maria besitzt, liegt nicht auf der Ebene der menschlichen Freuden, in der Befriedigung einer Mutter über die glanzvolle Zukunft ihres Kindes, in den Ehren und dem Nutzen, die ihr dieser Erfolg beschert. Sie befindet sich auf der höheren Ebene der Beziehungen der Seele zu Gott. Die Jungfrau hört

---

[6] Lk 11,27.

[7] Lk 11,28.

das Wort Gottes an und sie hat es angehört bei der Verkündigung, wie kein anderes menschliches Wesen es je getan hat, mit schrankenlos geöffnetem Herzen in der vorbehaltlosen Hingabe des Herzens. Seither hat sie dieses Wort bewahrt und sich bemüht, seinen Sinn zu ergründen, um tiefer aus dem Glauben leben zu können. Das Wort Gottes hat Maria mit einer göttlichen Seligkeit erfüllt, weil es in ihrem Herzen einen idealen Boden zur Durchdringung vorfand.

Eine solche Seligkeit ist nicht zu beneiden, sondern anzustreben. Die Frau aus dem Volk, die den Ausruf getan hatte, war der Mutter Jesu und ihrem Glück näher als sie dachte: Es genügt, das Wort Gottes zu hören und es zu bewahren. Das ist die begeisternde Wahrheit, die Jesus seiner Zuhörerin offenbaren wollte: Die Herrlichkeit, die sie Maria zuerkannt hatte, wird allen zuteil, die glauben und aus dem Glauben leben; die Glückseligkeit der Mutter des Messias ist die Glückseligkeit aller Jünger.

Christus bestätigte diesen Grundsatz in noch ergreifenderer Weise anlässlich des Besuches seiner Mutter und seiner Brüder während seiner Predigttätigkeit. Als ihm gemeldet wurde, dass seine Familie ihn erwarte, stellte er die Frage: »Wer ist meine Mutter und wer sind meine Brüder?« Und mit einem Blick über die ganze Schar der Zuhörer erklärte er: »Das hier sind meine Mutter und meine Brüder. Wer den Willen Gottes tut, der ist für mich Bruder und Schwester und Mutter.«[8] Er scheut sich nicht, die Bezeichnung Mutter auf seine Zuhörer anzuwenden in dem Augenblick, in dem man ihm diese einzigartige Mutter, die Maria ist, ankündigt. Damit sagt er deutlich, dass er keine andere Verwandtschaft kennt als die des Glaubens und der Unterwerfung unter den göttlichen Willen.

---

[8] Mk 3,33–35.

»Den Willen Gottes erfüllen« heißt in erster Linie, den Glauben haben. Die »Brüder Jesu«, seine Vettern, waren wegen ihres mangelnden Glaubens zu ihm gekommen. Sie weigerten sich, seine Sendung anzuerkennen, und wollten ihn nach Hause zurückführen; weil sie nicht an ihn glaubten, widersetzten sie sich dem göttlichen Willen. Christus wirft es ihnen vor und erklärt, dass seine wahre Familie auf der Zustimmung zu diesem Willen gegründet ist. Der Tadel an die Vettern ist gleichzeitig ein verborgenes Lob Marias, die ihre Verwandten nur begleitet hat, um Jesus besser vor ihnen schützen zu können. Die Jungfrau teilt in Wahrheit ihre Gefühle nicht, denn sie glaubt an ihren Sohn und an seine Erlösungssendung. Nach den Worten des Heilandes bleibt sie aufgrund dieses Glaubens wahrhaft seine Mutter. Die Seligkeit der göttlichen Mutterschaft liegt also nach der Aussage Jesu in der Seligkeit des Glaubens; der Herr hat sie ausdrücklich allen Gläubigen zuerkannt, als er auf sie zeigte und sprach: »Siehe, meine Mutter …«

Jungfräulicher Glaube, mütterlicher Glaube

Vor den Augen Christi, deren Blick über die Menge glitt und in ihr alle Stufen des Glaubens, des furchtsamen Zögerns, der hartnäckigen Ungläubigkeit erkannte, war Maria die Erste, die an ihn glaubte, lange vor allen Zuhörern, hatte sie doch an ihn geglaubt, bevor sie ihn empfing, und sie stand hoch über allen, da ihr Glaube von Anbeginn an vollkommen und ohne den Schatten des leisesten Zweifels war, ohne das kleinste Versagen. Die Jungfrau war vor den Augen Christi, der in den Grund der Herzen sah, der personifizierte Glaube selbst.

Jesus ließ darum, als er das Glück jener pries, die Gottes Wort hören, seinen Blick mit Vorliebe auf seiner Mutter ruhen. Sein göttliches Auge wandte sich zurück zu dem Augenblick, der seinem Kommen auf die Erde voranging und in welchem Maria ihren großen Glaubensakt vollzog. Dieser Augenblick war schon vergraben in der Vergangenheit. Trotzdem blieb er lebendig im Geist der Mutter und des Sohnes, weil es ein einzigartiger Augenblick in ihrer Geschichte und in der Geschichte der Menschheit war, ein Augenblick, zu dem das Christentum immer wieder zurückkehrt, um ihn zu betrachten und immer besser zu verstehen. In diesem Augenblick war auf die Botschaft des Engels Gabriel hin eine herrliche Quelle des Glaubens, eines vorbildlichen Glaubens für alle aufgebrochen.

Von diesem Aufbruch besitzen wir keine ausdrückliche und direkte Bestätigung. Wir wissen nur, dass Maria, nachdem sie die Botschaft vernommen hatte, sich unverzüglich für ihre Verwirklichung zur Verfügung stellte. »Wie soll das geschehen?« Sie wünschte nur die Aufgabe zu kennen, die Gott von ihr verlangte. Ihre Frage war verschieden von jener des Zacharias, die Ausfluss eines Zweifels war. Zacharias war vor dem himmlischen Boten, der ihm eine wunderbare Geburt ankündigte, zurückgewichen in einer Aufwallung des Misstrauens, das eine nur menschliche Klugheit vielleicht nicht getadelt hätte, das aber in der Begegnung mit der Gnade nicht zu rechtfertigen war. Er verlangte ein Unterpfand, ein Zeichen: »Woran soll ich das erkennen? Denn ich bin ein alter Mann und auch meine Frau ist in vorgerücktem Alter.«[9] Er begnügte sich nicht mit einer Bitte um eine Erklärung. Er äußerte einen Einwand und forderte eine durch ein sichtbares Zeichen bekräftigte Antwort. Er wollte sehen, ehe er glaubte. Hier zeigt sich der Gegensatz zu Marias Verhalten. Zacharias weigerte sich, unverzüglich und vorbehaltlos dem Wort des

[9] Lk 1,18.

Engels gläubig zuzustimmen. Er zog sich hinter den Wall menschlicher, auf die Sinne gestützter Sicherungen zurück. Die Jungfrau hingegen gab sogleich die volle Zustimmung ihres Glaubens. Sie besaß den Mut und die Hingabe zu glauben, ohne Sicherheiten zu verlangen. Die Gabe ihres Herzens war ein vorbehaltloser Glaube und der Verzicht auf Sicherheiten, von dem die menschliche Klugheit vielleicht abgeraten hätte, war wirklich gerechtfertigt durch den Umstand, dass die Gabe an Gott gerichtet war. Dem Wort des Engels zu glauben bedeutete für Maria einfach, sich Gott hinzugeben.

Der Glaube der Verkündigung ist die Hingabe einer geweihten Seele an den Herrn, eine jungfräuliche Hingabe. Man versteht den Ursprung des Unterschiedes zwischen Zacharias' und Marias Haltung besser, wenn man an ihre Jungfräulichkeit denkt. Durch die Jungfräulichkeit hatte Maria in der Tat diese völlige Hingabe schon verwirklicht, die bewusst auf alle menschlichen und irdischen Stützen verzichtet, da sie das ganze Vertrauen in Gott setzt. Mit dem Versprechen an Gott, Jungfrau zu bleiben, wollte sie Liebe, Beistand und Fruchtbarkeit nur von Gott allein erwarten. Sie hatte auf die Hoffnung auf Mutterschaft in der Ehe verzichtet. Die Hingabe ihrer Jungfräulichkeit erweiterte sich im Augenblick der Verkündigung durch die Hingabe des Glaubens; gleich der Jungfräulichkeit besteht der Glaube im restlosen Vertrauen in Gott. Da Maria schon alle menschlichen Sicherheiten aufgegeben hatte, konnte sie nur ihrem jungfräulichen Herzen folgen, um Gott zu bezeugen, dass sie mit allen ihren Kräften vorbehaltlos an das Wort Gottes glaubte. Der Glaube bildete die Verbindung zwischen Marias Jungfräulichkeit und ihrer Mutterschaft.

Marias Glaube verwandelte sich tief im Übergang von der einen zur anderen. Er änderte nicht die Natur, denn er blieb wesentlich Vertrauen auf Gott und an das göttliche Wort. Er wandte sich aber im Augenblick der Verkündigung einem neuen Objekt zu, der konkreten Person des Erlösers. Die Offenbarung des Alten wich jener des Neuen Testaments, und der Glaube der Jungfrau wandte sich dem Neuen Bund zu und wurde ein eigentlich christlicher Glaube. Von diesem Zeitpunkt an besaß Marias Glaube die Substanz des Glaubens der Kirche, der ein Glaube an Christus ist.

Die den Glauben begleitenden Gefühle verwandelten sich ebenfalls. Der jungfräuliche Glaube war vor allem ein Glaube des Verzichts, ein völlig entblößter Glaube, der sich weigert, Trost oder Hilfe in den Dingen oder bei den Menschen dieser Erde zu suchen. Es war dieser »nackte Glaube«, von dem die Mystiker sprechen, ein in seiner radikalen Forderung nach Loslösung furchterregender Glaube, ein Gott wie ein düsteres Opfer dargebrachter Glaube. Gewiss, in dieser Loslösung und Härte ist Liebe und selbst Begeisterung enthalten, doch sind sie verborgen im Geheimnis der Seele, denn der jungfräuliche Glaube wird in der Dunkelheit empfunden, in der Dunkelheit eines Gottes, der an sich zieht und sich entzieht. In dieser Dunkelheit war die Jungfrau bis zu dem Tag geblieben, an dem das Licht des Engels ihr erschien. Da weitete sich ihr jungfräulicher Glaube zum mütterlichen Glauben. Auf die Loslösung von allen irdischen Bindungen folgte die göttliche Fülle, und von Maria wurde, nachdem sie auf alles verzichtet hatte, die Hingabe an diese Fülle gefordert, um Mutter zu werden. Ihr Vertrauen, dieses Vertrauen auf Gott, das schon in ihrer Jungfräulichkeit enthalten war und seine totale Erfüllung in der Mutterschaft fand, erhielt einen neuen Auftrieb. Maria lieferte sich ihm immer glühender aus, gedrängt vom mitreißenden Bewusstsein ihrer mütterlichen Sendung.

Wenn eine Frau Mutter wird, erlebt sie eine natürliche Entfaltung. Maria hat eine übernatürliche Entfaltung erfahren, die Entfaltung des Glaubens. Die vom Engel rasch entworfene Skizze ihrer mütterlichen Sendung, zu der Gott sie berief, bewirkte ein unmittelbares Aufbrechen aller Gnadenkräfte, über die Maria verfügte. Ihr Glaube war plötzlich durch ein neues Licht und eine neue Glut bereichert worden, er war beschwingt von einer neuen Freude.

Man könnte sagen, dass dieser Übergang vom jungfräulichen Glauben zum mütterlichen Glauben dem Übergang vom »Weg der Läuterung« zum »Weg der Erleuchtung« gleicht. Maria befand sich vor der durch die Botschaft des Engels bewirkten Erleuchtung in einem Zustand der Vorbereitung, der mit dem »Weg der Läuterung« eine gewisse Ähnlichkeit aufweist. Doch kann man zweifellos die Bezeichnung »Weg der Läuterung« nicht auf die religiöse Erfahrung des Mädchens von Nazareth anwenden, da seine Seele makellos war und keiner Läuterung bedurfte. Die unbefleckte Jungfrau hatte sich bezüglich ihres früheren Lebens nichts vorzuwerfen. Da sie nie einer Sünde zugestimmt hatte, gab es für sie persönlich nichts zu sühnen noch gutzumachen.

Und da sie mit den Folgen der Erbsünde, der bösen Begierlichkeit, nicht belastet war, wurde sie von keiner unordentlichen Neigung verlockt, hatte sie kein unerlaubtes Streben zu bekämpfen. Alles war Harmonie und Friede in ihrem Herzen, und in ihrem Gewissen war nie ein Zwiespalt des Willens, der das Böse begünstigt, kein dumpfes Wohlgefallen an der Sünde, das den Kampf gegen die Versuchungen so erschwert. Aber Maria war deshalb von Opfern und Verzichten nicht entbunden. Aufgrund ihrer Vollkommenheit war sie zu mehr verpflichtet als die Sünder. Gott hatte sie, als er sie an sich zog und inspirierte, das Gelübde der Jungfräulichkeit abzulegen, einer Art »Weg der Läuterung« unterzogen, auf dem sich ihr Herz unerbittlich von allen irdischen Bindungen loslöste. Maria war in einer Familie aufgewachsen, wie das

Kinderherz sie braucht, doch ihr Mädchenherz musste sich von diesem Kreis – übrigens berechtigter – Zuneigungen trennen, um einbezogen zu werden in die eine große Liebe, die allein sie beseelen sollte. Die jungfräuliche, von der Gnade geleitete Lebensweise Mariens zerschnitt diese Bande und machte aus dem seiner Umgebung in normaler Weise anhängenden Kind ein Mädchen, dessen Liebe allein Gott vorbehalten war. Wie die Rebzweige, von denen der Herr später spricht, wurde Maria der Reinigung durch den Vater anheimgegeben. Gott hatte alle Bindungen zerschnitten außer einer, jener des Glaubens.

Dieser Zeit der »Reinigung« ließ er nun die Zeit der »Erleuchtung« folgen. Maria vernahm bei der Verkündigung, wohin die jungfräuliche Entsagung sie führen sollte. Plötzlich wurde sie sich, auf die Worte des Engels hin, der herrlichen Folgen ihres Glaubens und der Begründetheit ihres Vertrauens bewusst.

Hüten wir uns aber, eine starre Trennung dieser beiden Zeitabschnitte vorzunehmen. Auch im Ablauf des geistlichen und mystischen Lebens kann man keine deutliche Absonderung der beiden Epochen festlegen, von denen eine nur läuternd, die andere nur erleuchtend gewesen wäre. Beide Seiten sind gleichzeitig vorhanden, aber der Akzent ist verschieden. Nie hat dem jungfräulichen Glauben Mariens das Vertrauen gefehlt, aber es ist im mütterlichen Glauben hellsichtiger und leuchtender geworden. Von der Verkündigung an nahm Marias Glaube seine endgültige Gestalt an in einer Seele, deren jungfräuliche und zugleich mütterliche Sendung für die Zukunft festgelegt war.

Sollen wir darüber staunen, dass das Aufquellen des Glaubens der Jungfrau im Augenblick, da sie Jungfrau-Mutter wurde, in den Berichten der Evangelien so wenig erwähnt wird? Das Evangelium hat uns in allem, was Maria angeht, an Zurückhaltung gewöhnt. Ist es nicht verständlich, dass etwas so Persönliches wie der Glaube sich eher erahnen und voraussetzen als beschreiben lässt? Es genügt uns, aus dem Gespräch mit dem Engel zu erfahren, dass dieser Glaube vorhanden war, und im halben Schweigen der heiligen Zeilen können wir mit unserer Kenntnis der Vollkommenheit Mariens die innere Kraft ihres Glaubensaktes entdecken, eine Kraft, die um so mächtiger wurde, je innerlicher sie war.

Man könnte den Eindruck bekommen, dass dieser Aufschwung des Glaubens leicht und nicht sehr verdienstvoll war, da Maria nur aufgefordert wurde, an ihr Glück zu glauben. Der Engel brachte ihr eine freudige Botschaft, die sich angenehm anhörte, und er versprach ihr eine glänzende Zukunft. Trug er ihr nicht die Aufgabe an, die den schönsten Traum der Frauen Israels bildete: Mutter des Messias zu werden? War es darum nicht leicht, dieser Verheißung gläubig zuzustimmen? Es scheint, dass Maria kein Hindernis zu überwinden hatte, um zu glauben, und dass die göttliche Botschaft so verlockend war, dass sie den Glauben beinahe aufdrängte.

Man würde aber einer Illusion verfallen, wenn man sich vorstellte, dass alles so leicht war. Den Beweis, dass die vollkommene gläubige Zustimmung zur Botschaft des Engels nicht so einfach war, erkennen wir darin, dass andere göttliche Botschaften diese Zustimmung nicht erfahren haben. Zacharias war Priester, und man kann annehmen, dass er, von Gott auserwählt, Vater des Vorläufers zu werden, ein heiliges Leben führte und dem Herrn, dem er sich geweiht hatte, tief ergeben war. Doch die Erscheinung des Engels Gabriel und seine Botschaft weckten Zweifel in seiner Seele. Die ihm überbrachte Botschaft erfüllte seine Wünsche und überstieg alle seine Erwartungen. Fand Zacharias das Vernommene zu schön, um wahr zu sein? Die Großartigkeit der Botschaft erweckte seinen Argwohn.

Lange vor Zacharias hatte der Prophet Jesaja, als er sich zum König Ahas begab, um ihm eine göttliche Botschaft zu überbringen, sein Wort der Schwäche des Menschen angepasst, der es hören sollte. Er hatte Ahas, um sein Vertrauen zu gewinnen, eindringlich empfohlen, von Jahwe ein Zeichen zu erbitten. »Ich fordere es nicht«, hatte der König erwidert unter dem Vorwand, dass er den Herrn nicht versuchen wolle mit dem Verlangen nach einer sichtbaren Bezeugung seiner Macht. Da beschloss Gott, den Menschen sein eigenes Zeichen zu geben, das Zeichen des Heils, das er ihnen gewähren wollte: »Höre, Haus David«, fuhr der Prophet fort; »genügt es euch nicht, dass die Menschen sich für euch ermüden, dass ihr auch Gott ermüdet? Darum gibt euch der Herr selbst ein Zeichen; das ist es: Die Jungfrau hat empfangen und gebiert einen Sohn und sie gibt ihm den Namen Emmanuel.«[10] Dieses Zeichen der jungfräulichen Mutterschaft ist also von Gott als Antwort auf den Unglauben der Menschen gegeben worden. Selbst als Jahwe ausdrücklich das Heil und das Glück verhieß, stieß er auf Misstrauen. Der demütige Glaube des Mädchens von Nazareth stellt gleichsam eine Erwiderung auf König Ahas' Weigerung, zu glauben, dar.

König Ahas hatte die göttliche Einladung zurückgewiesen, weil er es vorzog, seinem eigenen Urteil und den eigenen Mitteln zu vertrauen, um das Heil des Volks sicherzustellen,

---

10 Jes 7,12–14.

statt Hilfe von der göttlichen Hand zu erwarten. Ebenso hatte Zacharias die Verheißung des Engels bezweifelt, weil er nur dem traute, was seine menschlichen Augen sahen und was seine menschlichen Möglichkeiten zu beurteilen imstande waren. Folgerichtig sollte der Mensch sein ganzes Vertrauen auf Gott setzen, dann besonders, wenn Gott selbst ihm den Beistand seiner Allmacht anbietet. Aber diese Haltung des Vertrauens, die so einfach und leicht zu sein scheint, begegnet Widerständen, denn der Mensch ist geneigt, sich auf handgreifliche Dinge zu stützen, und erträgt ihr Fehlen nur widerwillig. Statt auf die göttliche Allmacht zu blicken, zieht er es vor, sich auf sich selbst und die ihm zur Verfügung stehenden Mittel zu verlassen. Er glaubt sich stark und wendet sich von Gott ab im Glauben, sich selbst zu genügen, und wenn er sich seiner Schwäche bewusst wird, verfällt er der Verzweiflung und weist eine Rettung, die von oben kommen könnte, zurück. Infolge der Versuchung, nur auf sich selbst zu blicken und alles nach menschlichem Maß zu messen, ist das Vertrauen auf Gott, die Grundlage des Glaubens, keine natürliche Anlage im Menschen; sein Vorhandensein verlangt die volle Kraft der Gnade.

In Maria hat sich wohl beim Anhören der Botschaft des Engels die gleiche Versuchung geregt. Satan hat die Gelegenheit nicht versäumt, um sich an Maria heranzuschleichen. Später wird er ja in den entscheidenden Augenblicken des Lebens Christi seine ganze Verführungskunst entfalten, so zu Beginn des apostolischen Auftretens des Erlösers, dann am Vorabend des Leidens im Zwiespalt der Todesangst. Er war deshalb gewiss im hochwichtigen Zeitpunkt der Verkündigung im Hause von Nazareth zugegen. Der Widerstand der unbefleckten Seele Mariens allen seinen früheren Einflüsterungen gegenüber hatte ihn die Bedeutung der dieser Seele von Gott zugedachten Sendung erahnen lassen und sein Verlangen, sie zu Fall zu bringen, aufs Äußerste gesteigert. Er hat wohl bei den Worten des Engels, der den Menschen den Erlöser versprach, seine ganze diabolische Bosheit eingesetzt, um Maria zu verwirren und ihre Zustimmung zu verhindern. Aber wie ihren Glauben ins Wanken bringen? Die Jungfrau hatte nie ein übermäßiges Vertrauen in ihre eigenen Kräfte gesetzt und nichts lag ihrem Geist ferner als Anmaßung. Ein Weg verblieb: der Versuch, Marias Demut in das Misstrauen abzudrängen. Da dieses Mädchen so demütig und sich seiner eigenen Schwäche so sehr bewusst war, wollte Satan es in diesem Augenblick veranlassen, die Demut ins Letzte zu treiben und das Angebot eines so wunderbaren Auftrags abzuweisen. »Ich bin ein zu armseliges Mädchen, um dieser Mutterschaft würdig zu sein. Es ist unmöglich, dass Gott mich als Mutter des Messias vorgesehen hat«, versuchte er ihr einzuflüstern und stellte ihr zugleich unter dem Trugbild der Bescheidenheit ihre Unwürdigkeit und Unfähigkeit vor Augen. Maria hatte, wenn wir uns an ihre eigene Überlegung halten, wirklich nie an diese Möglichkeit geglaubt und sie fühlte sich dieser Aufgabe unwürdig und unfähig. Aber sie wollte darin keinen Grund zum Zweifeln sehen, wie Zacharias es getan hatte, als er der Versuchung teilweise erlag: »Ich bin ein alter Mann und auch meine Frau ist in vorgerücktem Alter.« [11] Mehr denn je war sich Maria in diesem Augenblick ihrer niedrigen Stellung bewusst, doch fand sie in ihr einen Grund, sich völlig der göttlichen Wahl anheimzugeben. Gott würde, da sie so schwach und armselig war, alles in ihr aus seiner Macht bewirken, und darum hatte sie sich ihm nur völlig hinzugeben im Glauben, dass er unfehlbar verwirklichen wird, was er beschlossen hatte.

---

[11] Lk 1,18.

Wenn Maria gewohnt gewesen wäre, sich auf sich selbst zu verlassen, wäre sie über die unermessliche Weite erschrocken, die ihr der Engel eröffnete. Sie wäre mit dem Hinweis auf ihre Ohnmacht zurückgewichen. Aber sie war gewohnt, in allen Angelegenheiten auf Gott zu blicken und alles nach dem unendlichen Ausmaß Gottes zu werten. In dieser Schau der göttlichen Macht konnte sie sich mit strahlendem Glauben in das erhabene Abenteuer stürzen, das ihr angetragen wurde. Gott würde allen menschlichen Schwächen abhelfen.

Satan bemühte sich zweifellos auch, das Hindernis der Jungfräulichkeit auszunützen. Er flüsterte ihr im Namen dieser Jungfräulichkeit, der sie so tief verbunden war, ein, den Vorschlag des Engels zurückzuweisen und seine göttliche Echtheit in Zweifel zu ziehen: Gott konnte ihr jetzt, nachdem er sie veranlasst hatte, jungfräulich zu leben, doch nicht nahelegen, Mutter zu werden! Musste sie nicht dem Engel den unabänderlichen Charakter einer von Gott selbst gewollten Jungfräulichkeit hervorheben und die Frage der Mutterschaft unerbittlich ausschalten? Maria kannte kein Beispiel einer Jungfrau, die Mutter geworden war. Die Geschichte Israels berichtete von wunderbaren Geburten auf Einwirkung Jahwes hin, aber jedesmal handelte es sich um verheiratete Frauen. Es war also unerhört, dass eine Jungfrau ein Kind empfangen sollte. Maria erinnerte sich in der Folge an die Prophezeiung Jesajas, um sie auf den eigenen Fall anzuwenden. Aber unter den gegebenen Umständen, in denen sie sich befand, als sie dem Engel antworten sollte, betrachtete sie ihre Jungfräulichkeit einfach als ein Hindernis. Dieses Hindernis war immerhin von Gott selbst geschaffen worden und Gott konnte die Schranke, deren Urheber er war, aus dem Wege räumen. Maria hielt das vom Engel angekündigte Geschehen einfach für wahr und stellte den dunklen Einflüsterungen eine ruhige Festigkeit entgegen.

So steigerten die Schwierigkeiten, die für Maria Anlass zu einer Verweigerung des Glaubens, zur Preisgabe der Demut und Jungfräulichkeit hätten werden können, nur den Schwung des Glaubens. Maria glaubte mit umso größerer Kraft an die göttliche Macht, je demütiger und von ihrer Schwachheit überzeugter sie war. Sie glaubte lebendiger an einen wunderbaren Eingriff Gottes, weil sie Jungfrau war und es bleiben wollte. Marias Glaube an die Botschaft der Verkündigung war der Triumph eines kurzen, aber heftigen und entscheidenden Kampfes.

Kraft des Glaubens

Durch den Ansturm der Versuchungen, denen er ausgesetzt wurde, erscheint der Glaube Mariens dem unseren, der Prüfungen unterworfen ist, näher zu sein. Die Jungfrau weist im Bewusstsein ihrer Unfähigkeit, das Vertrauen in Gott aufzugeben, den vom Zweifel bedrängten Seelen den Weg. Der Zweifel bezieht sich in der Tat oft nicht auf wesentliche Sätze der Lehre. Die Versuchung nimmt persönlichere Formen an und drängt den Menschen, an der Macht und Liebe Gottes im Hinblick auf das eigene Leben zu verzweifeln. Der Mensch läuft Gefahr, sich dem Eindruck zu überlassen, dass sein Leben, statt von Gott bis in alle Einzelheiten gelenkt zu werden, vom Zufall der Ereignisse beherrscht wird. Die Versuchung gegen den Glauben in der Seele Mariens hatte zugleich eine die Lehre betreffende und eine persönliche Bedeutung, da der Engel von ihr den Glauben an die Menschwerdung des Erlösers, an eine Lehre also, in der das ganze Christentum enthalten ist, und an ihre persönliche von Gott bestimmte Aufgabe, Mutter des Erlösers zu werden, verlangte. Maria wies die Einflüsterungen, nach denen diese Wahrheit zu schön und diese Aufgabe zu wunderbar seien, um glaubhaft zu sein, zurück. Sie nahm das Wort Gottes ganz einfach voll und ganz an: Das war die Grundlage ihres Sieges.

Dieser Kampf drückt dem Ereignis der Verkündigung einen Stempel auf, den man nicht auf den ersten Blick erkennt. Der Vorgang ist von wunderbarer Frische, voll zarter Anmut, und man möchte sagen, dass der heilige Text auch den Wohlgeruch der jungfräulichen Seele ausströmt, den Wohlgeruch des Frühlings, der voll unerahnter Verheißungen ist. Nichts ist anmutiger als Marias Verwirrung bei den ersten Worten des Engels. Man kann sich die zarte, auf jede Erschütterung empfindsame Seele vorstellen, die, von Gott behütet, in einer idealen Atmosphäre lebt, über den Zufälligkeiten und den Wirrnissen der Welt. Damit würde man aber der Jungfrau eine künstliche Persönlichkeit zuschreiben, die auf wunderbare Weise der harten Wirklichkeit des Alltags und der Dinge entrückt wäre. Marias Seele war nicht in einen undurchdringlichen Schleier gehüllt und ihre gläubige Zustimmung zu den Worten des Engels war nicht einfach eine huldvolle, man könnte sagen himmlische Geste schöner Abgeklärtheit, von der sie zeugte. Es war der Entschluss einer starken Seele. Die ganze Willenskraft Mariens ist im Glaubensakt der Verkündigung verborgen, eine Kraft, die alle entgegenstehenden Neigungen und alle teuflischen Einflüsterungen zurückweist. Mit seinem Glaubensakt umgab sich das mütterliche Herz der Jungfrau mit jener Kraft, die sie später so notwendig hatte.

Die christliche Überlieferung hat dies verstanden und in ergreifender, ja erschütternder Weise in der Antiphon »Gaude, Maria Virgo« zum Ausdruck gebracht: »Freue dich, Jungfrau Maria, du allein hast in der ganzen Welt alle Häresien zertreten.«[12] Bei der ersten Lesung des Textes könnte man denken, dass er sich auf den Beistand Mariens im Leben der

[12] Antiphon der 3. Nokturn des Comune der Marienfeste.

Kirche während der Jahrhunderte beziehe, um eine Häresie nach der anderen zu überwinden. Aber die ursprüngliche Form, aus der die Antiphon sich gebildet hat, zeigt, dass es sich nicht um den jahrhundertealten Kampf gegen die Irrlehren handelt, sondern um Marias Tat im Augenblick der Verkündigung: »Freue dich, Jungfrau Maria, du allein hast alle Irrlehren überwunden, du hast den Worten des Erzengels Gabriel geglaubt, dass du als Jungfrau den Gottmenschen gebären und nach der Geburt unverletzte Jungfrau bleiben wirst.«[13] Im Glauben an die Worte des Engels hat also Maria alle Häresien vernichtet. Sie tat es allein, in der Einsamkeit des Hauses von Nazareth. Man soll sich aber diesen Sieg nicht als einen kriegerischen Ausfall aus den Reihen der Kirche gegen die Häretiker vorstellen, sondern als einzigartigen Akt demütigen und festen Vertrauens, durch das ein für alle Mal alle Irrlehren und alle Zweifel verurteilt worden sind.

Maria hat diesen Triumph in ihrer Seele errungen: In ihr selbst hat sie unverzüglich durch einen integralen Glauben alle bösen Einflüsterungen Satans ausgetilgt, diese Einflüsterungen, die »Häresien« erwecken wollten, d. h. im etymologischen Sinn des Ausdrucks, Trennungen und Teilungen. Satan hat alles unternommen, um Christus vom Vater zu trennen, und er hat nicht weniger Scharfsinn aufgewandt, um Maria von Gott abzubringen. Er wollte den Graben des Zweifels graben, doch die Jungfrau hat seinen Versuch vereitelt.

---

[13] »Gaude, Maria Virgo, cunctas haereses sola interemisti quae Gabrielis archangeli dictis credidisti; dum Virgo Deum et hominem genuisti, et post partum Virgo inviolata permansisti.« Diese Form findet sich am Fest des 2. Februar im ältesten bekannten Antiphonar, jenem von Compiègne. Vgl. Dom I. Brou, *Marie, déstructrice de toutes les hérésies*, und den schönen Text des »Gaude Maria Virgo«, in: *Ephemerides Liturgicae*, LXII, 1948, 121.

Zudem hat Maria im Augenblick der Verkündigung den Sieg im Namen der ganzen Kirche errungen. Wenn man die Bedeutung dieses Glaubensaktes kennt, findet man den Ausdruck »Alle Häresien der ganzen Welt« nicht übertrieben. Das Heil des Universums bildet den Gegenstand des Glaubens Mariens, und sie hat der Botschaft des Engels im Namen der Menschheit zugestimmt. Als Gott Maria seine Absicht zur Kenntnis gab, wandte er sich an sie als die Vertreterin der Menschheit. Denn in Wirklichkeit bot er die Menschwerdung seines Sohnes der Menschheit an, und in der Person Mariens ersuchte er um die Aufnahme des Wortes. Maria mit der makellosen Seele war allein fähig, es voll und ganz im Namen aller Menschen, dieser Sünder, aufzunehmen, denn sie konnten dem Sohn Gottes keine seiner Heiligkeit würdige Wohnstatt anbieten. Doch die Reinheit der Jungfrau genügte nicht für diese Aufnahme, sie war nur eine Vorbedingung. Die Aufnahme selbst musste wesentlich in ihrem Glauben vollzogen werden. Die Menschen waren eines vollkommenen Glaubens unfähig, wie sie einer vollkommenen Reinheit unfähig waren. Gott aber verlangte für seinen Sohn Aufnahme durch einen fehlerlosen Glauben. Die Jungfrau bot ihn dar im Namen der Menschheit. Für uns empfing sie in einem Akt voller Zustimmung des Geistes und des Herzens das fleischgewordene Wort.

Marias Glaube war ein Sieg über die Zweifel und die Untreue der Vergangenheit Israels. Die Geschichte des auserwählten Volkes war gezeichnet von »Häresien«, d. h. von ständigem Rückfall in die Götzendienerei und die Sünde durch wiederholten Verrat des Bundes, durch Trennungen von Gott. Das Volk hatte nie aufgehört, wider seinen Schöpfer zu murren und sich über das Schicksal zu beklagen, weil es sich von Jahwe verlassen wähnte. Es war stets versucht, sein Vertrauen in sich selbst zu setzen, und besaß nur einen wankenden Glauben. Darum tadelten die Propheten die Ungläubigkeit ihrer Mitbürger und unternahmen mächtige Anstrengungen, um den Glauben wachzuhalten. Maria machte bei der Verkündigung in einem Augenblick diese Entgleisungen und Schwächen wieder gut. Sie brachte sie durch den Glanz ihres Glaubens zum Erbleichen und zum Verschwinden. Sie erfüllte im Namen aller die große Verpflichtung, die das jüdische Volk in seinem Bündnis mit Gott auf sich genommen hatte, die Verpflichtung, an den einen wahren Gott zu glauben und an ihn zu glauben mit einem Glauben, der das ganze Leben beherrscht. Der Unglaube, den Satan im Verlauf der Jahrhunderte geweckt und gesteigert hatte, um das auserwählte Volk mit Jahwe zu entzweien, wurde durch das vorbehaltlose Glaubensbekenntnis der Jungfrau mit einem Schlag vernichtet. Als jungfräuliches Glaubensbekenntnis stand es den alten Treulosigkeiten gegenüber, die Jahwe als Ehebrüche angesehen hatte.

Die Vergangenheit erreicht also in der Verkündigung den Zeitpunkt, in welchem sie umgewandelt wird. Die Weigerung Ahas' und, näherliegend, der Zweifel Zacharias' werden durch den leuchtenden Glauben Mariens überdeckt. Die Menschheit beginnt in diesem neuen Glauben wieder aufzuleben, sie überwindet für immer ihren Fall. Denn der Glaube Mariens schließt die Sicherheit für die Zukunft ein. Es ist ein endgültiger, unverbrüchlicher Glaube, ein werdender Glaube, ja, aber der unerschütterliche Glaube der Kirche. Die Jungfrau hat im Glauben an die Worte des Engels im Voraus alle »Häresien« der späteren Jahrhunderte überwunden. Sie hat die christliche Gemeinschaft auf einen ganzen Glauben gegründet, der nie mehr geteilt werden oder zerbröckeln kann. Im Namen aller Zeiten, der Vergangenheit und der Zukunft, wie auch im Namen aller Völker hat Maria ihre Zustimmung gegeben und diese Zustimmung besitzt ewigen Wert. Wenn die Anstürme Satans gegen die Kirche unfehlbar zerschellen, wenn alle Irrlehren im Misserfolg und Versagen enden, so darum, weil sich diese Anstürme für immer am jungfräulichen Fels der gläubigen Seele Mariens gebrochen hatten.

Maria trägt in ihrem Glauben wie in ihrer Mutterschaft das ganze Schicksal der Kirche. Die Stürme, die zu allen Zeiten die Kirche und die Christen schütteln, sind ein für alle Mal durch die ruhige, unaufdringliche Macht dieses Glaubensaktes in die Schranken gewiesen worden. Um den Sieg der Kirche über alle ihre Gegner zu sehen, ist es nicht nötig, in die unsagbare Verwicklung der geschichtlichen Ereignisse einzudringen. Es genügt, sich den einzigartigen Augenblick der Verkündigung zu vergegenwärtigen, in welchem Marias Glaube allen Unglauben der Vergangenheit austilgt und die Aufstände der Zukunft niederschlägt. Ein anderer Augenblick, am Ende der Zeiten, steht ihm gegenüber, wenn sich uns die Gesamtschau des nun vollendeten Schicksals des Universums bietet. An diesem Ende wird man feststellen können, dass die Verheißungen des Glaubens der Verkündigung durch den Glauben der Kirche voll und ganz bewahrt worden sind, dass Maria in Wahrheit durch ihren Glauben an die Worte des Engels alle Verneinungen der Irrlehren überwunden hat. Alle diese direkt oder indirekt gegen die Botschaft der Menschwerdung des Erlösers gerichteten Leugnungen sind durch die vollkommene Zustimmung der Jungfrau zur Ohnmacht verurteilt worden.

Glaube und Wirklichkeit

Der Glaube der Verkündigung versetzte allen gegnerischen Lehren den tödlichen Schlag, nicht nur weil durch ihn der endgültige Glaube der Kirche begründet wurde, sondern auch weil er die Verwirklichung der Botschaft, der er zugestimmt hatte, in sich barg. Was im Herzen Mariens Glaube war, wurde Wirklichkeit in ihrem Leib. Durch den Glauben an das Wort des Engels bewirkte Maria diesen Vollzug. Man könnte diese Behauptung zu kühn finden und bemerken, dass nicht der Glaube und Marias Zustimmung zur Botschaft die Inkarnation ermöglichten, dass sie nur die Bedingung für sie schufen, weil doch die einzige Ursache dieser erhabenen Wirklichkeit Gott allein war. Wenn wir aber die Verwirklichung des göttlichen Plans der Menschwerdung dem Glauben Mariens zuschreiben, entfernen wir uns keineswegs von der Lehre Christi. In seinem öffentlichen Leben fordert Jesus den Glauben von allen, die ihn um ein Wunder anflehen. Er verlangt ihn so unbedingt, da er ein Wunder dort »nicht wirken könne«, wo er auf völligen Unglauben stoße.[14] Mehr noch: Er schreibt ausdrücklich die vollzogenen Wunder dem Glauben der Bittsteller zu, wie wenn dieser Glaube sie zu den Urhebern der Wundertat machte. Entspricht es also nicht der Absicht des Herrn, wenn wir das Wunder der jungfräulichen Empfängnis dem Glauben Mariens zuerkennen? Müssen wir bezüglich der Verkündigung nicht wiederholen, was Jesus dem Vater des Epileptikers, der ihn um seine Hilfe angefleht hatte, sagte: »Alles kann, wer glaubt«?[15] Dieses Wort kann umso mehr auf Maria bezogen werden, als ihr Glaube nicht wankelmütig wie jener dieses Unglücklichen, sondern stark und lebendig war. Alles war diesem totalen Glauben Mariens möglich, selbst die paradoxale Größe einer göttlichen Mutterschaft, Mutter des Gottessohnes zu werden. Auf diesen Glauben bezieht sich auch die Antwort Jesu an die Kanaanäerin: »Frau, dein Glaube ist groß. Es soll dir geschehen, wie du willst.«[16] Dieser Glaube gibt sein Maß der Wirklichkeit:

---

[14] Mk 6,5.

[15] Mk 9,23.

[16] Mk 15,28.

»Wie ihr geglaubt habt, so soll euch geschehen«,[17] sagt Jesus, bevor er den beiden Blinden das Augenlicht wiedergibt. Gott hatte also von Maria einen Glauben überragender Größe verlangt, um die unfassbare Wirklichkeit der Menschwerdung zu schaffen. Gott, das war vorerst der Vater, aber mit ihm die Dreifaltigkeit und besonders der Sohn. Das Wort verlangt den Glauben Mariens, wie es später, einmal Mensch geworden, den Glauben seiner Zuhörer fordert.

Sobald sich im Herzen Mariens der Akt der Zustimmung vollzogen hatte, folgte die Verwirklichung. Man könnte sagen, dass der Glaube auf den Herrn aller Wirklichkeit, auf Gott eine Macht ausübt, eine von Gott gewollte und zugestandene Macht. Die Menschwerdung war wahrhaft der Macht des Glaubens der Jungfrau anheimgestellt. Nichts bezeugt eindrücklicher die Macht des Glaubens, unseres Glaubens. Vom Glauben hing die Verwirklichung des von Gott entworfenen Heilsplanes ab: Im Augenblick der Verkündigung spielte sich das Schicksal der Welt, das Los der Menschheit, im Herzen Mariens ab. Die Zustimmung ihres Glaubens hat das Kommen des Erlösers auf diese Erde entschieden, das Antlitz des Alls und unser ganzes menschliches Leben verklärt. Die Verwirklichung der Kirche hing von diesem Glauben ab, und der Strom der göttlichen Gnade, der sich seither über die Menschen ergoss, strömte vorerst durch die Einwilligung Mariens. Das volle Glück des Heils und des christlichen Lebens war im Augenblick der Verkündigung eingeschlossen im hingebenden Vertrauen des jungfräulichen Herzens. Wenn wir uns des von Christus oft ausgesprochenen Wortes erinnern: »Dein Glaube hat dich gerettet«,[18] kön-

---

[17] Mt 9,29.

[18] Mk 5,34; 10,52; Lk 7,50; 17,19.

nen wir behaupten, dass der Glaube Mariens die Menschheit gerettet hat.

Beim Betrachten dieser Macht, die der Glaube auf Gott selbst ausübt, verstehen wir den Sinn der göttlichen Mutterschaft besser. Die einfache körperliche Mutterschaft hätte Maria nur zur Mutter eines Kindes gemacht, das Gott ist, und das hätte genügt, sie als Gottesmutter zu verehren. Aber sie ist mehr als eine einfache Mutter: Durch ihren Glauben hat Maria Gott wirklich auf die Erde herabgezogen. Ihrer körperlichen Anlage, ein Kind zu gebären, entsprach die Fähigkeit ihres Glaubens, Gott in die Menschheit einzuführen. Das Wunder der jungfräulichen Empfängnis war wie das Wunder der Menschwerdung des Wortes ein Ergebnis des Glaubens Mariens.

Dieser Glaube zwang die Wirklichkeit der Menschwerdung des Erlösers allen kommenden Geschlechtern für alle Zeiten auf. Die Existenz des Erlösers und die Echtheit seiner göttlichen Herkunft werden uns vom Evangelium bewiesen und sind bezeugt im Leben und in der Heiligkeit der Kirche, des weiterlebenden Christus. Wenn die Christen den Gegnern diese zwingenden Zeugnisse und die historische Echtheit der evangelischen Berichte vor Augen stellen, vergessen sie nicht, dass die von ihnen so kräftig betonte Wirklichkeit des inkarnierten Wortes ihren Ursprung in der Zustimmung Marias hat und dass sie es dem Glaubensakt Mariens, ihrer Antwort an den Engel Gabriel, zu verdanken haben, wenn sie durch diese Wirklichkeit alle gegnerischen Behauptungen mit ruhiger Sicherheit widerlegen können.

Wachsender Glaube

Der Glaube der Jungfrau bei der Verkündigung war vollkommen. Und man ist versucht anzunehmen, dass dieser Glaube wegen seiner Vollkommenheit sich nicht mehr weiterzuentwickeln hatte und einfach unverändert blieb. Hatte Maria nicht ein für alle Mal ihre Zustimmung gegeben, und da an der Festigkeit ihrer Einwilligung nichts fehlte, was hätte sie also noch hinzuerwerben können? Hatte sie sich nicht darauf zu beschränken, diesen Glauben zu bewahren und aus ihm zu leben?

Man würde die in der Seele Mariens erfolgte Entwicklung missverstehen, wenn man den Glauben der Jungfrau als eine starre Wirklichkeit auffasste; das hieße, diese Seele der Verhärtung und Verschrumpfung überlassen zu wollen. Das innere Leben Mariens war eine fortschreitende Entfaltung. Vom Augenblick der Verkündigung an wurde sie Mutter, doch sie wurde es täglich mehr und ihr mütterliches Herz hörte nie auf, seine Gefühle zu vertiefen. Der außerordentliche Vorzug der Vollkommenheit im Augenblick der Empfängnis hinderte sie nicht, Fortschritte zu machen und sich zu entwickeln und mit der steigenden Lebens- und Geisteserfahrung die Vereinigung mit Gott inniger zu gestalten. Ihre Heiligkeit von Beginn des Lebens an verunmöglichte eine solche Entwicklung keineswegs, vielmehr wurde sie von ihr gefordert und gefördert. Gott hatte ihr die Talente nicht geschenkt, damit sie begraben würden, sondern damit sie Früchte brachten. Die Maria gewährte Gnade führte sie stets tiefer in die Vereinigung mit Gott. Dieses Fortschreiten der Jungfrau setzt keine frühere Unvollkommenheit voraus, sondern sie trat von einer Vollkommenheit in eine andere, mehr verwirklichte über, denn die Vollkommenheit war ihr gewährt worden mit der Verpflichtung, sie zu leben, das heißt, sie im Verlaufe ihres Lebens mehr und mehr zu entfalten.

Diese Verpflichtung zum Fortschritt bringt den Glauben Mariens ebenfalls dem unseren näher. Wenn man gezwungen wäre, in Maria vom Augenblick der Verkündigung an einen unveränderlichen Glauben zu sehen, müsste man ihr einen Glauben zuschreiben, der von dem der Christen verschieden wäre. Der Herr hätte in ihrem Falle durch einen wunderbaren Eingriff die langsame Arbeit der Vertiefung ersetzt, zu welcher der Glaube im menschlichen Leben verpflichtet ist. Aber Gott bewirkt solche Wunder nicht unnötigerweise. Er sah für Maria ein wirklich menschliches Leben mit wirklich menschlicher Erfahrung vor. Er hat das Herz der Jungfrau nicht mit künstlichen Mitteln gebildet und wenn er ihr einen immer vollkommeneren Glauben eingeflößt hat, so schuf er für diesen Glauben die gewöhnlichen Vorbedingungen für eine fortschreitende Vertiefung. Dadurch hat er die natürliche und persönliche Mitarbeit Mariens angespornt. Er weigerte sich, alles an ihrer Stelle zu tun, wie es in seiner Macht gestanden hätte, damit ihr Glaube in den geheimsten Furchen ihrer Persönlichkeit Wurzeln fasse und wahrhaft ihr Glaube sei. Als darum der Engel Gabriel Maria die göttliche Botschaft übermittelte und sie um die unverzügliche Zustimmung ersuchte, bot er ihr einen Gegenstand der Betrachtung für die Zukunft an. Die Botschaft sollte erst nach langem, ernsthaftem Nachdenken von der Jungfrau völlig erfasst werden. Die Verkündigung erweckte einen Glauben, dessen Entwicklungsplan in ihr enthalten war.

Wie hat sich diese Entwicklung vollzogen? Durch die Entwicklung des mütterlichen Herzens Mariens selbst. Je tiefer der Glaube durch die Beziehungen von Mutter zu Kind in das Wesen ihres Sohnes eindrang, umso leuchtender wurde er. Bei der Verkündigung hatte Maria einer abstrakten Botschaft zugestimmt. In der Folge unternahm sie es, diese im Herzen bewahrte Botschaft in ihrer ganzen Wahrheit in der konkreten Person Christi wiederzufinden. Bei der Betrachtung ihres Sohnes erinnerte sie sich, wie sein Wesen und seine Bestimmung ihr vorausgesagt worden waren, und sie bemühte sich, sie im Antlitz und in den Gebärden des geheimnisvollen Kindes zu entdecken und zu erkennen.

Man würde zu Unrecht annehmen, dass diese Konkretisierung des Glaubens sich leicht vollzogen habe. Man neigt zu der Auffassung, dass der Umstand, stets in Gesellschaft des Sohnes Gottes zu sein, den Glaubensakt mühelos machte; wie könnte man mit Jesus häuslich zusammenleben, ohne an ihn zu glauben? Man könnte Maria sogar um diese außerordentlich innige Vertraulichkeit beneiden und sie als dauernde Einladung betrachten, ohne Anstrengung zu glauben. Aber die Wirklichkeit war anders. Die Nähe Jesu stellte für Maria eine Prüfung dar. Wie kann ein Kind, das den anderen so ähnlich ist und sich von ihnen nur durch die Sündenlosigkeit unterscheidet, die ihm zubestimmte herrliche Sendung bezeugen? Äußerlich schien nichts an diesem Kind den Erlöser des jüdischen Volkes, den Befreier, den Messias, anzukündigen. Sein Leben floss in gewohnter und friedlicher Weise dahin gleich dem Leben der Kinder seines Alters und gezeichnet von derselben Alltäglichkeit. In Gegenwart dieses Kindes zu leben stellte keine besondere Einladung dar, an es zu glauben.

Dass die Unbeschwertheit des Verkehrs mit Jesus im täglichen Leben keine natürliche Einladung war, an seine Erlösungsaufgabe zu glauben, beweist uns das Verhalten jener, die das Evangelium »die Brüder Jesu« nennt, seiner Vettern. Sie weigern sich offen und hartnäckig, an ihn zu glauben. Zu Beginn des öffentlichen Lebens wollen sie sogar seiner apostolischen Tätigkeit, die sie als Narretei ansehen, ein Ende setzen. Sie hatten doch die Möglichkeit, die außerordentliche, mit vollkommener Tugend und überragenden Fähigkeiten ausgestattete Seele Jesu kennenzulernen. Sie hatten mit ihm in der Einfachheit der Familienbeziehungen Umgang, also unter Voraussetzungen, die nicht täuschen konnten und Illusionen bei der ersten Begegnung zerstört hätten. Sie hätten begeisterte Zeugen der überragenden Persönlichkeit Jesu sein sollen. Hätten sie im Adel seines Verhaltens nicht zum Mindesten die Verheißung seiner Zukunft erahnen müssen? Sie aber hatten nichts dergleichen bemerkt, weil Christus die Schätze seiner Person unter einem unauffälligen Äußeren verbarg und das gewöhnliche Leben der Kinder und Jugendlichen Galiläas lebte. Sie hatten sein Geheimnis nicht durchdrungen. Ihr Urteil über Jesus wurde im Allgemeinen von den Bewohnern Nazareths geteilt, denen ebenfalls nichts aufgefallen war. Der Messias hatte unerkannt unter ihnen gelebt. Als er darum in der Synagoge seines Dorfes das Wort ergriff, staunten alle: »Ist er nicht der Sohn Josefs?«[19] Niemand hatte geahnt, dass der Sohn Josefs auf diese Weise das Wort Gottes verkünden könnte. Und als Jesus sich als Messias vorstellte, traf er bei ihnen nur auf Unglauben und einen Widerstand, der beinahe in Totschlag geendet hätte.

Selbst im Verlauf seines öffentlichen Lebens, wo Christus doch seine Sendung und seine Herkunft verkündete und durch Wunder bezeugte, zwang das Leben an seiner Seite den Menschen den Glauben nicht notwendigerweise als Selbstverständlichkeit auf. Man konnte den Herrn täglich sehen, an seinen freundlichen Gesprächen teilnehmen, ohne an ihn zu glauben, wie Judas es tat, als er das Geld vorzuziehen begann. Als Petrus im Namen der Apostel auf die Frage Jesu über seine eigene Person antwortete: »Du bist Christus, der Sohn des lebendigen Gottes!«[20], erklärte der Herr sogleich,

---

[19] Lk 4,22.

[20] Mt 16,16.

dass dieses Glaubensbekenntnis nicht aus »Fleisch und Blut« stammte, sondern aus der Offenbarung des Vaters. Nicht der menschliche Umgang mit Jesus hat diese Überzeugung bewirkt, nur das Licht von oben hat sie vermitteln können.

Im Falle Mariens waren die menschlichen Kontakte noch weniger entscheidend für die Erweckung des Glaubens, denn Jesus war noch nicht in die Jahre gelangt, wo er seine messianische Macht kundgeben sollte. Er vollbrachte keine der außerordentlichen Taten, die er später auf den Straßen seiner Predigttätigkeit säte. Er wuchs einfach heran unter den Augen seiner Mutter und sein Wachstum entsprach normalen Bedingungen. Wenn der Glaube der Jungfrau nicht eine unerschütterliche Festigkeit und ein großes Einfühlungsvermögen besessen hätte, wäre sie durch die einfache und so alltägliche Entwicklung eines Kindes, das von Gott zu einer so bedeutungsvollen Sendung berufen war, irregemacht worden. Sie wäre vor allem verwirrt worden durch die völlige Unterwerfung Jesu unter seine Eltern. Diese Unterwerfung war merkwürdig und Maria besonders aufgefallen, wie der Satz des hl. Lukas, »Er war ihnen gehorsam«,[21] es vermuten lässt. Das vom Engel als Erbe des Thrones Davids verheißene Kind zeigte sich beispielhaft gehorsam. Es war tugendhaft, gewiss, aber es schien auf den ersten Blick der in Aussicht gestellten Herrschaft des Kindes, der Führerrolle, die ihm aufgetragen war, wenig zu entsprechen. Sein Reich wird kein Ende nehmen, hatte der Engel versichert. Warum also diese unterwürfige Haltung des Kindes, das für immer herrschen sollte?

Im Verlauf der Jahre wuchs die Verwunderung Mariens über das alltägliche Leben ihres Sohnes. Lange, nachdem Jesus die Volljährigkeit erreicht hatte und zum Mann gewor-

---

[21] Lk 2,51.

den war, blieb er in Nazareth, ohne je die Absicht zu äußern, ein anderes Leben führen zu wollen. Es schien, dass sein ganzes Dasein sich in diesem Dorf bei der Ausübung eines gewöhnlichen Handwerks abspielen wird; nichts ließ auf eine Änderung schließen und, menschlich gesehen, hätte sein Leben dem Josefs gleichen sollen. Maria konnte es nicht unterlassen, sich die Frage zu stellen: Wann und wie wird sich die Prophezeiung des Engels verwirklichen? Bisher schien alles sie zu widerlegen. Der Engel hatte außerordentliche Ereignisse angekündigt, die nicht eintrafen. Der Glaube der Jungfrau musste sich im Auf und Ab des alltäglichen Lebens bewähren.

Maria hielt sich, um ihr Kind zu verstehen, genau an die Botschaft der Verkündigung. Ihr mütterliches Auge erkannte in Jesus, was anderen, fremden und weniger liebenden Blicken entging. Es entdeckte in diesem rätselhaften Kind mehr und mehr Züge, die die Worte der Verkündigung bestätigten. Maria schätzte seinen Seelenadel, der nicht leicht zu bemerken war, aber doch unter dem gewöhnlichen Äußeren hervorbrach. Sie bewunderte die makellose Reinheit des Kindes und die Vollkommenheit all seiner Fähigkeiten. Kleine Verschiedenheiten zwischen zwei Gebärden können eine grundverschiedene geistige Haltung offenbaren; wenn die Jungfrau ihr Kind unter anderen Kindern sah, fielen ihr oft Unterschiede, die niemand sonst bemerkte, auf. In einer einfachen Handlung Jesu konnte sie oft eine eigenartige Feinheit des Gefühls feststellen. Sie beobachtete alles, weil sie Jesus gegenüber nicht nur die Liebe einer Mutter empfand, sondern ihm auch in der Heiligkeit nahestand. Maria war ebenfalls eine Seele von außerordentlichem Wert, der unter einem Äußeren größter Einfachheit verborgen war. Ihre Gefühle grenzten an Erhabenheit, ohne dass sie sich darüber Rechenschaft gab. Darum erfasste sie die Eigenschaften ihres Kindes in so klarer

Weise. Es war die Botschaft des Engels, die im Geist Mariens all diese Gegebenheiten in harmonischer Weise zusammenfügte und ihren Sinn mehr und mehr erahnen ließ. Die Seele der Jungfrau hing dieser göttlichen Offenbarung in Treue an und es war ihr bei der Verkündigung vollzogener Glaubensakt, der ihren mütterlichen Blick auf Jesus beherrschte. In diesem Blick verglich sie unaufhörlich das vom Engel gezeichnete Bild mit der Persönlichkeit ihres Sohnes. Sie verglich, sie vertiefte ihr Glaubensleben durch die Feststellungen ihrer Erfahrung. Mit ihren gläubigen Augen sah sie den Erlöser Israels, dessen Züge sie geduldig zusammentrug, in der Haltung ihres Sohnes mehr und mehr in Erscheinung treten.

Aber sie wurde trotzdem durch verschiedene Seiten seines Verhaltens überrascht und verwirrt. Nach dem Alten Testament sollte die messianische Epoche gekennzeichnet sein durch ungeheure Umwälzungen und den auffallenden Triumph des Messias. Doch der Ruhm eines im Schlachtenlärm eines Sieges über die Feinde des Volkes auftretenden Retters schien sich im Antlitz Jesu bisher nicht abzuzeichnen. Die friedlichen Züge und die Demut des Kindes kündeten eher ein anderes, bescheideneres Schicksal an. Maria glaubte, obwohl sie nicht sah. Gewiss, sie hatte Jesus vor Augen, aber sie erkannte in ihm den traditionellen Messias nicht. Der Glaube bestimmte in dieser Unklarheit und Schwierigkeit die einzig richtige Haltung: Sie hatte einfach Vertrauen in das Mysterium ihres Sohnes, denn hinter seinem Antlitz verbarg sich wirklich ein Mysterium. Voller Ehrfurcht dem Geheimnis gegenüber erwartete Maria die Stunde, in der ihr Glaube tiefer in dieses eindringen konnte. Wenn sie an diese Sphäre des Unbekannten stieß oder wenn ihr eine sonderbare Handlungsweise auffiel, schwieg sie und überließ sich der göttlichen Weisheit. War sie verwirrt, versenkte sie sich tiefer in ihren Glauben und willigte ein, nicht sehen zu können, was sie glauben musste. Sie zweifelte nicht; die Botschaft der Verkündigung musste sich in Jesus verwirklichen.

Da sie dem Mysterium ihres Sohnes in den Zeiten der Bestürzung und Verwirrung ihr volles Vertrauen bewahrte, drang sie immer tiefer in die Erkenntnis dieses Mysteriums ein. Da sie die verwirrenden Fügungen der göttlichen Weisheit annahm, erfasste sie allmählich besser, auf welche Weise sich die messianische Sendung ihres Sohnes erfüllen würde.

Im Umgang mit Jesus verwandelte sich nach und nach ihr Messiasbegriff. Sie erkannte in der Seele des Kindes und jungen Mannes, die so stark durch die Sanftmut geprägt war, mehr und mehr den »Knecht Gottes«, dessen Züge in einem prophetischen Bild dargestellt worden waren.[22] Sich weigern, das geknickte Rohr zu brechen und den glimmenden Docht zu löschen; unverdiente Leiden auf sich nehmen, ohne zu murren; sich gerne mit dem Unrecht anderer beladen, um es zu sühnen: Das waren die Besonderheiten des Verhaltens Jesu. Sie wiesen auf einen demütigen und sanften Messias hin und auf einen messianischen Triumph ganz anderer Art als militärische Siege und politischer Erfolg. Diese Umwandlung des Glaubens an den Messias, die sich später auch im Geist der Apostel langsam und schwerfällig im Verlauf des öffentlichen Lebens vollziehen wird, hat Maria allmählich während der langen Jahre des verborgenen Lebens durchgemacht: Der Traum eines Messias menschlicher Vorstellung wich der Wirklichkeit eines bescheidenen und leidenden Messias. Jesu Antlitz vermittelte dem Glauben Mariens eine neue Einsicht in die Botschaft.

---

[22] Jes 42,1–9; 49,1–13; 50,4–9; 52,13–53,12.

Marias Glaube sollte in seiner fortschreitenden Entwicklung in Jesus mehr und mehr den Sohn Gottes entdecken. Hier muss man sich aber besonders vor der einfältigen Ansicht hüten, die dem Glauben der Jungfrau von der Verkündigung an eine vollkommen klare und zutreffende Schau von allem, was in die göttliche Herkunft Christi miteinbezogen war, mit einer doktrinären Genauigkeit, die in der Kirche erst nach mehreren Jahrhunderten erreicht wurde, zuschreibt. Um zu erfahren, in welchem Maß Marias Glaube über die göttliche Herkunft ihres Sohnes erleuchtet war, muss man sich auf die Worte des Engels beziehen. Der Engel gebrauchte zwei Ausdrücke, die auf die Herkunft Jesu hinwiesen: »Er wird groß sein«, erklärte er, »und Sohn des Höchsten genannt werden.«[23] Die Fortsetzung dieser Aussage, in der von der messianischen Sendung des Kindes die Rede ist, scheint darzulegen, dass er Sohn des Höchsten genannt werden wird aufgrund seiner Eigenschaft als Messias. Darauf kündigt der Engel an, dass der Sohn Mariens »Sohn Gottes genannt werden wird«. Und er sagt, warum: »Der Heilige Geist wird über dich kommen, und die Kraft des Allerhöchsten wird dich überschatten.«[24] Unmittelbar gemeint ist demnach durch die Bezeichnung »Sohn Gottes« die wunderbare Empfängnis des Kindes durch das Eingreifen des Heiligen Geistes: Jesus wird deshalb Sohn Gottes genannt, weil Gott selbst seine Zeugung im Schoße Marias bewirkt hat. Es wird nicht ausdrücklich erklärt, dass das Kind das Wort ist, der Sohn des ewigen Vaters. Die göttliche Herkunft im eigentlichen und übernatürlichen Sinne wird zwar in der Botschaft des Engels indi-

---

[23] Lk 1,32.
[24] Lk 1,35.

rekt zum Ausdruck gebracht: Wenn Gott durch das Eingreifen des Heiligen Geistes die Empfängnis des Kindes bewirkt, so will er damit seine ausschließliche Vaterschaft bekunden. Um die ewige Zeugung des Sohnes durch den Vater zu offenbaren, nimmt er die zeitliche Zeugung im Schoße einer Jungfrau vor.

Die Wahrheit der göttlichen Herkunft Jesu wurde also vom Engel nur in einer dunklen Form als ein Geheimnis, das in jenem der wunderbaren Empfängnis eingeschlossen ist, ausgesprochen. Maria vermochte nicht unverzüglich alles zu erfassen, was diese göttliche Herkunft zu bedeuten hatte; sie sollte allmählich in das Mysterium eindringen. Gewiss, Gott hätte ihr durch die Stimme des Engels die göttliche Natur des Wortes in unmissverständlichen Worten offenbaren und ihr das Mysterium der Allerheiligsten Dreifaltigkeit so, wie es heute in der Lehre der Kirche dargelegt wird, enthüllen können. Er hat es nicht gewollt. Warum? Einmal, weil es sich um eine sehr schwierige Lehre handelt, die vor allem für die Juden wegen ihres Monotheismus verwirrend ist: Wenn es nur einen Gott gibt, der alle anderen ausschließt, wie kann dieser Gott einen Sohn haben, der ebenso Gott ist? Maria, die gewohnt war, mit allen Kräften ihrer Seele an die Einzigkeit Jahwes zu glauben, wäre außer Fassung geraten vor einer klaren Aussage über die göttliche Herkunft Christi. Schon die Botschaft der Verkündigung, nach der sie Mutter des Messias werden sollte, war für sie ein erschütterndes Ereignis. Gott wollte die Jungfrau in diesem Augenblick nicht stärker beeindrucken und offenbarte ihr den wahren Ursprung ihres Sohnes nur in verschleierter Weise mit Ausdrücken, deren Sinn Maria in der Folge ergründen sollte.

Was Gott zudem in Maria wesentlich zu erwecken beabsichtigte, war weniger die einfache geistige Zustimmung zur Wahrheit der göttlichen Herkunft als vielmehr einen lebendigen Glauben an diese Herkunft, der von einem konkreten Erlebnis genährt wurde. Gott wünschte, dass Maria allmählich durch die Betrachtung Jesu zu einer tiefen Erkenntnis seiner Natur als Gottessohn gelange. Diese Glaubenserkenntnis musste in ihrem mütterlichen Herzen Wurzeln fassen und so aus dem ganzen inneren Leben der Jungfrau aufsprießen.

Über ihr Kind gebeugt, befragte Maria sein Antlitz. Sie tat es, wie die anderen Mütter es tun, wenn sie in ihren Kindern Ähnlichkeiten mit den Familienmitgliedern suchen und sich bemühen, ihre Züge zu erkennen. Maria fragte sich, wem ihr Sohn glich. Sie erkannte in ihm ihr eigenes Abbild, doch genügte diese mütterliche Erbschaft nicht, um alles zu erklären. Es waren Züge da, die rätselhaft blieben. Da begann wahrhaft das Mysterium. Maria erinnerte sich des Titels »Sohn Gottes«, den ihm der Engel gegeben hatte. Waren die geheimnisvollen Züge nicht göttlicher Prägung? Die anderen Mütter freuten sich, wenn sie in ihrem Kind Ähnlichkeiten mit dem väterlichen Gesicht entdeckten. Maria bemühte sich, in ihrem vom Himmel gekommenen Sohn die Züge des himmlischen Vaters zu erkennen, in ihm ein herrliches Abbild zu erblicken. Welch erregende Entdeckung für sie, die nie aufgehört hatte, ihre Augen zum Herrn zu erheben! Die Jungfrau war jedes Mal überrascht und entzückt, diesen Gott, an den sie aus ganzer Seele glaubte, in den Zügen ihres Sohnes aufstrahlen zu sehen. Jahwe, bisher unsichtbar, wurde plötzlich sichtbar in den Augen oder Gebärden Jesu.

Maria erkannte den Widerschein des himmlischen Vaters vor allem, wenn das Kind betete. Es war ihre Pflicht, Jesus zum Beten anzuleiten, ihn die Worte und Sätze der menschlichen Gebete zu lehren. Maria lehrte ihn die hergebrachten jüdischen Gebete. Diese Gebete wurden vom Kind mit so viel Seele gestammelt, dass in diesen Augenblicken sein Gesicht verklärt war. Eine innige kindliche Liebe erhob ihn zum Himmel und über die gelernten Formeln hinweg. Maria wurde sich bewusst, dass der Umgang Jesu mit seinem himmlischen Vater alles weit überstieg, was ihre mütterliche Erziehung ihm beigebracht hatte.

Das Bewusstsein, vom Mysterium der Beziehung ihres Kindes mit Jahwe überwältigt zu werden, erreichte einen Höhepunkt, als sie Jesus im Tempel verlor. Maria hatte ihren Sohn auf die Wallfahrt nach Jerusalem mitgenommen; Jesus aber blieb entgegen dem Vorhaben seiner Mutter am geheiligten Ort in der Gegenwart seines himmlischen Vaters. Seine Antwort auf die noch angstvolle Frage Marias war bezeichnend: »Wußtet ihr nicht, dass ich im Hause meines Vaters sein muss?«[25]

Maria wusste es, wie aus den Worten Jesu hervorgeht. Sie wusste, dass das Kind wunderbar durch Gott empfangen worden war, dass es Gott gehörte. Und trotzdem verstand sie die Antwort nicht, was beweist, dass sie noch nicht alles erfasst hatte, was die göttliche Herkunft Jesu in sich schloss. Das zwölfjährige Kind sprach von »seinem Vater«, von Gott, und stellte ihn dem »Vater«, von dem die Mutter sprach, das heißt Josef, entgegen. Es wollte also bekräftigen, dass Gott sein Vater im eigentlichen Sinne und dass sein wahres Vaterhaus der Tempel ist. So vervollständigte es die Offenbarung des Engels mit der Erklärung, in welch absoluter Weise er Sohn Gottes ist. Dieser Titel seiner göttlichen Herkunft musste im engsten Sinne verstanden werden. Maria behielt dieses Wort, das sie nicht sogleich verstanden hatte. Sie überdachte es und setzte es in Beziehung mit allem, was ihr bisher an Jesus aufgefallen war. So ergründete sie allmählich seine Bedeutung. Die Antwort des Kindes warf wirklich ein Licht auf seine eigentliche Herkunft, die wunderbare Empfängnis und

---

[25] Lk 2,49.

sein ganzes früheres Verhalten. Seine außerordentliche kindhafte Beziehung zu Gott, die sein Beten so herrlich machte, dass die Apostel später darüber begeistert waren, fand die volle Erklärung, wenn Gott sein eigentlicher Vater war. Und alle Ähnlichkeiten und göttlichen Zeichen, die der Jungfrau aufgefallen waren, fanden ihre Rechtfertigung.

Mehr noch, das Wort Jesu erhellte die Zukunft. Es war im Jugendalter, in der Zeit, in der das Kind zum Mann heranwuchs, ausgesprochen worden. Die menschlichen Fähigkeiten entfalteten sich in Jesus. In der in voller Entwicklung sich befindenden Persönlichkeit musste Maria erkennen, dass in ihr ein Abbild der Person des himmlischen Vaters, die Zeichen einer wahren Erbschaft vorhanden waren. Die Jungfrau begann zu entdecken, was die spätere Lehre der Kirche die Gleichheit der Eigenschaften der göttlichen Personen nennt. In der Beobachtung ihres Sohnes erkannte sie erfahrungsmäßig dieselben Eigenschaften wie in Jahwe. Sie sah in dem Jüngling, der unter ihren Augen aufwuchs, die wunderbare Kraft einer zum Überborden bereiten Liebe sich entfalten, die Allmacht einer barmherzigen Güte, die sich über alles zu ergießen drängte. Im Schatten, in dem sich die Seele Jesu verbarg, fand sie den Retter ihres Volkes, jenen »Jahwe« wieder, der im Dunkel seiner Geheimnisse einen Heilsplan entworfen hatte, dessen Verwirklichung bevorstand. Jesus war »Erlöser« genau wie Jahwe: vom gleichen Willen beseelt, die Menschheit zu erlösen, von derselben zur Entfaltung bereiten Macht erfüllt. In der zarten und doch starken, allen offenen Liebe ihres Sohnes erkannte Maria das abgrundtiefe Wohlwollen Gottes allen Geschöpfen gegenüber. In der durchdringenden Klarheit seines Blickes, der in die Tiefen der Seele vorzudringen schien, ohne peinlich zu berühren oder zu verletzen, spürte Maria die Leuchtkraft des göttlichen Auges, das mit stiller Sanftheit in die verborgensten Falten des Gewissens sieht. War die unbeugsame Geradheit Jesu nicht identisch mit der kristallenen Lauterkeit der Heiligkeit und Gerechtigkeit Jahwes? Und spiegelte die Hochherzigkeit seiner Gefühle nicht in gleicher Weise die grenzenlose Großmut des Allerhöchsten wider? Der Reichtum und die Einfachheit seiner Seele waren das Abbild der Einfachheit und unbeschränkten Großzügigkeit Gottes. Maria erkannte in dem jungen Mann, der das volle Maß des Menschen zu verkörpern begann, mehr und mehr die göttliche Fülle.

Ein Unterschied war offensichtlich: Die Eigenschaften, die in Jahwe in einer väterlichen Form vorhanden waren, besaß Jesus und strahlte sie aus in der Weise eines Sohnes. Jesus war in seinem ganzen Wesen ein liebevoller und gehorsamer Sohn und diese in seinem Wesen begründete Eigenart gab seiner ganzen Persönlichkeit die Prägung. Maria fand im gehorsamen Kind voll und ganz den fügsamen Sohn des Vaters; im Umgang mit Jesus entdeckte sie die Tiefe seiner sohnhaften Beziehung zum Allmächtigen. So drang sie allmählich mit ihrem mütterlichen, vom Glauben erleuchteten Herzen in das Mysterium der ewigen Zeugung des Sohnes durch den Vater ein. Sie erahnte die unendliche Tiefe.

Dank dieser Bemühung zur Vertiefung, die während des ganzen verborgenen Lebens Christi anhielt, erfasste Maria in einer lebendigen und konkreten Erkenntnis, was der Sohn Gottes war. Nie hatte sie das Bedürfnis, die Frage, die Philippus am Ende der öffentlichen Tätigkeit stellte, an Jesus zu richten: »Herr, zeig uns den Vater.« Der Vater war der Jungfrau gezeigt worden, die dadurch die tiefste Erkenntnis des Glaubens erworben hatte: Er war ihr im Sohn geoffenbart worden. Maria hätte aus ihrer persönlichen Erfahrung bestätigen können, was der Herr Philippus zur Antwort gegeben hat: »Wer mich gesehen hat, hat den Vater gesehen.«[26]

---

26 Joh 14,8–9.

Im mütterlichen Herzen Mariens hat sich der Glaube der Kirche an die göttliche Herkunft Christi gebildet. Man kann in Wahrheit sagen, dass die Jungfrau, wenn sie das Kind Jesu, bevor sie es der Welt schenkte, neun Monate in ihrem Schoß getragen hat, den Glauben der Kirche während dreißig Jahren in ihrem Herzen trug, um ihn zu gestalten und danach den Jüngern mitzuteilen. So betont das vierte Evangelium, das die Gedanken des Jüngers wiedergibt, der mit Maria gelebt und ihre geistige Verfassung kennengelernt hat, am entschiedensten die göttliche Herkunft Jesu: »Diese aber sind aufgeschrieben, damit ihr glaubt, dass Jesus der Christus ist, der Sohn Gottes.«[27] Der Glaube der Jungfrau hatte sich auf den Sohn Gottes verdichtet, den sie immer tiefer in Jesus erkannt hatte. Ihre Überzeugung, die in einer besonders lebendigen Form auf den Lieblingsjünger übertragen worden war, erleuchtet uns noch heute in den Seiten des »geistigen Evangeliums«.

Der Fortschritt im Glauben in der Seele der Jungfrau weist uns zugleich hin auf das Gesetz des Fortschritts im Glauben der Kirche. Die Kirche aller Zeiten muss, wie einst Maria, fortschreiten im Glauben. Die Entwicklung des Dogmas im Verlauf der Jahrhunderte stellt uns die christlichen Wahrheiten mit stets größerer Klarheit und Genauigkeit vor Augen. Die Kirche vollendet damit eine Entwicklung, die im mütterlichen Herzen Mariens ihren Anfang nahm.

Es besteht indessen ein wesentlicher Unterschied zwischen der Lage Mariens und jener der Kirche. Zu der Zeit, als Maria ihren Glauben durch ihre stets tiefer schürfenden persönlichen Betrachtungen über das Mysterium Jesu wei-

---

[27] Joh 20,31.

tete, war der Offenbarungsinhalt noch nicht festgelegt. Er war in Bildung begriffen, und die Jungfrau hat selbst an dieser Bildung mitgearbeitet durch die Weitergabe ihrer Erinnerungen an die Jünger, wie sie vom hl. Lukas im Evangelium der Kindheit niedergelegt sind. Man versteht die Bedeutung des von der Jungfrau in ihrem Glauben erzielten Fortschritts besser, wenn man überlegt, dass die Offenbarung eben erst einsetzte und der Glaube Mariens sich mit dem Heilsgeschehen, das sie miterlebte, zu entwickeln begann. Der Fortschritt des Dogmas in der Kirche hat im Gegensatz dazu nach dem Ende dieses Geschehens, nach der Bildung des Offenbarungsgutes, seinen Anfang genommen.

Aber wenn auch die Kirche dieses Glaubensgut nicht zu gestalten und nicht denselben weiten Weg in der Aufgabe der Glaubensvertiefung zurückzulegen hatte, muss sie sich doch vom Beispiel Mariens erleuchten lassen. Wie die Jungfrau muss sie die göttlichen Worte in ihrem Herzen bewahren, um ihren Gehalt mehr und mehr durch beständige und stets tiefer gründende Betrachtung herauszuschälen. Gewiss, sie muss die Summe der empfangenen Wahrheiten schützen und sie gegen alle Irrtümer und Abweichungen verteidigen, aber sie hat vor allem die Pflicht, ihre Erkenntnis zu vertiefen und im Verständnis des Mysteriums unablässig voranzuschreiten. Es ist ihr aufgetragen, alle Aspekte dieses Mysteriums immer klarer aufleuchten zu lassen. Die Betrachtung der göttlichen Botschaft durch die christliche Gemeinschaft führt Marias stilles, persönliches Nachdenken weiter.

Marias Beispiel zeigt uns zudem die Richtung, in der der Fortschritt im Glauben sich vollziehen muss. Maria hatte den Worten des Engels Glauben geschenkt, das heißt der Stimme Gottes selbst. Wenn sie aber ihre Zustimmung zu dieser Botschaft aufrechterhielt und sie verstärkte, so richtete sie ihren Glauben doch mehr und mehr auf die Person Jesu, in der sich diese Botschaft verwirklichte. Alles, was ihr der Engel gesagt hatte, fand sie in ihrer vom Glauben belebten Erfahrung in der Gestalt ihres Sohnes wieder. In gleicher Weise bemüht sich die Kirche, ihren Glauben durch eine stärkere Ausrichtung auf die Person des Erlösers zu steigern. Die Entwicklung des Dogmas besteht nicht nur in der Entfaltung einer abstrakten Lehre, sondern in der Zusammenfassung dieser Lehre in ihrem Mittelpunkt, der Christus ist. Der Analyse der Bestandteile dieser Lehre muss immer eine neue Synthese folgen, die das gesamte Lehrgut in einer umfassenderen Schau der Person Jesu zusammenfügt. So sind die dogmatischen Definitionen der Unbefleckten Empfängnis und der Aufnahme Marias in den Himmel mit der Hervorhebung der besonderen Privilegien Mariens für die Kirche ein Anlass, Christus in seinen Forderungen nach Heiligkeit und in seiner Glorie größere Aufmerksamkeit zu schenken, denn eine bessere Kenntnis der unbefleckten Reinheit und der Verherrlichung der Jungfrau zieht auch eine bessere Kenntnis ihres Sohnes mit sich. Der Fortschritt im Glauben der Kirche bezweckt, auf die Person des Erlösers ein reicheres Licht zu werfen, damit Christus in den Augen der ganzen Kirche wie in jenen Unserer Lieben Frau immer mehr im Mittelpunkt steht und alles von ihm aus und in ihm betrachtet wird.

Schließlich weist das Beispiel der Jungfrau auf das Mittel zur Förderung des Glaubens hin: den innigen Kontakt mit dem Erlöser. In einer immer engeren Verbindung mit Christus muss die Kirche, den Fußstapfen Mariens folgend, im Verständnis der Offenbarung voranschreiten. Das Gebet der christlichen Gemeinschaft erschließt ihr vor allem ein umfassenderes Licht. Die Liturgie, die das Streben der Kirche nach einer engeren Vereinigung mit ihm zum Ausdruck bringt, trägt zur vollkommeneren Erhellung der Lehre bei. Im Verfolgen des Glaubensideals der Jungfrau vertieft die Kirche unablässig ihre Glaubensschau durch eine völligere Hingabe an den Herrn derart, dass die geistige Entwicklung ihres Lehrgutes aus der Entfaltung ihres Lebens in Christus erfolgt.

Mit dem religiösen Einzelschicksal eines jeden verhält es sich ebenso. Die Jungfrau, die ihren Glauben nie einschlafen ließ, lädt die Jünger Christi ein, den Glauben immer wachzuhalten und das göttliche Licht stets reicher in sich aufzunehmen. Sie gibt ihnen die Schönheit eines Glaubens zu verstehen, der eifrig, doch ruhig im Schweigen des Gebetes und der Betrachtung, tiefer und tiefer in das Mysterium einzudringen versucht, das ihn übersteigt; eines Glaubens, der sich gedrängt fühlt, das Zentrum des Mysteriums, den Mensch gewordenen Gottessohn, mehr und mehr zu enthüllen und durch eine verborgene, aber wirkliche Verbindung mit der anbetungswürdigen Person des Erlösers eine immer erlebtere und kostbarere Erkenntnis der Wahrheit auf einer geistigen und affektiven Ebene, wo der Glaube die Liebe zu erreichen strebt, zu erwerben. Mehr noch, der von Maria erstrebte Fortschritt ist nicht nur ein Ideal, sondern ebenso eine Aufmunterung und eine Stärkung. Schatten und Fragezeichen sind Maria nicht erspart geblieben; sie musste sich anstrengen, um zu größerer Klarheit zu gelangen. Wenn selbst die Gottesmutter in mühevollen Überlegungen das Geheimnis des Gottessohnes zu erfassen versuchen musste, ist es dann nicht natürlich, dass der Christ sich anzustrengen hat, um die Dunkelheit seines Glaubens zu überwinden? Und ist diese Dunkelheit nicht, wie im Falle Mariens, ein Ansporn, mehr auf Christus zu blicken, um sein Geheimnis zu ergründen und schließlich in ihm den höheren Zusammenklang der Wahrheit zu finden?

Am Ende seines verborgenen Lebens war der Glaube Mariens an die göttliche Herkunft ihres Sohnes zur Reife gelangt. Wir haben einen Hinweis darauf in der Episode von Kana, in der sich das Ergebnis einer langen Arbeit der Vertiefung offenbart. Die Jungfrau vollzog dort einen Glaubensakt von auffallender Kraft. Um seine Tragweite zu ermessen, müssen wir alles ins Auge fassen, was der Schritt Mariens bei ihrem Sohn voraussetzt.

Was war für Maria in der unangenehmen Lage, in der sich die Hochzeitsgesellschaft befand, einfacher, als Jesus zu sagen: »Sie haben keinen Wein mehr«?[28] Aber die Einfachheit dieses Wortes darf uns seine Kühnheit nicht übersehen lassen. Maria verlangt mit diesem Wort ein Wunder. Denn wie könnte Christus Wein beschaffen, wenn nicht durch seine wunderbare Macht? Die Bitte hätte keinen Sinn, wenn sie nicht die Bitte um ein Wunder wäre. Welcher Art Wunder? Maria wusste es nicht und war nicht im Geringsten bemüht, Jesus den Weg zu weisen. Sie wandte sich übrigens in sehr feinfühliger Weise an ihren Sohn und begnügte sich, ihm die Lage darzustellen. Sie orientierte ihn lediglich, da sie wusste, dass er selbst kraft seiner göttlichen Allmacht die Mittel zur Lösung finden werde. Jesus hatte aber bisher noch kein Wunder gewirkt. Man begreift, dass man später, als Jesus seine wunderbare Macht durch die Heilung vieler Blinden und Aussätzigen geoffenbart hatte, spontan Bitten an ihn richtete, um auf wunderbare Weise die Gesundheit wiederzuerlangen. In Kana aber verlangt Maria ein Wunder von ihm, der noch keines gewirkt und keinem Menschen seine Macht, Wunder zu vollziehen, geoffenbart hatte. Woher kam ihr der Einfall

---

[28] Joh 2,3.

zur Bitte, wenn nicht aus der Tiefe ihres Glaubens? Maria glaubte, bevor sie gesehen hatte. Auf sie als Erste ist das Wort zu beziehen, das Jesus später aussprechen wird: »Selig sind, die nicht sehen und doch glauben.«[29] Maria wiederholte zu Beginn des öffentlichen Lebens in Kana den Akt des Vertrauens, den sie bei der Verkündigung im Glauben an die wunderbare Geburt des Kindes vollzogen hatte.

So zeigt sich im besonnenen, doch sehr bezeichnenden Schritt die außerordentliche Kraft des Glaubens der Jungfrau. Maria allein glaubt bei der Hochzeit von Kana, und diese Einsamkeit im Glauben gibt ihm, statt ihn zu schwächen, einen Auftrieb, den man als ein der Wundertat, die Jesus wirken wird, vorangehendes Wunder bezeichnen könnte. Maria hatte bisher im häuslichen Leben von Nazareth von ihrem Kind kein Wunder verlangt. Sie hatte sich der Absicht Jesu, im Schatten zu bleiben, entsprechend verhalten. Jetzt aber verstand sie, dass sich Jesus durch sein apostolisches Wirken der Welt offenbaren wollte. Maria war sich bewusst, von Jesus eine Kundgebung seiner Allmacht zu verlangen; sie wich vor der Kühnheit dieser Bitte nicht zurück. Sie erwog, dass der Mangel dem Fest ein Ende setzen könnte, und da sie Jesu Wohlwollen für die Armen kannte, zögerte sie nicht, zu deren Gunsten ein Wunder zu erbitten, das seine Persönlichkeit offenbaren musste. Sie ahnte, dass die Güte Christi es ihr nicht versagen und ihr Vertrauen belohnen wird.

Jesus schien aber vorerst nicht geneigt zu sein, ihre Bitte zu erfüllen: »Was willst du von mir, Frau? Meine Stunde ist noch nicht gekommen.«[30] Er gab seiner Mutter zu verstehen, dass sie sich in etwas einlasse, das nicht ihre Sache sei, in den Bereich des öffentlichen Lebens, in welchem ihr die familiä-

---

29 Joh 20,29.

30 Joh 2,4.

ren Beziehungen der Mutter zum Kind keinerlei Recht verliehen. Die Stunde des ersten Wunders war von jenem festgesetzt worden, der das ganze Wirken Jesu lenkte, vom Vater, und diese Stunde war noch nicht gekommen. Maria erkannte in diesen Worten, die eine Abweisung bedeuten konnten, dass kein unbedingter Wille, ihre Bitte auszuschlagen, vorhanden war. In ihrer mütterlichen Einfühlungskraft spürte sie es im Blick und im Ton ihres Sohnes. Ihr Glaube belebte sich mit größerer Kraft und höherem Feingefühl. »Was er euch sagt, das tut!«, empfiehlt sie ganz einfach den Dienern. Die Kraft ihres Glaubens war gewachsen, denn sie wagte schon, die Diener aufmerksam zu machen, wie wenn Christus sich anschickte, ihnen Befehle zu erteilen. Andererseits aber ging sie mit größter Rücksicht vor, denn die Formel »Was er euch sagt« ließ Jesus volle Freiheit und war kein Vorgriff auf seinen Entschluss. Die Jungfrau gab deutlich kund, dass sie mehr denn je auf ihrer Bitte beharrte und unverzüglich ihre Erhörung erhoffte. Aber sie bezeugte zugleich, dass sie den Erfolg allein von der freien Ausübung der Allmacht ihres Sohnes erwartete. Ihr Glaube erwies sich von sanft beharrlicher Ausdauer und gleichzeitig von einer völligen Abhängigkeit.

Christus gab dieser Ausdauer unverzüglich recht. Er rückte die Stunde heran und vollzog das Wunder. Achten wir gut darauf: Er gewährte diese Gunst dem Glauben Mariens und nicht ihrer Muttereigenschaft. Jesus hatte betont, dass er nicht daran denke, in seinem öffentlichen Leben die Verwandten zu begünstigen. »Frau«, hat er zu seiner Mutter gesagt, um sich über die privaten Familienbeziehungen zu stellen. Die Jungfrau hatte ihr Verhalten diesem Willen angepasst. Sie drängte nach der ungünstigen Antwort nicht weiter, um ihn weicher zu stimmen, im Gegenteil, sie entfernte sich von ihm, um zu den Dienern hinzugehen, und aus der Distanz, der

Distanz, die die Frage forderte: »Was willst du von mir?«, gab sie Jesus die Beharrlichkeit ihrer Bitte zu erkennen.

Nichts vermag die Wirkkraft des Glaubens besser zu beleuchten. Was Christus Maria als Mutter verweigert hatte, gewährte er Maria als Glaubender. Durch ihren Glauben hat die Jungfrau den Sieg über den vom Erlöser vorgebrachten Einwand errungen. Dieser Einwand betraf die Ebene der menschlichen Bindungen, aber verlor seine Geltung auf der höheren Ebene der Beziehungen des Glaubens. Das von diesem Glauben wesentlich belebte mütterliche Herz Mariens wurde aufgrund dieses Glaubens für Jesus unwiderstehlich.

Darum kann Marias Sieg von allen Gläubigen geteilt werden. Wenn Christus das Wunder einfach aus kindlicher Liebe gewährt hätte, könnten wir nicht hoffen, gleich Maria erhört zu werden; ihre Erhörung hätte einen Einzelfall dargestellt. Wenn aber das Wunder von Kana ein Ereignis des Glaubens ist, so sind wir durch unseren Glauben berufen, den Triumph Mariens zu teilen. Das ist auch die Lehre des Evangeliums im Bericht über die Kanaanäerin, die durch eine scheinbare Abweisung Jesu einer Prüfung unterzogen wurde, aber in ihrem Glauben verharrte und Erhörung fand. Ein ausdauernder Glaube in der bescheidensten Seele bietet die unfehlbare Gewähr der Erhörung des Gebetes.

Die Verwandlung des Wassers in Wein bestätigt also den Glauben Mariens. Christus erkannte seiner Mutter damit kein Recht zu, das ihr erlaubt hätte, nach ihrem Gutdünken in den Ablauf der Ereignisse des öffentlichen Lebens einzugreifen. Es war eine Gnade, die Jesus jeder anderen Person als seiner Mutter gewährt hätte, wenn diese Person einen Glauben desselben Ausmaßes besessen hätte. Wenn dieses Wunder ein außerordentliches Ereignis zu sein scheint, da es die Reihe der Wunder eröffnet, so war gleicherweise der Glaube Mariens von außerordentlicher Art und eröffnete den Glauben der Menge der Gläubigen. Es war ein Wunder, geprägt vom Glauben der Jungfrau, der vollständig war und im Vertrauen bis zum Äußersten ging: Die Krüge wurden bis zum Rand gefüllt und Wein war im Überfluss vorhanden.

Hohe Sendung des Glaubens

Die Episode von Kana hebt die Bedeutung hervor, die Gott dem Glauben im Heilswerk zumisst. Wir haben diese Bedeutung schon im Ereignis der Verkündigung betont, bei dem Gott vor der Verwirklichung der Menschwerdung von Maria die Zustimmung fordert. Hier regt er vorerst in der Jungfrau einen Glaubensakt an, bevor er den Menschen durch den Vollzug des ersten Wunders die Allmacht Christi offenbart. Der Glaube, der Maria zur Mutter des Erlösers werden ließ, machte sie auch zur Mutter des ersten Wunders.

Nach dem göttlichen Plan muss der Glaube der Menschen die Kundgebungen der göttlichen Macht und die Verwirklichung des Heilswerkes veranlassen und herausfordern. Gott, der allein handeln könnte, will in der Menschheit nur in Verbindung mit dem Glauben wirken, einem Glauben, den er vor der Entfaltung seiner wunderbaren Macht verlangt. Die Episode von Kana offenbart in besonderer Weise die Rolle spontaner und kühner Initiative, die dem Glauben übertragen ist. Bei der Verkündigung hatte Gott Maria seinen Antrag gestellt und ihre Zustimmung erbeten. In Kana war es Maria, die um die Zustimmung Gottes flehte und sie durch ihren Glauben erhielt. Die Jungfrau greift ein, um die erste öffentliche Kundgebung des Messias zu erwirken, und sie tut es aus eigenem, doch von der Gnade erwecktem und geleitetem Antrieb. Sie schreitet scheinbar sogar ein, um die Anordnung des göttlichen Planes zu ändern, denn sie beharrt auf ihrer Bitte nach der Antwort Jesu »Meine Stunde ist noch nicht gekommen«, und sie tut es bewusst. Ihr Glaube ist so kühn, dass er eine Änderung des göttlichen Ratschlusses anstrebt, die Vorverlegung der Stunde des ersten Wunders. Diese Kühnheit wird schließlich vom Herrn gebilligt, der ihr volle Befriedigung gewährt. In Wirklichkeit ist Marias Schritt nicht erst nachträglich gebilligt worden. Er wurde vom Herrn selbst gewünscht, Gott erwartete ihn, um die Stunde zu ändern. Gewiss, es ist richtig, dass das erste Wunder vom Vater für eine andere Gelegenheit vorgesehen war. Ein Hochzeitsfest schien nicht der geeignetste Rahmen für die Offenbarung des Messias zu bilden. Es wären bedeutendere und symbolhaftere Wunder möglich gewesen als die Verwandlung von Wasser in Wein, um das Vergnügen der Tischgenossen zu verlängern: So viele Unglückliche warteten auf ihre Heilung! Wäre es für Christus nicht bezeichnender gewesen, einem Blinden die Augen zu öffnen, um damit zu bezeugen, dass er das Licht ist, oder einen Lahmen zu heilen, um zu beweisen, dass er die Erlösung aus den Banden der Sünde bringt? Man begreift, dass Jesus nach der göttlichen Absicht sein erstes Wunder nicht in Kana vollziehen sollte. Doch war es auch im Plan des göttlichen Vaters gelegen, Maria die Möglichkeit zu lassen, die Anordnung zu ändern. Gott hatte im Voraus, und das ist das Mysterium, dem Glauben Mariens die Macht übertragen, die Stunde zu bestimmen. Der Glaube – wir haben es im Hinblick auf die Verkündigung hervorgehoben – übt gleichsam eine Macht über Gott selbst aus.

So zeigt sich die Rolle des Glaubens in der Abwicklung des Heilsplanes. Gott überlässt dem Glauben die Initiative zur Ausbreitung seines Reiches. Er will die heilige Gewalt eines Glaubens, der ihn zum Nachgeben veranlasst. Er wünscht, dass dieser Glaube die dem Heilswerk gesetzten Grenzen sprengt, denn er selbst verlangt nur, seine Hochherzigkeit zu steigern, doch will er es nicht ohne menschliches

Mittun. Durch die Kühnheit ihres Glaubens und das Ringen mit dem Vater, um ihr Ziel zu erreichen, entsprach die Jungfrau dem tiefsten Wunsch Gottes. Sie kämpfte gegen Gott, aber es war ein Kampf mit Gott selbst.

Mit ihrem Sieg erreichte Maria, dass Gott der öffentlichen Sendung Jesu einen neuen Glanz verlieh. Man hätte befürchten können, dass der Vollzug des Wunders inmitten eines Hochzeitsfestes der Größe Christi unwürdig wäre und eine weniger hohe Idee von seiner Sendung nahelegte. Die Jungfrau hatte sich um derartige Erwägungen nicht gekümmert, die die Gesamtheit des göttlichen Planes betrafen. Sie sah nur die momentane Verlegenheit der armen Leute und wollte ihrer unangenehmen Lage begegnen. Alles andere überließ sie vertrauensvoll der Allmacht des Herrn: Eine für uns aufschlussreiche Haltung, wenn wir uns zu fragen versucht sind, ob es vernünftig ist, an Gott gewisse Bitten für die Befriedigung besonderer Bedürfnisse zu richten, obwohl die Erhörung dieser Bitten die Erreichung eines viel allgemeineren Gutes hintanzustellen scheint. Maria glaubte ganz einfach, dass Gott alle Dinge aufeinander abzustimmen fähig ist. Sie überließ sich vertrauensvoll einer höheren Weisheit, die keinerlei Schwierigkeiten kennt. Gott musste, um Maria zu erhören, nicht zu einer weniger schönen Lösung greifen. Die erste Kundgebung des Erlösers ist durch den Schauplatz des Hochzeitsfestes nicht erniedrigt worden, sondern sie hat dort in ergreifender Weise gewirkt. Sie hat die tiefe Güte des Herrn für die Kleinen und Demütigen in den Vordergrund gestellt sowie sein Bestreben, ihnen bis in die bescheidensten Bedürfnisse hinein zu helfen, ihnen Freude zu bereiten. Durch Marias Bitte unmittelbar veranlasst hat das Wunder gerade die wesentlichste Seite der Sendung Christi geoffenbart, die der menschlichen Not zu Hilfe kommende göttliche Liebe. Die göttliche Allmacht hat dem Vertrauen Mariens vollkommen entsprochen, denn sie vollzog dieses Wunder zur Bezeugung der Person und der Sendung Christi. Sie hat ihm einen symbolischen Wert verliehen mit der Verwandlung des Wassers in Wein, die Sinnbild der Verwandlung ist, welche Christus in dieser Welt bewirkt und in besonderer Weise auf die wunderbare Verwandlung hinweist, die uns in der Eucharistie geschenkt ist. Die lehrhafte Bedeutung des Wunders bezieht sich ebenfalls auf die Ehe, der Christus eine neue, tiefere Liebe bringt, als die bisherige es war. Sie betrifft die Jungfrau selbst, deren entscheidende Rolle in der Verteilung der Gnaden sie unterstreicht. Das Ereignis zeigt uns in rührender Weise, wie Marias tiefe Sympathie für die Brautleute das Wohlwollen Christi für sie in Bewegung gebracht und wie Marias entschiedener Glaube die erste öffentliche Offenbarung des Erlösers bewirkt hat. Sie weist hin auf die enge Verbindung des Herzens der Jungfrau mit dem Herz ihres Sohnes, eine Verbindung, die hier durch die gemeinsame Liebe für die Menschheit und einen Glauben, der unfehlbar Erhörung erfährt, zum Ausdruck kam.

Mutter des Glaubens der Jünger

Durch die Lebendigkeit des Glaubens erfüllte Maria die mütterliche Sendung, die ihr zugewiesen war, und ebenso die öffentliche Sendung als diejenige, die in gewisser Weise den Glauben erzeugen und vermehren sollte. In Kana wird Maria als Mutter Christi im Glauben zur Mutter des Glaubens der Jünger. Der hl. Johannes schließt den Bericht über das Ereignis mit Worten, die in ihrer scheinbaren Einfachheit von ungeheurer Tragweite sind: »Und seine Jünger glaubten an ihn.«[31] Der Glaube der Apostel ist in der Ausstrahlung des

---

[31] Joh 2,11.

Glaubens Mariens entstanden, erweckt von dem Wunder, das diesem Glauben zu verdanken war. Wir sehen in Kana den Glauben der Kirche aufbrechen aus dem Glauben, der schon im mütterlichen Herzen Mariens lebte. Einmal zur Reife gelangt, floss der Glaube der Jungfrau über und teilte sich den anderen mit. Sie konnte jetzt den Jüngern die innere Kraft übertragen, die sie während der Jahre des verborgenen Lebens in Nazareth angehäuft hatte. So gab sich die Reife der Vertiefungsbemühung kund, die wahrhaft bestimmt war, den Glauben der Kirche zu bilden. Maria ließ die christliche Gemeinschaft am Licht ihres Glaubens Anteil nehmen.

Dieser übernommene Glaube trug die persönliche Prägung der Jungfrau. Der Glaube von Kana war ein Glaube an das Wunder. Wir haben hervorgehoben, in welchem Maß Maria Kraft und Mut einzusetzen hatte, um an die wunderbare Macht Jesu zu glauben, die bisher im Geheimnis seiner Persönlichkeit verborgen war. Die Jungfrau vertraute ihrem Sohn eine ausweglose Lage an und wagte, ein Wunder zu verlangen. Wir laufen oft Gefahr, diese herrliche Kühnheit des Glaubens, die sich weigert, die natürliche Ordnung der Dinge als unüberschreitbare, schicksalshafte Grenze anzusehen, aus den Augen zu verlieren. Der Glaube ruft unmittelbar eine höhere Ordnung an, welche die Natur beherrscht und umhüllt. Den Glauben zu haben heißt, das Unmögliche für möglich zu halten, denn Gott hat beschlossen, menschlich Unmögliches zu vollziehen, und das ganze Heilsunternehmen übersteigt absolut die Macht des Menschen und die Gesetze der Natur. Das Wunder ist ein Ausdruck dieser Transzendenz, dieses Übersteigens der Natur durch das göttliche Tun, es führt eine übernatürliche Ursächlichkeit in das Räderwerk der Welt ein. Wenn ein Zeuge in Kana imstande gewesen wäre, den Sinn der Bitte Mariens zu erahnen, wenn er erfasst hätte, dass sie sich auf ein Wunder bezog, hätte er nicht auf die natürlichste Weise der Welt vor einer derartigen Anmaßung die Schultern gehoben? Hätte er ihr nicht geraten, sich weise mit der durch das Fehlen des Weines entstandenen unangenehmen Lage abzufinden? Gerade mit diesem Fatalismus kann sich der Glaube nicht zufriedengeben, denn er beruft sich auf eine Kraft, die über der menschlichen Beschränktheit steht. Kühn maßt sich der Glaube an, die Mauer der Unmöglichkeiten in der Natur umzuwerfen. Maria hat dem christlichen Glauben die Kühnheit von Kana eingeprägt und damit diesen Glauben der außerordentlichen Macht der Gnade gleichgesetzt. Vor einer Welt, die sich in ihr Schicksal ergeben zu haben und unfähig zu sein scheint, ihr Elend zu steuern, glaubt der Christ an eine Macht, die scheinbar unlösbare Fragen löst, die die Menschheit herausführt aus ausweglosen Lagen und sie umwandelt. Er glaubt an das Wunder, das sich in der Seele fortwährend vollzieht.

Dieser Glaube an das Wunder stärkt aber auch das persönliche Vertrauen zu Christus. Dieses persönliche Vertrauen war in den Aposteln angesichts des Wunders entstanden, ein weiteres Merkmal des Glaubens von Kana, das wesentlich im christlichen Glauben weiterlebt. Bei der Jungfrau war dieses Vertrauen kein vorübergehendes Gefühl, sondern eine Anlage der Seele, die sich mit ihrem Leben sozusagen verschmolz, das ihr ganzes Wesen erfasst und auf den Herrn ausgerichtet hatte. Maria hatte ihr Ureigenstes entblößt, um es den Jüngern mitzuteilen, sodass sie ebenfalls ihr volles Vertrauen auf den Herrn setzten und es zur Triebkraft ihres Lebens machten.

War die Jungfrau bewusst Mutter des Glaubens der Jünger? Wünschte sie, als sie Jesus ankündigte, dass kein Wein mehr vorhanden sei, im Geheimen ein Ereignis, das den Glauben der Jünger erwecken sollte? Sicher ist, dass Maria eifrig bestrebt war, ihren Glauben an den Erlöser mit anderen zu teilen. Es war während der Jahre in Nazareth schwer für sie, ihren Glauben zu verheimlichen, wie es für Jesus nicht leicht war, seine Erlösermacht zu verbergen. Sie brannte darauf, das kostbare Gut des Glaubens zu verbreiten. Wenn sie Christus betrachtete, in dessen Händen das Heil der Menschheit lag, wünschte sie innigst, dass eine zahllose gläubige Menge ihn anerkannte. Darum fühlte sie sich gedrängt, in Kana die Gelegenheit zu nutzen, um so rasch wie möglich den Glauben der Jünger zu erwecken. Sie hatte es eilig, andere des Glücks teilhaftig werden zu lassen, das ihr ganzes Leben erhellte: die Freude, an den Sohn Gottes, den Erlöser der Menschen, glauben zu können. In der Bitte, die darauf hinzielte, die Stunde der ersten öffentlichen Kundgebung des Messias vorzurücken, war ein apostolischer Wille enthalten, eine sozusagen unwillkürliche Absicht, da sie wusste, dass ihr Sohn das Universum zu retten berufen war. Es war eine feste, bestimmte Absicht, die die Eindringlichkeit ihrer Bitte erhöhte. Maria erstrebte den Triumph ihres Glaubens durch ein Wunder, um seine Verbreitung in die Wege zu leiten.

So tritt der apostolische Charakter des christlichen Glaubens in Erscheinung, in dessen Natur es liegt, sich auszubreiten, die Lehre des Evangeliums aller Welt zu verkünden. Der christliche Glaube ist wie der Glaube von Kana in seinem Wesen mitteilsam. Wenn er sich bekennt, vervielfältigt er sich in der Weise, wie er einst, nachdem er im Herzen der Jungfrau zur Reife gelangt war, die Herzen der Jünger erobert hatte.

Die entscheidende Prüfung des Glaubens

Der Glaube Mariens ist in Kana einer Prüfung unterzogen worden. Die Antwort Jesu »Was willst du von mir, Frau?« verblüfft uns noch heute in ihrer unerwarteten Form. Mit dem Hinweis auf die Distanz, die ihn von seiner Mutter trennt, verlangt Jesus einen Glauben, der sie in seine Nähe rückt. Er entfernt sich von ihr auf der natürlichen Ebene der familiären Beziehungen, um sie durch den übernatürlichen Glauben inniger an sich zu binden. Doch war dies nur eine vorbereitende Prüfung. Der Glaube der Jungfrau sollte noch anderen Kämpfen ausgesetzt werden und andere Schmerzen erdulden.

Im Verlauf des öffentlichen Lebens nahm die Feindschaft der Gegner Jesu eine immer drohendere Haltung an. Maria hatte mit eigenen Augen sogar in Nazareth die sich steigernde Feindschaft gesehen, vor allem an dem Tag, an dem ihr Sohn in der Synagoge das Wort ergriffen hatte und fliehen musste vor Männern, die entschlossen waren, ihn mit dem Tod büßen zu lassen, was sie als Gotteslästerung betrachteten. Man wollte ihn in einen Abgrund stürzen und er entkam nur mit knapper Not. Diese Feindschaft war nicht nur schmerzhaft für das mütterliche Herz Mariens, sondern auch eine Prüfung für ihren Glauben. Die Jungfrau bewahrte die Worte des Engels Gabriel in ihrem Herzen: Jesus »wird groß sein und Sohn des Höchsten genannt werden. Gott, der Herr, wird ihm den Thron seines Vaters David geben. Er wird über das Haus Jakob in Ewigkeit herrschen und seine Herrschaft wird kein Ende haben.«[32] Christus war demnach berufen, ein endgültiges Reich zu errichten. Doch der Verlauf der Ereignisse schien ihm ein gegenteiliges Schicksal vorzubehalten. Alle Anzeichen wiesen darauf hin, dass Jesus einer Katastrophe entgegenschritt und sich einem tragischen Tod nicht entziehen konnte, wenn er in seiner öffentlichen Predigttätigkeit weiterfuhr. Früher oder später würden sich die zahlreichen und mächtigen Feinde seiner bemächtigen. Wie sollten

32 Lk 1,32–33.

sich die Worte des Engels unter solchen Umständen verwirklichen? Diese Frage stellte sich dem Glauben der Jungfrau.

Maria wusste zweifellos, dass Christus selbst mehrmals den Jüngern sein Leiden und seinen Tod vorausgesagt hatte. Das tragische Ende würde also nicht gegen den Willen des Meisters geschehen, der es als Krönung seiner irdischen Aufgabe betrachtete. Gleichzeitig hatte Jesus seine Auferstehung prophezeit, aber es war eine sehr geheimnisvolle Prophezeiung, die erst nach dem Ereignis klar wurde: Indessen war Maria durch den dem Messias verheißenen Tod sehr bewegt, der den erhofften messianischen Triumph zunichtezumachen schien. Der Glaube Mariens musste vor dieser Zukunft voller Finsternis mit allen Kräften aufrechterhalten werden, aber keinen Augenblick wankte er unter der Last der Ereignisse, die sich auf ihren Sohn zu stürzen drohten. Mit einer entschiedeneren Kraft denn je glaubte sie an ihn, der dem Untergang geweiht zu sein schien.

Diese Energie des Glaubens hielt sie aufrecht zu Füßen des Kreuzes. Als der Glaube der Apostel plötzlich zusammengebrochen war und eine allgemeine Flucht und eine Leere um Jesus hervorgerufen hatte, blieb Maria bei ihm als Zeugin des Glaubens, als unerschütterliche Vertreterin des Glaubens der Kirche. Sie hatte einst aufgrund ihres Glaubens den Erlöser der Welt in der Einsamkeit von Nazareth empfangen. Jetzt erneuerte sie im Namen aller diese Zustimmung des Glaubens in der Einsamkeit von Kalvaria. Selbst unter Qualen blieb der Glaube der Jungfrau aufrecht und unbeugsam. Marias Vertrauen auf Jesus lebte unvermindert weiter. Sie setzte es umso mehr in ihn, als sie ihn ohnmächtig und einem entehrenden Tod ausgeliefert sah. Dieser Tod wurde von den Gegnern Jesu als Beweis für sein gänzliches Versagen ausgebeutet, das den Glauben seiner Anhänger erschüttern musste. »Wenn du Gottes Sohn bist, so steig herab vom Kreuz!«[33] Maria schwieg, als sie das Gespött hörte. Sie fand auch im Gekreuzigten den Sohn Gottes wahrhaft wieder. Im Geheimnis dieser Prüfung erkannte sie von Neuem die göttliche Herkunft Christi, wie sie sie einst entdeckt hatte im Mysterium der Freude und des Friedens während seines verborgenen Lebens. Nicht ihren Sohn betrachtete Maria zuerst und vor allem, sondern den Sohn des himmlischen Vaters, diesen Sohn, der in den Stunden des schrecklichsten Leidens seine unbeschränkte Macht und seine erhabene Liebe kundtat. Maria heftete nicht einfach den Blick der Mutter auf den Sohn, sondern vor allem den Blick der Glaubenden, den Blick jener, die Mutter im Glauben ist. »Wahrhaftig, Gottes Sohn war dieser!« Wenn der Hauptmann dieses Zeugnis ablegte, so drückte er damit nur aus, was Marias einfühlender und vom Glauben erfüllter Blick nicht aufgehört hatte, im gemarterten Jesus zu sehen. Im Herzen der Jungfrau fand im Augenblick des Todes, vor dem Ausbruch tiefsten Schmerzes, ein Aufquellen des Glaubens statt. Als sie die Worte hörte, mit denen Christus seine Seele in die Hände des Vaters empfahl, verband sie sich innigst mit dieser vertrauensvollen Hingabe. Als sie sah, wie das Haupt ihres Sohnes sich neigte, war ihre erste Bewegung, das ihre zu heben in einer heftigen Beteuerung des Glaubens. Sie glaubte an den Sohn Gottes und an seinen Triumph. Im Glauben nahm die Jungfrau den Tod Jesu an, wie sie seiner Empfängnis und Geburt zugestimmt hatte. Durch die Grausamkeit der Prüfung war ihr Glaube ins Höchste gesteigert worden.

Da Maria fest im Glauben blieb, besaß sie bald eine Erfahrung, die jener des Jenseits ähnlich war. Sie erlebte hier bereits den Augenblick, in welchem der Glaube sich in die Schau verwandelt. In der Dämmerung des Ostermorgens er-

[33] Mt 27,40.

schien ihr der auferstandene Sohn. Sie sah die Herrlichkeit des Sohnes Gottes, an die sie geglaubt hatte. Ihr Glaube wurde herrlich belohnt und bekräftigt. Gewiss, die Erscheinung des glorreichen Christus war noch nicht die direkte und unmittelbare Schau seiner Göttlichkeit, sie war aber eine Annäherung und ein Unterpfand. Maria sollte im Glauben leben bis zu ihrem Tod, aber dieser Glaube hatte die große Prüfung überstanden und in der Umarmung des auferstandenen Jesus sein Ziel sozusagen berührt.

Die Prüfung des Glaubens der Jungfrau ist den Prüfungen des Glaubens der Kirche vorangegangen, der zu allen Zeiten neuen Angriffen ausgesetzt, aber seiner Beständigkeit und seines Triumphes sicher ist. Sie wirft ihr Licht auf die Prüfungen, die den Glauben eines jeden Christen im äußeren Sturm der Verfolgung oder im inneren Drama der Trostlosigkeit bedrängen. Der Glaube des Christen lebt aus Niedergeschlagenheit und Schmerz in voller Kraft wieder auf, wenn er sich bemüht, dem Blick Mariens zu begegnen, der sich unwiderstehlich an den sterbenden Herrn wie an eine Quelle des Heils heftet. Dieser Blick des Glaubens verwandelt sich unfehlbar in die Schau des glorreichen Christus.

Viertes Kapitel

Herz, von der Hoffnung getragen

Die Jungfrau, Symbol der Hoffnung

Alle Fülle der Hoffnung ist in Christus gesetzt, denn nach dem Wort des hl. Paulus ist Christus unsere Hoffnung, »die Hoffnung auf Herrlichkeit«.[1] Und untrennbar von Christus ist diese Fülle der Hoffnung in Maria gelegt worden, die mit ihrem Sohn eins ist und durch ihre göttliche Mutterschaft und Miterlöserschaft am Kommen und an der Sendung des Erlösers teilnahm. Wie Christus und mit ihm ist Maria unsere Hoffnung.

Diese Wahrheit wird in hervorragender Weise durch das Dogma der Aufnahme Mariens in den Himmel erläutert. Die Gegenwart Mariens mit ihrem verherrlichten Leib im Himmel bildet für die Christen ein Unterpfand für die Verwirklichung ihrer Hoffnung. Diese Gegenwart zeigt uns das Heil in seiner Erfüllung.

Durch die Aufnahme in den Himmel hat die Jungfrau ein Vorrecht erhalten, das sie nur mit Christus teilt, das Vorrecht der im Voraus erfahrenen körperlichen Verherrlichung. Während die übrigen Auserwählten das Ende der Welt abwarten

---

[1] Kol 1,27.

müssen, um da hinzugelangen, ist Maria sogleich nach dem Sterben eine Seligkeit zuteilgeworden, in der ihr auferstandener Körper mit der Seele verbunden ist. Mit Jesus hat sie die Zeit bis zum Weltende vorweggenommen. Ihr ist der Triumph, der auf die Vollendung der Zeiten verheißen ist, unverzüglich zuteilgeworden, und so trägt sie dazu bei, die christliche Hoffnung zu begründen, deren Eigenart es ist, sich nicht nur auf eine Verheißung zu stützen, sondern in einem gewissen Maß schon ihre Erfüllung zu erfahren. Die Christen haben in der Jungfrau diese Erfüllung des Endtriumphs vor Augen. In ihr kommen sie alle dem Ende der Welt zuvor, in ihr finden sie die Gewissheit, die von einer schon gegenwärtigen Wirklichkeit getragen wird.

Gewiss, es hätte genügt, dass Christus uns durch seine körperliche Auferstehung diese Grundlage der Hoffnung legte. Der hl. Paulus dachte nur an ihn und der Gedanke an den glorreichen Christus gab ihm die Gewissheit, dass »die Hoffnung auf die Herrlichkeit«, die den Christen belebt, einmal ihre Erfüllung findet. Der persönliche Triumph des Herrn bleibt die wesentliche Grundlage der Hoffnung, und die Verherrlichung Mariens steht erst an zweiter Stelle in Abhängigkeit von der Verherrlichung Jesu. Trotzdem bildet die Aufnahme Mariens in den Himmel eine ganz besondere Stütze, denn die Jungfrau ist ein Geschöpf. Die Glorie der Auferstehung Jesu scheint uns seiner göttlichen Natur zu entsprechen und sein verherrlichter Leib ist der Körper Gottes. Maria bezeugt im Teilhaben an dieser Glorie, dass selbst Geschöpfe dieses blendende Glück in Fülle erlangen können. Maria verwurzelt die Hoffnung tiefer in unserem Menschsein. Darum hat sich die Einsicht der christlichen Frömmigkeit mit Vorliebe auf Maria als Symbol der Hoffnung gerichtet.

Diese Rolle des Symbols der Hoffnung, die Maria fortwährend in der Kirche infolge ihrer Aufnahme in den Himmel einnimmt, hat mit dem Beginn ihres Daseins begonnen. Schon in der Unbefleckten Empfängnis ist Maria unsere Hoffnung gewesen. Denn diese erste außerordentliche Gnade ist ihr im Hinblick auf das Mysterium der Menschwerdung und der Erlösung geschenkt worden, an der die Jungfrau in innigster Weise mitzuwirken berufen war. Diese Gnade sollte nach göttlicher Absicht alle weiteren nach sich ziehen. Mit der Empfängnis Mariens war Gott aus der Epoche der Verheißungen in die Zeit der Verwirklichung übergetreten. Die eben erschaffene, unbefleckte Seele trug schon die Verkettung des ganzen Heilswerkes in sich. Von diesem Augenblick an war die Hoffnung der Menschheit nicht mehr ausschließlich auf die Zukunft gerichtet und auch nicht auf Vermutungen angewiesen. Sie wurde zur Hoffnung des Neuen Testaments, das in seiner gegenwärtigen Wirklichkeit einen Beginn der zukünftigen Wirklichkeiten enthält.

Die Jungfrau hat also die neue und endgültige Hoffnung in die Welt eingeführt. Der Anfang ihres Daseins ist mit der Erscheinung dieser Hoffnung gekennzeichnet, wie das Ende ihres Daseins ihre Erfüllung bedeutet. Ihre Unbefleckte Empfängnis kündigte den Triumph Christi an, dessen wirkende Kraft sie schon spürte, und ihre Aufnahme in den Himmel bestätigte diesen Triumph.

Indessen genügte es Maria nicht, mit Christus die Hoffnung der Welt zu sein. Es war ihr ebenso aufgetragen, selbst zu hoffen, in sich die Tugend der Hoffnung zu pflegen, um sie der Kirche weitergeben zu können.

Gott wollte, dass Maria aus ganzer Seele Mutter des Erlösers wird. Er forderte darum nicht nur die Mitwirkung ihres Glaubens, sondern auch den entsprechenden Beitrag ihrer Hoffnung. Maria musste das Kommen des Messias, an dem sie großen Anteil haben sollte, ersehnen. Sie musste sich dieses Kommen im Voraus durch eine große persönliche Sehnsucht, an der ihre tiefsten Gefühle beteiligt waren, zum eigenen Anliegen machen. Die Verkündigung war gewiss ein unvorhergesehenes göttliches Auftreten, das für Maria eine ungeheure Überraschung bildete, aber dieses Eingreifen war durch ein langes Reifen der Hoffnung im Herzen der Jungfrau vorbereitet worden und die göttliche Mutterschaft stellte die Krönung dieser Hoffnung dar. Im Herzen Mariens quoll darum die christliche Hoffnung in ihrer ursprünglichen Frische und vollen Entfaltung auf.

Höhepunkt der Hoffnung Israels

Vor der Verkündigung fand in Marias Seele gleichsam eine Zusammenballung der Hoffnung Israels statt. Musste diese Hoffnung, die Gott in Abraham und in der Folge in seinen Nachkommen stärker erweckt hat, nicht im Herzen der Jungfrau vor dem Augenblick, in dem die verheißene Wirklichkeit eintreten sollte, ihren Höhepunkt finden?

Maria hatte eine religiöse Erziehung genossen und sie hatte aus ihr großen Nutzen gezogen und die göttliche Botschaft, wie sie in den Heiligen Büchern niedergelegt war, sich wirklich zu eigen gemacht. Durch die Gnade war sie außerordentlich empfänglich für die Stimme Gottes in der Schrift geworden und so hatte sie den Wert der messianischen Hoffnung besser als sonst jemand erfasst. Die von ihr sprechenden Texte erweckten in ihrer Seele einen tiefen Widerhall. Sie spürte, dass Gott in diesen noch geheimnisvollen Seiten sein teuerstes Mysterium niedergelegt hatte. Da sie von der unendlichen Liebe des Allmächtigen zu den Menschen überzeugt war, erkannte sie in der Ankunft des Messias die Kundgebung dieser Liebe, die der Menschheit das Glück bringen sollte. Die Erwartung des Messias, des verheißenen Erlösers, war für Maria zur festen Form der religiösen Haltung geworden. Der Eindrücklichkeit, mit der der Allmächtige den Messias angekündigt hatte, wollte sie mit der Glut ihrer Erwartung antworten, einer außerordentlichen Glut, da die in ihr wohnende Gnade von außerordentlicher Kraft war. Maria legte in ihre Hoffnung ein Feuer, das vor ihr nie vorhanden war.

Sie rächte in gewisser Weise die Propheten für das Unverständnis und die Feindseligkeit, auf die sie gestoßen waren, denn sie hatte sich die Hoffnung, von der sie sprachen, völlig zu eigen gemacht. Sie hob diese Hoffnung auf eine höhere Ebene. Die Propheten gebrauchten ergreifende oder angstvolle Worte, um die Zeit des Heils vorauszusagen, doch ihre Hoffnung, so gespannt oder friedvoll sie auch war, hatte nie die abgeklärte Reinheit und die bestimmte Hingabe erreicht wie in der Seele des Mädchens von Nazareth. Man näherte sich einem Höhepunkt. Maria vereinigte die Vergangenheit in sich, erhob sie aber auf eine außerordentliche Höhe, um dadurch den Übergang zur endgültigen Zukunft vorzubereiten.

Sie fasste wirklich die Vergangenheit zusammen, denn ihre Hoffnung enthielt alle Eigentümlichkeiten der Hoffnung der Propheten. Sie war ein Schrei der Erleichterung vor der Ankündigung eines Sieges nach vielen Niederlagen und der Befreiung nach so viel Sklaverei. Sie war ein freudiges Staunen vor der göttlichen Allmacht, die sich in ihrer unbeschränkten Majestät enthüllen wollte. Sie war das begeisterte Vertrauen in eine Überfülle von Gütern ohne Schranken, der herrliche Ausblick in eine ideale Welt, in der Gott seinen Frieden herrschen lässt. Sie war aber vor allem die so tröstliche Gewissheit der persönlichen Liebe Gottes zu seinen Geschöpfen. Mit besonderem Wohlgefallen blickte Maria auf die messianische Zeit als die Epoche, in welcher Gott sich in besonderer Weise als guter Hirte erweisen und mit rührender Sorge sich aller seiner Lämmer, vor allem der kranken und verletzten, annehmen wird. Die persönlichen Erweise göttlicher Güte, wie sie von Ezechiel[2] beschrieben worden sind, hatten die Jungfrau, die für die schwachen und gebrechlichen Schafe eine sehr lebhafte Zuneigung verspürte, ergriffen und beeindruckt. So viele Menschen in ihrer Umgebung hatten einen guten Hirten nötig, der ihre Wunden pflegte und ihre Kräfte stärkte!

Die Jungfrau erwartete sein Kommen in naher Zukunft. Sie spürte die Nähe des von den Propheten angekündigten Heils. Die Propheten hatten das Ereignis als bevorstehend dargestellt. Gott konnte nicht zögern, jene zu retten, die er liebte. Als der Prophet Jesaja von der Geburt Immanuels, dem Zeichen des Heils, sprach, sah er sie in der Gegenwart, da die Empfängnis des Knaben schon stattgefunden hatte: »Siehe, die Jungfrau hat empfangen, sie gebiert einen Sohn …« [3] Der »Tag Jahwes«, die höchste Kundgebung der Macht Gottes für die Menschheit, erschien in den prophetischen Gesichten in sehr naher Zukunft. Diese prophetische Schau gab den Blick Gottes wieder, der Jahrhunderte umfasst, die nur wenig zählen im Vergleich zu den vorangehenden Jahrtausenden der Menschheit, und die Zeit betreffen, welche die Propheten vom vorausgesagten Ereignis trennt. Es war eine Nähe nach göttlichem Maß.

Die Hoffnung Israels, die von oben erweckt worden war, besaß ebenfalls göttliches Ausmaß. Wäre sie nur eine menschliche Hoffnung gewesen, wäre sie entmutigt worden, denn das für die nahe Zukunft verheißene Heil wich ständig zurück. Was man erwartete, traf nicht ein. Wenn Maria sich nur auf menschliche Erwägungen beschränkt hätte, hätte sie einer Hoffnung, die der Verheißung den Inhalt zu entziehen

---

[2] Ez 34.

[3] Jes 7,14.

schien, misstrauen und den Glauben an eine Nähe, die sich bisher nie bewahrheitet hatte, verweigern müssen. Aber vom Licht gestärkt, das Gott in ihre Überlegungen goss, glaubte die Jungfrau an die Nähe des Heils. Sie nahm diese Nähe, die in den göttlichen Sprüchen so erstaunlich formuliert ist, im wörtlichsten Sinne. Statt zu schließen, dass diese Nähe in nächster Zukunft ihre Bestätigung kaum fände, die sie in der Vergangenheit nicht erhalten hatte, dachte Maria, dass die so lange zurückgestellte messianische Zeit jetzt umso rascher anbrechen würde. Sie hatte Vertrauen in die göttliche Treue. Mit schärferem, weil von Gott erleuchteterem Blick als dem der Propheten erwartete Maria die dem jüdischen Volk verheißene Epoche des Glücks in allernächster Zeit.

Sie gab sich Rechenschaft darüber, dass Gott, um seine Verheißung zu verwirklichen und die bevorstehende Epoche des Heils anbrechen zu lassen, eine entsprechende Hoffnung forderte. Für sie war es klar, dass der Allmächtige seinen Plan von Anbeginn der Zeiten an entworfen hatte und nichts anderes wünschte, als ihn auszuführen. Es fehlte aber dafür die Vorbereitung der Menschen. Um das Heil zu empfangen und die göttliche Gabe nicht gering zu schätzen oder zu verachten, musste eine starke Sehnsucht nach der Ankunft eines Erlösers vorhanden sein. Die Menschheit sollte schmerzlich hungern nach diesem Glück, das ihr angeboten wurde, um nicht Gefahr zu laufen, es nicht aufnehmen zu können. Die Steigerung dieser Sehnsucht sollte die Erfüllung der göttlichen Absichten beschleunigen. Die ganze von Jahwe dem jüdischen Volk gegebene Erziehung verfolgte den Zweck, diese grundlegende Sehnsucht zu steigern. Das jüdische Volk musste sich mit dem göttlichen Plan vertraut machen, ihn in sein Denken und sein Streben einpflanzen, kurz, ihn zu seiner Hoffnung machen. Maria war es aufgetragen, dem Herrn eine so lebendige, auf den bevorstehenden Anbruch des Heils so vertrauensvolle Hoffnung darzubringen, dass sie die so lange zurückgeketteten Ereignisse auszulösen imstande war. Die Fülle der Sehnsucht, die im Herzen der Jungfrau wuchs, zeigte an, dass die Menschheit für die Aufnahme des Erlösers bereit war.

Eine wirklichkeitsnahe Hoffnung

Die Hoffnung ließ Maria auf eine ideale Welt hinblicken. Doch bedeutete das keine Flucht vor der Wirklichkeit, in der sie stand. Maria weigerte sich nicht zu sehen, was um sie herum geschah, und wünschte nicht, sich in ein erträumtes Universum einzuschließen. Ihre Hoffnung blieb wirklichkeitsnah.

Unaufhörlich stand Maria der Sünde gegenüber. Infolge ihrer unbefleckten Reinheit war sie sehr empfindsam vor diesem Anblick, der sie schmerzlich berührte. Sie war Zeuge vieler Vergehen und jedesmal litt sie sehr unter der Gott zugefügten Beleidigung, während sie gleichzeitig das Übel beklagte, das sich die Sünder selbst zuzogen. Sie sah, wie Leben durch die Sünde zerstört wurde, wie Seelen sich entehrten und beschmutzten. Bei manchen nahm die Verderbnis erschreckende Ausmaße an und bei den meisten schien die Vielfalt der Schwächen anzuzeigen, dass das Böse sich unwiderstehlich verbreitete. Sie sah die dumpfe Gleichgültigkeit jener, die nur nach den Gütern dieser Welt jagten, die die Freude am Religiösen verloren und nur noch einen toten Glauben hatten. Sie sah die Heuchelei der anderen, die vorgaben, Gott zu dienen, aber in Wirklichkeit nur an ihren Ehrgeiz und an ihre Bereicherung dachten. Man hätte beim Anblick dieser Sünden glauben können, dass das jüdische Volk wieder den Irrungen seiner Vergangenheit verfallen war. Die Propheten hatten ihre Mitbürger mit Vorwürfen überschüttet; dieselben Vorwürfe hätten zur Zeit der Jungfrau erhoben werden können. Diese Lage hätte auf Maria einen entmutigenden Einfluss ausüben können. Machte sie nicht im Voraus alle Versuche zur sittlichen Verbesserung zunichte? Musste man nicht die Augen schließen vor diesem betrüblichen Bild der sich immer wiederholenden Sünden, um noch an die Möglichkeit einer allgemeinen Rettung glauben zu können? Bedeutete die Erniedrigung der Menschen nicht, dass die messianischen Zeiten erst in nebliger Zukunft zu erwarten waren? Hatte Maria nicht die Bitterkeit des Propheten Jesaja vor der Verstocktheit des Volkes, mit der es den Weg der Sünde ging, und zugleich seine Traurigkeit, die manchmal beinahe an Verzweiflung grenzte, erleben müssen? Maria wehrte sich mit der ganzen Kraft ihrer Hoffnung. Doch weit entfernt, sich der Enttäuschung und dem Überdruss hinzugeben, wurde ihr die Entdeckung der ungeheuren Ausbreitung der Sünde ein Ansporn des Vertrauens. Wenn die Sünde solche Verheerungen anrichtete und die Not der unter der Last der eigenen Fehler seufzenden Menschheit so tief war, konnte Gott nicht zögern einzugreifen. Das Elend war zu schreiend, als dass das Auge Gottes von ihm nicht betroffen wäre. Maria fand, dass Gott eine solche Entwürdigung nicht mehr länger dulden konnte, denn er hatte den Menschen zu seiner Verherrlichung erschaffen.

Die Jungfrau zählte also nicht zu jener Art Weisen, die in den Fehlern der Menschen das Bevorstehen einer Katastrophe, ein durch eine alles umfassende Umwälzung gezeichnetes Ende der Welt erkennen wollten. Der Abgrund der Sünde rief ihr den Abgrund der göttlichen Barmherzigkeit vor Augen. Die Größe der Schuld ließ sie einen baldigen, strahlenden göttlichen Triumph voraussehen. Maria kannte das liebevolle Herz Gottes und erwartete eine trostvolle Kundgebung seiner Güte. Gott musste seine Heiligkeit offenbaren, nicht um die Sünder zu verdammen, sondern um sie zu verwandeln und heilig werden zu lassen. Je mehr sich die Sünden der Menschen anhäuften, umso klarer bezeugten sie die Notwendigkeit des göttlichen Eingreifens. Maria fand, dass die Schuld der Menschheit einen solchen Umfang angenommen hatte, dass Gott sie tilgen musste. Der Allmächtige würde den Anblick der im seelischen Elend erstickenden Menschen nicht mehr länger ertragen. Voller Liebe für alle Unglücklichen vernahm Maria den unterdrückten Schrei ihrer Not; wie könnte Gott ihn überhören?

So bildete sich im jungfräulichen Herzen die wahre Hoffnung, die das Böse nicht leugnete, sondern in seinem Anblick einen neuen Grund zur Hoffnung fand. Der christliche Optimismus macht sich keine Illusionen über die Tiefe der Sünde und das Ausmaß ihrer Verheerung. Er ist nicht einfältig und blickt der Welt mit all ihrer Verderbnis und Bosheit ins Antlitz. Dieser Optimismus hat sich in der Seele des Mädchens von Nazareth gebildet, das die Kraft besaß, der wahren, mit ihren Lastern beladenen Menschheit furchtlos entgegenzutreten. Der Blick Mariens war so mutig, diese ganze Last zu umfassen und sie Gott darzubringen, um eine unverzügliche Erlösung zu erlangen. Die Hoffnung war umso lebendiger, je wirklichkeitsnaher sie war.

In ihrer Hoffnung durch den Anblick der Sünde gestärkt, war sich Maria bewusst, die Gefühle des Vaterherzens Gottes zu teilen. Sie hatte durch die Verkündigung der Propheten erfahren, dass es Gott selbst drängte, das Heil zu gewähren. Der brennende Wille, die Menschheit zu erneuern, war zuerst im Herzen Gottes erwacht, dessen Liebe sich über alle ergießen wollte. Gott wünschte vor allen anderen, die Stunde seiner Barmherzigkeit zu beschleunigen. Und im Anblick der Sünden der Menschen wurde dieser Wille drängender. Die göttliche Ungeduld fand im Herzen Mariens ein lautloses Echo in der gesteigerten Erwartung ihrer Hoffnung.

Voller Kühnheit im Anblick der moralischen Not der Welt hatte Marias Hoffnung in ihrem Sehnen keinerlei Verminderung erfahren. Ihr Ideal war von jeder Vermengung mit dem Geist der Welt rein geblieben. Es wäre Maria nicht in den Sinn gekommen, den Menschen ein anderes als das Glück der strengen Forderungen der Tugend zu wünschen. Sie hätte nie zugegeben, dass wegen des Egoismus und der Leidenschaften vieler Seelen zum Bösen Zugeständnisse gemacht werden sollten, um sie danach sicherer für eine bessere Lebensführung zu gewinnen. Nie hatte sie von einem Reich Gottes geträumt, das vorerst mit irdischen Freuden verbunden gewesen wäre.

So tief Marias Kenntnis von der grenzenlosen Schwäche des menschlichen Herzens war, so sehr hielt sie sich die Größe des messianischen Ideals, zu dem Gott die gefallene Menschheit erheben wollte, vor Augen. Der Allmächtige strebte eine völlige Umwandlung der Seelen an. Er wollte, dass ihm die Menschen nicht nur dem äußeren Verhalten nach, sondern in der Hingabe des Herzens angehören. Die Größe des göttlichen Ziels steigerte Marias begeisterte Hoffnung. Sie hatte der Lockung anderer niedrigerer Neigungen widerstanden. Ihr religiöses Empfinden hielt sie von der Geistesverfassung vieler Glaubensgenossen fern, die den Messias herbeiwünschten, um die Befreiung des jüdischen Volkes, den Sieg über die Feinde und ein von materiellen Gütern überquellendes Reich im politischen Frieden zu erlangen. Obwohl Maria die Not, der sie begegnete, beheben wollte, hatte sie ihre Hoffnung nie auf eine wunderbare Vermehrung des Reichtums gesetzt. Sie selbst war an gewisse, durch die Armut bedingte Einschränkungen gewöhnt und hatte eingesehen, dass diese Entbehrungen kein Übel waren, vielmehr die Sehnsucht, mit Gott vereinigt zu sein, steigerten, während ihr in ihrer Umgebung aufgefallen war, wie sehr der Überfluss an zeitlichen Gütern Anlass zu Hochmut und zu schlechtem Leben wurde und damit die ewige Bestimmung gefährdete. Die Jungfrau wünschte niemandem eine erniedrigende Armut, die den Menschen durch die Sorge um das tägliche Brot daran hindert, sich um seine Seele zu kümmern. Sie wünschte ihnen aber auch kein Leben, in welchem die irdischen Güter einem jeden bis zur Übersättigung gewährt werden. Sie liebte ihre Armut, die sie auf Gott als das einzig wünschbare Gut lenkte.

Maria war in ihrer Hoffnung auch nicht vom Rachegeist beseelt. Sie erstrebte weder die Rache der Armen über die Reichen noch die der Juden über die Fremden. Obwohl das Mädchen von Nazareth sein Volk liebte, hatte es die Forderungen des Nationalismus nie geteilt. Es bewunderte die von Jahwe dem Volk, das er unter allen auserwählt hatte, verliehene Größe und das einzigartige Vorrecht, den wahren Gott anbeten zu können. Aber dieses göttliche Geschenk wurde nie zum Anlass des Stolzes auf ihr Volk und noch weniger der Verachtung anderer Völker. Es lebte indessen in einer Zeit, in der die nationalistischen Gefühle leicht überbordeten; das Land war von Fremden besetzt. Spontan nahm Maria die Haltung an, die später der Herr vertreten wird: Gott geben, was Gottes ist, und die politische Macht sich selbst überlassen. Sie misstraute allen Bewegungen, die den verheißenen Messias an nationalistische Interessen zu binden versuchten und mehr eine politische als eine religiöse Umwandlung anstrebten. Ihre Hoffnung hütete sich vor der Ansteckung des Traums von einem großen materiellen Wohlstand, der den Triumph des Messias für den nationalen Egoismus oder Stolz zu benutzen gedachte. In der Sehnsucht Mariens war das kommende Reich das wahre Gottesreich, und die Befreiung bezog sich nicht auf ein Land, sondern auf den Bereich der Herzen. Nicht die Besetzung durch Fremde musste überwunden werden, sondern die Sklaverei der Sünde. Die Hoffnung Mariens entwickelte sich also auf einer ausschließlich übernatürlichen Ebene. Es war eine vollkommen gerade und edle Hoffnung ohne Zugeständnis an die Forderungen der menschlichen Leidenschaften, nur auf Gott und die geistigen Güter gerichtet. In dieser von Maria schon vor der Verkündigung angenommenen Haltung zeigt sich das Bild der christlichen Hoffnung in ihrer ursprünglichen Reinheit, einer Reinheit, die in der Hoffnung der Kirche durch alle Jahrhunderte weiterleben wird. Die Versuchungen, die Marias Hoffnung von ihrem Ziel ablenken wollten, wiederholen sich zu allen Zeiten und bedrohen die christliche Hoffnung unablässig. Machtvolle Geistesströmungen sind am Werk, die menschliche Hoffnung auf das Erreichen großer nationaler Erfolge, auf das Wohlergehen einer sozialen Klasse oder die Sättigung der Menschheit mit Gütern dieser Welt zu lenken. Alle Arten irdischer Paradiese wollen sich die Sehnsucht des Menschen zunutze machen. Die christliche Hoffnung folgt gegenüber dieser Hoffnung, die den menschlichen Instinkten Befriedigung verspricht, dem Beispiel der Jungfrau und richtet sich auf das Wohl der Seelen und das ewige Leben. Sie will den Schwerpunkt ihres Sehnens nicht auf zeitlich beschränkte Güter verlegen. Sie wagt zu erklären, dass Brot, Friede und Freiheit, wenn auch erstrebenswert, nicht das Ziel des menschlichen Daseins sind, da sie das wesentliche Glück nicht zu erzeugen vermögen. Sie verkündet, dass die wahre Befreiung in der Lösung des Menschen aus den Banden der Sünde und der Leidenschaften besteht und erwartet das Heil im höheren Leben der Seele.

Eine verpflichtende, vom Opfer getragene Hoffnung

Maria hatte verstanden, dass ihre Hoffnung, um diese geistige Befreiung vorzubereiten, ihre ganze Lebensweise bestimmen und schon die Haltung bekunden musste, die das Ideal des kommenden Reiches sein sollte: die völlige Selbsthingabe an Gott. Sie war bestrebt, die Errichtung der göttlichen Herrschaft über die Welt zu beschleunigen durch die endgültige Weihe an Gott und die alleinige Bindung an ihn. Die Hoffnung gab ihr ein, vorerst in sich selbst mit der Hilfe Gottes zu verwirklichen, was sie als Verwirklichung für die Welt erwartete. So konnte sie im Maße ihrer Möglichkeit zur Errichtung des messianischen Reiches beitragen.

Die Kühnheit ihrer Hoffnung, die auf eine völlige Umwandlung der Seelen zählte, hatte die Kühnheit ihrer Verpflichtung zur Folge. Marias Hoffnung unterschied sich durch den eingeschlagenen Weg, den Weg des jungfräulichen Opfers, wesentlich von der Hoffnung der menschlichen Ordnung. Man wird einwenden, dass der menschliche Ehrgeiz zu schweren Opfern bereit ist, um sein Ziel zu erreichen, und dass die Träger einer irdischen Hoffnung bereit sind, oft sehr mühselige Arbeit zu leisten, um den Triumph ihrer Sache zu erreichen. Aber die Haltung der Jungfrau bekundet sich im einzigartigen Charakter der echten geistlichen Hoffnung. Die menschliche und irdische Hoffnung benutzt die Mittel, die ihr zur Erreichung des Zieles geeignet erscheinen, und setzt ihr Vertrauen in die Wirksamkeit dieser Mittel. Im Gegensatz dazu hat Maria, um zur Erfüllung ihrer Hoffnung zu gelangen, auf alle menschlichen Mittel, die es ihr normalerweise ermöglicht hätten, das Ziel zu erreichen, verzichtet. Sie hat darauf verzichtet, Mutter zu werden und so auf natürliche Weise zum Kommen des Messias in diese Welt beigetragen. Sie hat sich ausdrücklich der höchsten und schönsten

Fähigkeit entäußert, die der Natur der Frau gegeben ist, der Fähigkeit zur Mutterschaft. Sie hätte von ihr berechtigten Gebrauch machen können zur Ehre Gottes, aber sie zog es vor, sie zu opfern, und zwar ohne eine Gegengabe zu fordern, da sie von innigster Liebe zum Herrn beseelt war. Es war ein Akt so vollkommener, auf alles verzichtender Hingabe, dass er unvernünftig zu sein schien.

Maria bezeugte damit, dass ihre Hoffnung auf dem Herrn allein beruhte. Sie wies alle menschliche Hilfe zurück und zerstörte in ihrem Herzen die menschliche und natürliche Hoffnung auf Mutterschaft, um die messianische, übernatürliche Hoffnung zum Triumph zu führen. Sie schloss ihr ganzes Wesen in die Sehnsucht nach einer höheren Hoffnung ein. Mehr noch als ihre Sehnsucht nach einer besseren Welt musste ihr Gelübde der Jungfräulichkeit vor Gott wie der Schrei der Hoffnung, ein Schrei von unwiderstehlicher Kraft widerhallen. Wie hätte Gott die Hände, die sich nur an ihn klammerten, zurückstoßen können? Wie hätte er das messianische Glück jener, die es in der Herbheit eines jungfräulichen Herzens erflehte, versagen und die messianische Fruchtbarkeit ihr, die ihm die mütterliche Fruchtbarkeit zum Opfer darbrachte, vorenthalten können?

Das Gelübde der Jungfräulichkeit bezeugte gleichzeitig, dass Marias Hoffnung vom Sinn für die Gemeinschaft erfüllt war. Die Jungfrau opferte sich, um die Ankunft des Heils in der menschlichen Gemeinschaft zu beschleunigen. Sie überließ ausdrücklich anderen jüdischen Frauen die Ehre, den Messias zu ihren Nachkommen zählen zu können, und offenbarte damit, dass sie wirklich nicht in eigenem Namen hoffte, sondern für alle. Es war eine hochherzige Hoffnung und die dargebrachten Opfer schmälerten sie nicht. Maria gehörte nicht zu jenen, die im Verzicht, den sie sich auferlegen, das Glück der anderen nicht ertragen oder es mit scheelen

Blicken betrachten. Mit dem Verzicht auf die Mutterschaft wünschte sie aus allen Kräften die Mutterschaft jener herbei, die den Messias auf die Welt bringen sollte, und sie wollte ihr das Glück verschaffen, das das Glück aller Menschen sein würde. Marias Hoffnung weitete sich durch ihren jungfräulichen Charakter zum Edelmut vollkommener Nächstenliebe.

Hoffnung und Mutterschaft

Die Hoffnung erwartet nicht nur in passiver Weise die Zukunft, auf die sie blickt. Sie hilft mit, diese Zukunft herbeizuführen, denn Gott macht die Ausführung seiner Pläne von den Bestrebungen jener abhängig, denen sie nützlich ist. Vom Allmächtigen gefordert, übt die Hoffnung wie der Glaube einen wirksamen Einfluss auf die Dinge aus, auf die sie gerichtet ist; sie bietet der göttlichen Macht die Vorbedingung zu ihrem Eingreifen an. Maria hat durch ihre Hoffnung zur Verwirklichung des Heilsplans beigetragen.

Die Botschaft der Verkündigung bedeutete für die Jungfrau den Triumph der Hoffnung. Die Worte des Engels offenbarten Maria den göttlichen Entschluss, den zu vernehmen sie brannte: die Aussendung des Messias, nach dem sie sich aus ganzer Seele sehnte. In diesem Triumph der Hoffnung der Jungfrau wurde die Hoffnung der ganzen Menschheit erfüllt. Maria hatte im Namen aller gehofft und empfing nun im Namen aller das Ergebnis dieser Hoffnung. Die Sehnsucht, die Gott in das Herz Adams und Evas im Augenblick ihres Falls mit der Verheißung des Sieges über die Schlange gelegt hatte, diese Sehnsucht, die dumpf in den folgenden Geschlechtern weitergewirkt und sich in das Vertrauen in ein geheimnisvolles Heil entwickelt hatte, gelangte an ihr Ziel. Maria vertrat im Haus in Nazareth dem Engel gegenüber die nun erhörte Hoffnung der Welt.

Obwohl Gott ein Werk unverdienter Güte vollzog, hatte er die Reinheit und den Eifer, den die Jungfrau in ihr Hoffen gelegt hatte, berücksichtigt, sodass man in Wahrheit sagen kann, Maria hat die Hoffnung der Welt zu einem guten Ende geführt und die göttliche Gabe des Heils durch die Vollkommenheit ihrer Sehnsucht und ihres Vertrauens herbeigeführt. Sie hat den Messias auf die Erde herabgezogen. Der Allmächtige, der diese Hoffnung erweckt hatte, erhörte sie mit göttlicher Hochherzigkeit durch die Gabe der wunderbaren Mutterschaft.

In der Sicht dieser Hoffnung erhielt die Mutterschaft schon einen schmerzhaften Charakter. Gewiss, die Botschaft, in welcher Maria diese Mutterschaft angeboten wurde, war eine Botschaft der Freude. Aber wir dürfen nicht vergessen, dass die göttliche Gabe als Antwort auf ein Opfer des Mädchens erfolgte. Gott verlangte vorerst von Maria den Verzicht auf jede Mutterschaft; er hatte von ihr etwas gefordert, das sie als schreckliche Verstümmelung ihrer Zukunft und ihrer fraulichen Persönlichkeit hätte empfinden können, wenn sie nicht von innigster Liebe zum Herrn erfüllt gewesen wäre, um ihm alles begeistert zu opfern. Die messianische Hoffnung Mariens musste von diesem radikalen Verzicht begleitet sein. So gesehen war darum ihre Mutterschaft eine Mutterschaft in Schmerzen, eine auf den Verzicht gegründete Mutterschaft. Es hatte Maria schon viel gekostet, Mutter des Erlösers zu werden. Und dieses anfängliche Opfer ließ eine Mutterschaft erahnen, die noch weitere Opfer mit sich bringen sollte. Die Hoffnung, die auf Selbstverleugnung beruhte, hatte Maria zu einer Mutterschaft geführt, die schmerzensreich werden sollte.

Auf der anderen Seite erzeugte der Wille zur Jungfräulichkeit, der Mariens Hoffnung in sich schloss, eine umso größere Freude. Es war die Freude, die Gott jenen Frauen gewährte, denen wegen Unfruchtbarkeit Nachkommen versagt waren, um sie auf wunderbare Weise mit einem Kind zu beschenken: die Freude Saras, der Frau Abrahams, und Annas, der Mutter Samuels, und näher, die Freude Elisabeths. In Maria war diese Freude umso lebendiger, als ihre Unfruchtbarkeit nicht durch natürliche Veranlagung bedingt, sondern ein frei gewollter Zustand war. Der spontanen Tiefe des Verzichts entsprach jetzt die spontane Tiefe der Begeisterung. Maria frohlockte, als ihr wiedergegeben wurde, was sie zum Opfer gebracht hatte; als sie wiedergewann, was sie willentlich verloren hatte. »Wer aber sein Leben um meinetwillen verliert, der wird es retten«[4] wird später der Herr erklären, als er sich erinnert, dass er sein irdisches Leben jener verdankt, die ihre Fruchtbarkeit freiwillig verloren und wunderbar wiedergewonnen hatte.

Dieser Grund zum Frohlocken wird im Magnifikat in auffallender Weise hervorgehoben: Maria ist die Hungernde; ihre jungfräuliche Entsagung lässt sie die Freude, »mit Gütern überhäuft« worden zu sein, als sie Mutter des Erlösers wurde, in vollem Maße kosten. Höchste Freude, weil sie durch ihr nur auf Gott gesetztes Vertrauen eine von Gott bewirkte Mutterschaft empfing; die göttliche Hochherzigkeit hatte alles vollbracht. Maria erreichte die tiefste Wurzel der Freude, die nicht in der Berauschung an eigenen Erfolgen oder Leistungen besteht, sondern in der Verzückung vor dem, was Gott in uns vollbringt, wobei man vor allem glücklich ist, weil er es vollbringt. Die Freude quillt aus dem göttlichen Tun.

Die Hoffnung der Jungfrau hat also zur Gestaltung ihrer Mutterschaft im Opfer und in der Freude beigetragen. Sie hat ebenso dazu beigetragen, dieser Mutterschaft den wesent-

---

4 Lk 9,24.

lichen Charakter der Mitarbeit am großen Werk der Erlösung zu verleihen. Streng genommen besagt »Mutter des Erlösers« nicht, dass Maria selbst eine Rolle in der Erlangung des Heils spielen musste. Mutter des Heilands, nicht Mutter des Heils. Es wäre möglich gewesen, dass Marias Tun sich auf das Gebären des Messias und seine Erziehung beschränken sollte, ohne am Erlösungswerk mitbeteiligt zu sein. Aber gerade durch ihre Hoffnung war Maria wesentlich mit dem Heil verbunden; sie hatte sogar mehr von diesem als vom Erlöser geträumt, dessen Gestalt im Mysterium verhüllt blieb. Sie hatte vor allem an die von Gott den Menschen verheißene Erlösung, an das Glück und den Frieden gedacht, die aus ihr fließen sollten; sich den Erlöser vor der Geburt Jesu vorzustellen, wäre schwieriger gewesen. Das Heil stand im Mittelpunkt ihres Denkens. Man sagt von gewissen Menschen, dass sie Väter einer Idee sind, weil sie diese Idee hervorgebracht, überdacht und lange mit Liebe in ihrem Geist gepflegt, ihr einen Ausdruck gegeben und ihre Verbreitung in die Wege geleitet haben. Die Jungfrau hatte die Idee des Heils nicht erfunden, sie war ihr durch göttliche Offenbarung mitgeteilt worden, aber aufgrund ihrer Hoffnung hatte sie sie derart tief betrachtet, gepflegt und mit Liebe umgeben, dass sie eine Mutterschaft auf sie erlangt hat. Der Einfluss ihrer Hoffnung hat sie zur Mutter unseres Heils gemacht.

Diese Mutterschaft wurde unmittelbar zur Wirklichkeit in der leiblichen Mutterschaft. Maria erfuhr vom Engel, dass Jesus der Messias sei; sie begriff, dass ihre Mutterschaft Mitarbeit am Heil der Menschheit bedeutete. Wenn der Engel ihr die Zukunft ihres Sohnes offenbarte, während die anderen Mütter über die Zukunft ihres Kindes in Unkenntnis bleiben, so war es wohl Gottes Wille, dass sie zu dieser Zukunft mit allen Kräften ihres Geistes und ihres Tuns beitragen und so wahrhaft Mutter des Heils wie gleichzeitig Mutter des Heilands werden sollte. Heiland und Heil waren untrennbar mit ihrer Hoffnung verbunden und blieben es in ihrer Mutterschaft.

Die Hoffnung der Jungfrau verlieh so ihrer Mutterschaft das Ausmaß des ganzen Heilswerkes. Sie weitete ihr mütterliches Herz, indem sie es mit großen Absichten für das Wohl der Menschheit beseelte.

Mutterschaft und Hoffnung

Wenn die Hoffnung Mariens zu ihrer Mutterschaft beigetragen hat, so hat diese Mutterschaft ihre Hoffnung belebt. Ihr Mutterwerden setzt eine neue Hoffnung in die Welt. Jede Mutterschaft ist ein Drang in die Zukunft, die Ingangsetzung eines neuen Schicksals mit ungeheuren Möglichkeiten. Im Falle Mariens waren diese ungeheuren Möglichkeiten des Kindes, das ihre Mutterschaft der Welt schenkte, von Anfang an bekannt. Die Jungfrau besaß die Gewissheit der messianischen Sendung ihres Sohnes, die sich nach den göttlichen Worten ebenso unfehlbar vollziehen musste, wie sich die wunderbare Empfängnis verwirklicht hatte. Marias Hoffnung konnte darum im Wissen um die wunderbare Zukunft Jesu ihren vollen Reichtum entfalten. Sie gewann auch an Festigkeit, da sie ihn, der die Quelle aller Hoffnung war, leiblich besaß. In der Person ihres Sohnes war das Ziel der Hoffnung greifbar.

Welche Kraft und welchen Aufschwung fühlte Maria wohl in ihrer Hoffnung, als sie in Bethlehem zum ersten Mal ihren Sohn sehen und bewundern konnte! Sie sah in dem kleinen Kind das Heil der Menschheit. »Meine Augen haben das Heil gesehen«,[5] wird der greise Simeon sagen und Gott danken, dass er das Kind, das seine Hoffnung erwartet hatte,

[5] Lk 2,30.

betrachten und in seine Arme schließen durfte. Was Simeon zur Zeit der Darstellung Jesu im Tempel möglich war, tat Maria seit der Geburt und weiter in den folgenden Jahren: Sie betrachtete das von Gott den Menschen gesandte Heil. Sie hatte nicht weniger Hoffnung im Herzen als der Greis und spürte nicht weniger Glück als er in der Betrachtung des Ersehnten. Doch glücklicher als Simeon entfaltete sie ihre Hoffnung, während sie die Entfaltung ihres Kindes erlebte.

Maria sah Jesus »zunehmen an Größe, an Weisheit und Gnade vor Gott und den Menschen«[6]. Als Zeugin dieser Entwicklung fühlte sie ihre Hoffnung wachsen, eine stets vollkommen übernatürliche und uneigennützige Hoffnung. Maria fühlte nicht einfach den Stolz, den eine Mutter spürt, wenn sie ihr Kind heranwachsen sieht. Wie die Sehnsucht nach dem Heil der Menschheit ihr mütterliches Herz erfüllte, so freute sie sich über die Fortschritte Jesu, weil sie das Heil auf dem Weg zum Ziel waren. Sie bemühte sich, im Antlitz und in den Bewegungen ihres Sohnes die Kraft des Heilands und das Werden der Erlösung zu erkennen. In den Gefühlen der Hochherzigkeit, die er an den Tag legte, sah sie die grenzenlose Hochherzigkeit, die die Erwartung aller Hoffnungen übertraf.

Sie war übrigens von Gott selbst ermutigt worden, ihre mütterliche Liebe in ihre übernatürliche Hoffnung einzuordnen. Mehrmals hatten Ereignisse, in denen ein außerordentliches Eingreifen des Allmächtigen sich offenbarte, das mütterliche Herz der Jungfrau mehr und mehr in diese Richtung gelenkt. Bei der Heimsuchung strahlte Jesus einzig durch seine Gegenwart im Schoß seiner Mutter eine übernatürliche Freude aus, die Elisabeth erzittern ließ; er zeigte schon die »Kraft«, von der man während seines öffentlichen Lebens sa-

---

6 Lk 2,52.

gen wird, dass sie aus ihm fließe und die Leute veranlasse, seine Kleider zu berühren. »Heute ist euch der Retter geboren«,[7] verkündete der Engel den Hirten Bethlehems, die es Maria berichteten. Es war eine himmlische Aufmunterung, das in der Krippe liegende Kind als den Erlöser der Menschheit zu betrachten. Die offensichtlich inspirierten Worte Simeons bestätigten diesen Hinweis auf Jesu Sendung: das von Gott allen Völkern bereitete Heil, das Licht zur Erleuchtung der Nationen, der Ruhm des Volkes Israel. Die Jungfrau erkannte in all diesen Äußerungen denselben göttlichen Willen, der sie einlud, Jesus mit den Augen der Hoffnung Israels und aller Völker zu betrachten. Sie wusste, dass sie ihren Sohn nicht ausschließlich als ihr Kind ansehen durfte, dass sie ihn mit den Augen einer erbarmungswürdigen Menschheit betrachten musste, die ihre ganze Hoffnung auf den setzte, der kam, um sie zu retten.

Krisen und Aufleben der Hoffnung

Maria war sich bewusst, die Zukunft der Welt zu tragen, wenn sie ihr Kind in die Arme nahm. Ihre an die Person Jesu gebundene Hoffnung wurde immer stärker, aber auch ungeduldiger. Das Leben der Welt hatte sich während der langen Jahre in Nazareth nicht verändert. Die Sünde betrieb ihre Verheerungen weiter, und die Entehrung der Seelen kannte keinen Stillstand. Jesus unternahm in seinem verborgenen und erstaunlich einfachen Leben nichts, um diese Lage umzugestalten, und die Jungfrau fühlte sich mehr und mehr gedrängt, den Tag zu sehen, an dem er zu wirken beginnen sollte. Mehr noch, sie gab sich, da sie die tieferen Gefühle ihres Sohnes kannte, Rechenschaft, dass Jesus selbst

[7] Lk 2,11.

Ungeduld und den Wunsch verspürte, bald so vielen Unglücklichen Hilfe zu bringen und so viel Seelennot zu heilen. Er wurde vom Willen des Vaters zurückgehalten, der ihn vorläufig an die Werkbank in Nazareth verpflichtete. Diese Lage des Messias, der sich sehnte, sein Werk in Angriff zu nehmen, aber sich dem Willen des Vaters, der ihm eine Frist setzte, unterwarf, ließ Maria das große Opfer der Hoffnung verstehen, das darin liegt, die im göttlichen Plan bestimmte Stunde abzuwarten. In der Geschichte der Kirche werden dem Werk der Bekehrung aller Völker später von der Vorsehung viele Fristen gesetzt, und die Hoffnung der Kirche auf die Bekehrung aller Völker muss das Opfer, dieses Ziel nicht rascher erreichen zu können, beständig erbringen. Die Opfer der Hoffnung Mariens, die in Nazareth so lange wartete, haben die Opfer der Hoffnung der Kirche eingeleitet, um ihr zur Ermutigung und als Beispiel zu dienen. Maria verstand es, eine äußerst lebendige, von feurigen Anrufen des Vaters getragene Sehnsucht mit einer völligen Unterwerfung unter die göttlichen Ratschlüsse zu verbinden.

Als die Stunde des öffentlichen Lebens für Jesus gekommen war, wurde die Jungfrau von zwei Gefühlen beherrscht. Ihre mütterliche Anhänglichkeit litt, dass ihr nun die traute Gesellschaft des Sohnes fehlen werde, ihre Hoffnung hingegen frohlockte, endlich den Anfang der apostolischen Tätigkeit des Erlösers zu erleben. Da die Hoffnung in ihrem mütterlichen Herzen stets überwogen hatte, herrschte Freude in ihrer Seele und ließ sie das Opfer ihrer Liebe gerne auf sich nehmen. Maria, die stets an das Glück der Menschen gedacht hatte, freute sich, dass ihrer Not endlich Hilfe zuteilwürde.

Die ersten Erfolge des Meisters, die zahlreichen Wunder, die er auf seinem Weg säte und die die Begeisterung der Massen erweckten, bestätigen ihre Hoffnung. Als aber die immer heftigere Feindschaft der Führer des Volkes die spätere

Tragödie voraussehen ließ, musste sich Marias Hoffnung mehr und mehr von menschlichen Erwägungen frei machen und sich über die irdischen Ereignisse erheben, um sich nur an die unfehlbare göttliche Macht zu klammern. Vor dem Schauspiel eines Kampfes, der ihre mütterliche Liebe bedrückte, setzte die Jungfrau ihre Hoffnung immer mehr auf den Triumph des messianischen Jesus, und im letzten Kampf, den sie zu Füßen des Kreuzes kämpfte, hatte sie die Kraft, auf das baldige Eintreten dieses Triumphes zu zählen. Ihre Hoffnung blieb im ungeheuren Leid ungeschmälert, denn sie verwurzelte sich tiefer im Mysterium.

Der Herr hatte übrigens selbst die Hoffnung seiner Jünger in den mehrmaligen Prophezeiungen über seine Auferstehung entzündet, die dem Leiden und Tod folgen sollte. Die Jungfrau, der diese Voraussagen berichtet worden waren, hatte sie im Herzen bewahrt und betrachtet. Und als sie sich vor dem Leichnam ihres Sohnes befand, überließ sie sich nicht ihrem Kummer, sondern gab sich schweigend der Hoffnung auf seine nahe Auferstehung hin. Im Anblick des entseelten, starren Körpers erinnerte sie sich nicht nur seiner früheren Lebenskraft, sondern sie sah ihn schon, im Vorgreifen auf ihre Hoffnung, in die Verklärung eingehen. Der trauernde Christ, der die sterbliche Hülle eines geliebten Menschen verlässt, ist von der Gewissheit erfüllt, dass die Trennung nur vorübergehend ist. Die Jungfrau hatte die höhere, auf die Verheißung Jesu gestützte Hoffnung, dass die Trennung nur von sehr kurzer Dauer sein wird. Sie hatte das Vertrauen, dass der vor den Eingang des Grabes gewälzte Stein nichts gegen die göttliche Macht vermochte, die ihr Sohn besaß. Darum lag in ihrer trauernden Niedergeschlagenheit der Schimmer einer Morgenröte und das Licht des Ostertages begann vom Abend des Karfreitags an in ihrer Seele zu leuchten. Alle, die Jesus liebten, fühlten sich verlassen und waren versucht zu verzweifeln. Die Jünger waren hilflos, doch die Mutter des Gekreuzigten blieb, obwohl mitten ins Herz getroffen, in ihrer Hoffnung aufrechter denn je. Sie vertrat in diesem Augenblick die Hoffnung der Kirche, die treu bleibt, auch wenn alles versagt, und durch diese Hoffnung flocht sie hier das Band, das den Tod mit der Auferstehung Christi verbindet.

Die Jungfrau des Karsamstags erscheint uns als Symbol der Hoffnung. Sie ist ein kostbares Symbol für die Kirche, die in der Nachfolge Christi immer wieder von der Passion zum glorreichen Leben übergehen muss. In diesem schmerzhaften Übergang bildet die zum ersten Mal von der Jungfrau geformte Hoffnung ein unzerreißbares Band. Sie ist ein kostbares Symbol für jeden Christen, der in einer Welt lebt, wo alles verloren zu sein scheint, und der daran denken soll, dass Maria auch in der Katastrophe des Todes Jesu nicht aufhörte, an den Triumph zu glauben. Der Christ muss in Zeiten der Entmutigung, wenn Schwierigkeiten und Misserfolge sich oft in drückender Weise häufen, und ebenso in Perioden des Überdrusses, der Traurigkeit oder inneren Trockenheit, in denen Christus fern oder tot zu sein scheint, versuchen, den Seelenzustand der Jungfrau während des trostlosen Karsamstagmorgens zu erfassen, als Jesus unendlich fern zu sein schien und das Schweigen des Grabes den Eindruck erweckte, dass alles zu Ende sei. In dieser Atmosphäre der Trauer nährte die am tiefsten Betroffene die Flamme der Hoffnung weiter und ließ sie leuchten. Sie fühlte sich trotz der Heftigkeit ihres Schmerzes nicht berechtigt, die Hoffnung aufzugeben.

Als der auferstandene Christus seiner Mutter erschien, wurde er von den Armen der Hoffnung umfangen. Es war ein Übergang vom Glauben zur Schau; die Erscheinung war aber auch ein Übergang von der Hoffnung zum Besitz. Maria war völlig auf ihren Sohn konzentriert. Sie erwartete ihn und die Herrlichkeit des Auferstandenen erfüllte ihre Erwartung. Aufgrund dieser Hoffnung wurde Christus von Maria mühelos erkannt. Er war nicht gezwungen, sich nach und nach zu erkennen zu geben wie den Jüngern zu Emmaus, die gehofft hatten und nicht mehr hofften.[8] Wenn Maria für Jesus nur eine mütterliche Liebe im Herzen getragen hätte, wäre sie in einer ähnlichen Verfassung gewesen wie Maria Magdalena, die von der Heftigkeit ihres Kummers noch betäubt war, als sie sich vor dem lebenden Jesus befand. Die Jungfrau hingegen hatte durch ihren Glauben und ihre Hoffnung die tiefe Traurigkeit überwunden und sehnte sich danach, den triumphierenden Sohn zu sehen. Bei seinem Anblick waren es mehr ihr Glaube und ihre Hoffnung als die mütterlichen Instinkte, die sich mit aller Kraft an Jesus hefteten. Im auferstandenen Herrn sah Maria, wie einst im Kind in Bethlehem, in erster Linie das Heil der Welt. Jesus erschien ihr in seiner vollen Majestät und unbeschränkten Macht über die Menschheit, über die er ohne Ende herrschen sollte. Das mütterliche Herz der Jungfrau wurde mit der Freude einer herrlich erhörten Hoffnung erfüllt.

Aufschwung der Hoffnung zum Heiligen Geist

Die Umarmung des auferstandenen Christus und seiner Mutter dauerte nur einen Augenblick. Jesus zog sich bald zurück und diesem Verschwinden folgte die Himmelfahrt, die zwischen seine Mutter und ihn den Abstand legte, der Himmel und Erde trennt. Nun musste die Hoffnung Mariens erneut aufleben. Sie richtete sich auf die Herabkunft des Heiligen Geistes, die durch den Meister vor seinem Weggang angekündigt worden war. Sie wandte sich indessen nicht von

---

[8] Lk 24,21.

Christus ab, da Maria wusste, dass der Heilige Geist kommen wird, um die Herrschaft der Gegenwart Christi aufzurichten: Pfingsten sollte eine Erneuerung der Verkündigung für die Menschheit werden.

Der Abendmahlssaal, in dem die Jünger sich nach der Himmelfahrt versammelten, war zugleich ein Heiligtum der Hoffnung und ein Raum erfüllt vom Geist, den die Jungfrau in ihm ausstrahlte. Ihr von der Hoffnung getragenes Gebet begründete die Einmütigkeit der Herzen. In den Tagen vor Pfingsten war die Hoffnung Mariens in Wahrheit Erweckerin der Hoffnung der Kirche. Es war eine ruhige und sichere Hoffnung, die durch die Auferstehung Christi in ihrer Abgeklärtheit gefestigt worden war. Und es war eine brennende Hoffnung, die Jesu brennendem Wunsch entsprach, den Heiligen Geist der brennenden Erwartung wegen jener zu senden, die diese Gabe empfangen sollten. Die Jungfrau war in einer an die im Haus in Nazareth erinnernden Sammlung bestrebt, den Jüngern die Innigkeit ihrer Sehnsucht mitzuteilen, damit sie Gott eine ebenso offene Seele darbieten könnten, wie ihre es bei der Verkündigung war.

Durch die glühende Hingabe ihrer Hoffnung wurde die Gemeinschaft befähigt, die Stoßkraft des Heiligen Geistes in sich aufzunehmen und sich der Macht seiner Einwirkung zu überlassen. Wie einst Maria im Augenblick der Menschwerdung, so wurde die christliche Gemeinschaft jetzt vom Heiligen Geist erfüllt und erlebte eine völlige Umwandlung. Die Expansionskraft der Kirche war für immer in die Welt gepflanzt; sie verfügte über eine außerordentliche Macht, die Herzen zu durchdringen, wie es die Ergebnisse der Predigt Petri sogleich bewiesen. Die Hoffnung Mariens, die ihr mütterliches Herz mit den Jüngern geteilt hatte, hatte diese Kraft entfesselt.

Das letzte Aufglühen der Hoffnung

Nach Pfingsten war Maria sozusagen geteilt zwischen zwei Hoffnungen. Sie war aus ganzer Seele mitbeteiligt an der Hoffnung der jungen Kirche und wollte ihr in diesen ersten Zeiten der Ausbreitung jede Hilfe leisten. Aber persönlich sehnte sie sich nach der Gegenwart Jesu und wünschte, bei ihm das Glück einer endgültigen Vereinigung zu kosten. Da aber Marias mütterliche Liebe stets durch den Blick auf das Heil der Welt beherrscht gewesen war, überwog in ihrem Herzen die Sorge um die Zukunft der Kirche. Ihre Gegenwart in der Mitte der christlichen Gemeinschaft war wie im Abendmahlssaal ein Symbol der Hoffnung und eine Ermutigung. Sie schaffte eine Atmosphäre des Vertrauens und eines kühnen Optimismus. Es schien, als ob die ersten Schwierigkeiten und Verfolgungen an der ruhigen Kraft ihrer Hoffnung zerbrachen. Welcher Schlag hätte nach den Schmerzen auf Kalvaria ihr mütterliches Herz noch zu erschüttern vermocht? Mit ihrem ganzen Wesen strahlte die Jungfrau die Überzeugung des Triumphes aus. Von der unüberwindlichen Macht Christi durchdrungen, spornte sie die Jünger an, allen Hindernissen, denen sie auf ihrem Weg begegneten, fröhlich zu trotzen. Die Hoffnung aller erneuerte und erhielt sich in ihr.

Indessen näherte sich der Augenblick, in welchem Maria die Erde verlassen sollte. Sie musste die Kirche verlassen, deren Hoffnung sie verkörperte. Wie gewisse Autoren in ihrer Darstellung des Todes der Jungfrau behaupten, wurde ihr in diesem Augenblick die Versicherung zuteil, dass ihr Weggang der jungen Gemeinschaft nicht schaden, sondern vielmehr nützen werde, dass ihr mütterliches, ins Jenseits erhobene Herz in höherem Maße für sie sorgen könne. Maria war sich bewusst, dass sie bei ihrem Sohn besser imstande sein werde, über die Menschheit zu wachen. Die Hoffnung, die Kirche wirksamer unterstützen zu können, verband sich mit der Hoffnung, mit Jesus vereinigt zu sein.

Als sich die Jungfrau dem Tod nahe wusste, überließ sie sich völlig der großen und einzigen Sehnsucht ihres Herzens, der Sehnsucht, endlich in vollkommener und unveränderlicher, durch alle Ewigkeit dauernder Weise ihrem Sohn anzugehören. Wenn später andere Heilige dem Heiland erklärten, dass sie nur ihn allein als Belohnung verlangten, so hatte Maria es nicht nötig, einen solchen Wunsch zu äußern, denn ihr ganzes Wesen zielte auf Jesus hin. Ihr Sterben war ein letzter Hauch der Hoffnung, die in einer Verzückung endete. Christus schenkte seiner Mutter bei ihrer Aufnahme in den Himmel alles, was sie erhofft hatte, in grenzenloser Fülle, seine innigste Verbundenheit und die Freude, in Gott zu leben ohne irgendwelche Trübung der Schau noch einer Hemmung in der Vereinigung.

Der Herr gab durch die Glorie der Aufnahme Mariens in den Himmel der Erhörung ihrer Hoffnung einen außerordentlichen Glanz. Die Krönung des Lebens der Jungfrau stand im Gegensatz zur scheinbaren Belanglosigkeit ihres irdischen Daseins. Sie hatte auf Erden stets im Schatten gelebt und blieb so verborgen, dass selbst ihre Umgebung ihre wahre Größe bei Weitem nicht ahnte. Äußerlich schien nichts Auffallendes sie zu kennzeichnen; selbst die Jünger Jesu hatten den außerordentlichen Wert ihrer Seele nicht erkannt. Sie stellte ihre Gaben nicht zur Schau und versuchte, unbemerkt zu bleiben, denn sie setzte ihre Hoffnung nicht auf sich selbst und auch nicht auf die Vergänglichkeit der Welt. Darum ist die Demut ihrer Hoffnung von Gott durch die Aufnahme in den Himmel belohnt worden. Gott vergalt die Niedrigkeit und Verborgenheit des Lebens der Jungfrau im Unsichtbaren, wie er seine Vergeltung für so viele im Schatten verbrachte

Christenleben bereithält, deren verkanntes Werk er im Jenseits offenbaren will.

Da die Jungfrau im Namen der ganzen Menschheit gehofft hat, ist es diese Hoffnung der Menschheit, die durch die Aufnahme Mariens in den Himmel ihre Verherrlichung erfährt. Maria bezeugt allen, die auf den Straßen der Hoffnung wandeln, durch ihre Glorie, dass sie sich auf dem guten Weg befinden und dass der Tag der Auferstehung im höchsten Glück auch für sie kommen wird. Sie bezeugt durch ihr Beispiel, dass die christliche Hoffnung über alle Maßen durch die göttliche Güte, die jede Erwartung übersteigt, erhört wird.

Mehr noch, Maria hat ihre Belohnung im Namen des ganzen Universums erhalten. Nach der Bemerkung des hl. Paulus nimmt selbst das materielle All Anteil an der Hoffnung der Menschen und sehnt sich nach der Erlösung, in die es auch einbezogen werden soll. Es hat sich gebeugt unter der Last der Sündenknechtschaft und daher dürstet alles durch diese Last in seiner Natur vergewaltigte Sein nach einem Heil, das es nicht direkt betrifft, aus dem es aber Nutzen zieht.[9] Die Materie und das Fleisch finden ihre Vollendung in der Welt der Glorie und nehmen teil am Triumph der Seelen. Maria bezeugt durch ihre leibliche Aufnahme in den Himmel die Teilnahme der körperlichen Welt an der himmlischen Seligkeit.

Nichts ist vom Ziel der Hoffnung ausgeschlossen, und weit davon entfernt, verachtungswürdig zu sein, ist auch das Fleisch zu einer glorreichen Bestimmung berufen. Maria hätte den Körper nicht gering schätzen können, der Bedingung für ihre göttliche Mutterschaft war. Der Leib der Mutter Jesu ist im Himmel, weil er ausschließlich ein Tempel des

---

9 Röm 8,19–23.

Heiligen Geistes gewesen ist und seine jungfräuliche Heiligkeit stets bewahrt hat. Im Fleisch Mariens ist eine Hoffnung gekrönt worden, die sich mit keinem trüben Wohlgefallen und keiner Nachsicht für die menschlichen Leidenschaften befleckt hatte. Zu dieser hohen und heiligen Hoffnung wird der Christ geführt und beim Sterben kann er sein eigenes Fleisch und die ihn umgebende Welt mit der festen Überzeugung verlassen, dass er sie eines Tages verwandelt wiederfinden wird, weil vor ihm das Bild der Jungfrau steht, die mit Leib und Seele zur vollkommenen Herrlichkeit gelangt ist, einer Herrlichkeit, die sie mit der Menschheit und dem Weltall zu teilen berufen ist.

Fünftes Kapitel

Herz, in der Liebe begründet

Die Liebe hat in Maria besondere Beziehungen zu den drei göttlichen Personen geschaffen, um ihr mütterliches Herz zu formen und vorzubereiten. Sie hat die Jungfrau in ganz einzigartiger Weise in den Kreislauf der Liebe der Heiligsten Dreifaltigkeit einbezogen. Diese Liebe hat, als sie sich des Herzens Mariens bemächtigte, Tönungen angenommen, die den Besonderheiten einer jeden der drei Personen entsprachen. Maria war, bevor sie Mutter des Sohnes wurde, Tochter des Vaters und Braut des Heiligen Geistes. So musste sie eine kindliche und bräutliche Liebe pflegen, um ihre mütterliche Liebe besser auszubilden. Darum muss die Formung ihres mütterlichen Herzens aus der Sicht dieser dreifachen Beziehung der Liebe betrachtet werden.

I. Tochter des himmlischen Vaters

Einzige Tochter

Die Anfangsgnade der Unbefleckten Empfängnis hatte Maria in einen Zustand der Kindschaft gegenüber dem Vater erhoben. Und da es eine außerordentliche Gnade war, war Maria durch sie in bevorzugter Weise zur Tochter des ewigen Vaters geworden. Nie hatte sich der Vater mit einem Gefühl vollständigerer Vaterschaft über ein Geschöpf geneigt. Maria entging wirklich vom ersten Augenblick an jedem Einfluss des Bösen, der traurigen Kindschaft gegenüber Satan, die die Erbsünde mit sich bringt, war sie entzogen und kannte nur die Kindschaft Gott gegenüber. In diesem Sinne war sie die einzige Tochter des himmlischen Vaters und konnte vorbehaltlos in seine väterliche Liebe eingeschlossen werden.

Mehr noch: Da die Gnade der Unbefleckten Empfängnis Maria im Hinblick auf die Verdienste Christi gewährt worden war, hatte ihr der Vater, ebenfalls vorausgreifend, die Liebe entgegengebracht, die er später den Menschen aufgrund des ihm von Christus dargebrachten Erlösungsopfers bezeugen wird. Den Jüngern wurde diese Eigenschaft der Kindschaft wirklich bei der Auferstehung Jesu zuteil. Der auferstandene Christus lehrt sie zu sagen »mein Vater und euer Vater« und nennt sie »Brüder«.[1] Maria war schon lange zuvor die Tochter des Vaters in der Fülle der Kindschaftsgnade, weil ihr die Früchte der Erlösung vor der Zeit zuerkannt wurden. Vom ersten Augenblick an liebte sie der Vater mit der Liebe, die er den durch das Blut seines Sohnes erlösten Menschen bezeugen wird, einer Liebe voller Güte, innigster Vertraulichkeit und von einer alles gewährenden Hochherzigkeit. Er hatte Maria vorherbestimmt, die Erstlingsgabe seiner väterlichen Liebe für die Menschen entgegenzunehmen, weil er sie als Erste in das Kindschaftsverhältnis gestellt hatte und weil sie in diesem Kindschaftsverhältnis schon in gewisser Weise die ganze Liebe des künftigen erlösenden Opfers umfasste. Im Hinblick auf seinen sterbenden und den Tod besiegenden Sohn machte der Vater Maria zu seiner

---

[1] Joh 20,17.

Tochter. Die ewige Liebe, die er seinem Sohn entgegenbrachte, übertrug sich auf Maria.

Maria sollte darum auf diese Liebe mit einer kindhaften Hinneigung antworten. Die Offenbarung der göttlichen Vaterschaft war in der religiösen Erziehung, die sie erhielt, noch nicht wie im Neuen Testament entwickelt. Trotzdem gewann Maria aufgrund eines übernatürlichen Instinktes alles lieb, was diese Vaterschaft betraf. Während der religiösen Belehrung beachtete sie vor allem die Merkmale, die in Jahwe einen gütigen und wohlwollenden Vater offenbarten.

Kindhafte Haltung

Das Leben in der Familie half mit, dieses Kindschaftsbewusstsein zu entwickeln. Maria wurde veranlasst, Gott mit den Gefühlen entgegenzutreten, die sie den Eltern gegenüber empfand. Sie war ihnen völlig untertan in einer Ergebenheit, die sie später in Jesus wiederfinden sollte. Maria lernte, sich Gott gegenüber in der gleichen Ergebenheit zu verhalten und sie bis zum höchsten Grad zu entfalten, da Gott der unbeschränkte Herr aller Dinge ist. Das Alte Testament betonte diese Herrschaft Jahwes über die Welt und die Menschen: Jahwe hatte alles in einer Weisheit erschaffen, über die er niemand Rechenschaft abzulegen hatte; seine Gedanken überstiegen alle menschlichen Begriffe und seine Absichten waren ein Mysterium. Er lenkte den Lauf aller Dinge und hatte dem jüdischen Volk den Weg vorgezeichnet. Er beherrschte das Leben jedes Menschen. Durch ihre Erziehung tief geprägt von der Überlegenheit und der alles übersteigenden Majestät Jahwes, beugte Maria ihre Seele in Gefühlen der Anbetung und der Hingabe vor ihm.

Sie nahm Gott gegenüber die Haltung einer Magd an, die sich dem Herrn zur Verfügung stellt, einer Magd mit der ganzen Ergebenheit, die von diesem Stand in der Auffassung jener Epoche verlangt wurde, in der das Dienen in umfassendster Weise verstanden und ausgeübt wurde und eine vollständige Unterwerfung der ganzen Person voraussetzte. Magd des Herrn war Maria bis auf den Grund ihrer Seele, denn sie stellte diese Seele selbst dem Allmächtigen zur Verfügung. Alles, was sie besaß, bezog sie ein in seinen Dienst. Marias Seele aber wurde nicht erdrückt durch das Wissen um die göttliche Macht. Sie war Magd, nicht Sklavin. In ihrem Dienen bewahrte sie alle Kräfte und die volle Ursprünglichkeit ihrer Persönlichkeit. Ihre Fügsamkeit, so absolut sie war, blieb stets eine überlegte Fügsamkeit, die zu verstehen versucht, was ihr aufgetragen ist, um es umso besser auszuführen. Wir sehen, dass sie den Engel Gabriel um eine Erläuterung bittet, damit sie besser imstande ist, dem göttlichen Willen zu entsprechen. Bei der Verkündigung nahm Maria eine Haltung ein, die ihr geläufig war und sich nicht erst bilden musste: Gott ihr ganzes Magdsein darzubieten im Geiste freier und hellsichtiger Unterwerfung.

Ihre Fügsamkeit war vor allem geprägt durch die Kindesliebe. Der Herr des Weltalls war auch ein Vater. Er war vor allem ein Vater. »Wir haben nur den einen Vater: Gott«, sagen später die Pharisäer[2] zu Jesus. Die Idee der Vaterschaft Gottes war also in den Kreisen, in denen Maria lebte, verbreitet. Aus dieser Idee, die im Alten Testament eine solide Grundlage hat, schöpfte Maria, was ihr möglich war, denn sie fühlte unklar, dass sie auf dieser Linie zur wesentlichsten Erkenntnis Gottes gelangte. Wenn man sagt, dass Gott allmächtig ist, hat man sein tiefstes Geheimnis noch nicht erfasst. Maria hatte begriffen, lange bevor der hl. Johannes niederschrieb, dass Gott Liebe ist, dass er in erster Linie Liebe ist

---

[2] Joh 8,41.

und dass das ganze göttliche Verhalten den Menschen gegenüber durch diese fundamentale Liebe beherrscht wird. Gott ist ein Vater voller Güte, dessen väterliche Liebe alles Tun veranlasst. Maria fühlte sich in ihrem inneren Leben von Gott geliebt und von diesem erquickenden Gefühl erfüllt. Sie fand im Verlaufe ihres Lebens überall eine väterliche, für alles sorgende Liebe.

Wir haben schon betont, dass Maria die religiösen Erfahrungen Israels wieder durchmachte und in höchster, bisher nicht erreichter Intensität erlebte, dass sie vor allem den Glauben und die Hoffnung des auserwählten Volkes in sich aufnahm, um sie zur Vollkommenheit zu bringen. Die ganze Geschichte Israels war die Geschichte der Liebe Jahwes, der sein Volk verfolgte, indem er es mit Wohltaten überhäufte. Diese Liebe hatte sich durch die Verirrungen der Juden nicht entmutigen lassen und sich umso aufdringlicher und hochherziger erwiesen, je mehr Untreue und Auflehnung sie erfuhr. Gewiss, es gab Ausbrüche des göttlichen Zorns, die von den Propheten dargestellt worden sind. Doch wie diese und mehr noch als sie gab sich Maria Rechenschaft, dass der Zorn stets zum Anlass der Barmherzigkeit wurde. Gott zürnte nur in der Hoffnung, den reuigen Sündern eine umso vollständigere Vergebung gewähren zu können. Die göttliche Güte hatte die einzigartige Bestimmung Israels beschlossen und aufrechterhalten. Maria fühlte sich inmitten dieses Volkes und mit ihm bevorzugt und durch die unsagbare Liebe dessen, der Vater genannt werden wollte, besonders umhegt. Sie hatte den Eindruck, einer Hochherzigkeit ausgesetzt zu sein, die sie völlig einhüllte, um sie mit einer unaufhörlichen Liebe maßlos zu beglücken, einer Liebe, die sie verfolgte, um ihr stets mehr zu schenken. Wenn sie nach der Verkündigung ein Magnifikat gesungen hat, so war sie eben seit Langem gewohnt, ihrer Dankbarkeit Ausdruck zu geben. Das Magnifikat bezeugte einen bei Maria häufigen Seelenzustand, die Freude, die Gott für die göttlichen Gaben dankt, mit denen er die menschliche Armut überhäuft. Maria wusste, dass für die außerordentliche Fülle der Guttaten kein anderer Grund vorlag als die unverdiente Liebe Gottes. Sie besaß keinen Anspruch auf sie und fühlte sich umso tiefer geliebt.

Mehr noch als Israel, dessen erhabene Erfahrung Maria erneuerte und vollendete, war sie Gegenstand der besonderen Liebe Jahwes, da sie von ihm mit einer größeren Heiligkeit beschenkt worden und mit ihm in höherer Innigkeit verbunden war. Und da nie eine Sünde ihre Seele berührte, war das göttliche Antlitz bei ihrem Anblick nie erzürnt und zeigte ihr vorbehaltlose, schattenlose Güte.

Maria erfuhr die väterliche Liebe Gottes tiefer als jedes andere Geschöpf. Wenn der Gedanke an die göttliche Macht sie zur Anbetung veranlasste, brachte sie das Gefühl der Grenzenlosigkeit der göttlichen Liebe in Verzückung. Sie erlebte zwar keine heftigen Entrückungen und sonderbaren Erscheinungen, die die Ekstase gewisser Mystiker kennzeichnen; Marias Ekstase war voller Innigkeit und blieb in ihrem Herzen verborgen. Sie fühlte eine uferlose Bewunderung der göttlichen Liebe, eine Bewunderung, die sie in ihrem vollen Ausmaß nicht zu beschreiben vermocht hätte, so sehr überstieg Gottes Güte jede menschliche Fassungskraft.

Man könnte denken, die Ekstase wäre das Ergebnis einer übermäßigen Liebe der Person, die liebt. Sie stammt wirklich aus einem Übermaß der Liebe, aber der Liebe Gottes. Gott liebt sein Geschöpf mit einer Eindringlichkeit und Fülle, die über menschliche Kräfte hinausgeht, sodass das Geschöpf, wenn es sich ihrer bewusst wird, in Verzückung gerät. Maria hat, je älter und ihrer Persönlichkeit bewusster sie wurde, die Unendlichkeit dieser Liebe, von der ihr Leben umgeben war, und die zahllosen Gaben der göttlichen Güte immer tiefer erkannt. Bei Maria war die Ekstase kein Verlust, sondern eine Erweiterung des Bewusstseins, das die Bezeugungen der göttlichen Güte lebendiger erfasste und Gott in seinen Guttaten immer unmittelbarer berührte. Sie hatte das Gefühl, schrankenlos geliebt zu sein und diese Liebe nicht genügend lobpreisen und schätzen zu können.

Von dieser Liebe umgeben entfaltete sich Maria in den Beziehungen der Kindschaft mit Gott. Es ist vor allem das Bewusstsein, geliebt zu werden, das zur Entwicklung der Kindschaftsgefühle im Kind beiträgt, und da dieses Bewusstsein in Maria sehr lebendig war, kam dieses Kindschaftsgefühl zur höchsten Entfaltung. Maria war gewohnt, Jahwe das Vertrauen eines Kindes zu seinem Vater entgegenzubringen, ein Vertrauen, das an der väterlichen Liebe nie zweifelt und sich in allen Gegebenheiten des Lebens an sie wendet. Instinktiv vertraute sie Gott all ihre Kinder- und Mädchenwünsche an und legte die Schwierigkeiten, denen sie begegnete, in seine Hände. Sie war zutiefst überzeugt, dass die göttliche Größe nicht da ist, um die Geschöpfe zu erdrücken, sondern um sie zu schützen und ihnen zu helfen. Selbst sehr kleine Sorgen waren dieser Größe nicht unwürdig. Maria fühlte deutlich, dass Gott sich um alle Geringfügigkeiten ihres Daseins kümmerte, weil in den Augen der Liebe nichts klein an der geliebten Person ist. Gott ihre Sorgen und Mühen anzuvertrauen, war Ehrung seines väterlichen Herzens.

Mariens Tugenden waren von dieser väterlichen Atmosphäre tief geprägt. Die Tugend scheint oft etwas Kaltes und Düsteres zu sein; in Maria besaß sie die Wärme der kindlichen Liebe. Ihre Reinheit hatte den Charakter einer kindlichen Bindung, die Gott das geringste Missfallen ersparen wollte. Das Zartgefühl ihrer Schamhaftigkeit und ihr Bemühen, die kleinste Unvollkommenheit zu vermeiden, flossen aus der Lebendigkeit dieser Liebe. In gleicher Weise war auch die Demut Mariens, deren Tiefe die unbeschränkte Unterwerfung des Geschöpfes unter den Schöpfer bezeugte, beseelt durch die dem himmlischen Vater geweihte Liebe. Als später Christus seine Jünger die Demut lehrt, stellt er ein Kind mitten unter sie. Er will ihnen damit zu verstehen geben, dass ihre Demut spontan und einfach wie die eines Kindes sein muss, das weder Anmaßung noch Ehrgeiz kennt. Die Demut besaß in Marias Seele diese Ursprünglichkeit, die sie so natürlich erscheinen ließ. Sie floss aus der Einfachheit des Kindes, das sich der väterlichen Autorität widerspruchslos unterzieht und nicht daran denkt, sich mit ihr zu messen. Maria fand Gefallen daran, sich klein zu fühlen vor der Größe Gottes, weil ihre Kindesliebe durch diese Kleinheit vollständiger wurde. Wie könnte man sich nicht freuen an der Größe eines solchen Vaters und sich nicht so klein wie möglich machen wollen, damit diese Größe umso mehr hervortritt? Das ist eine Demut, die über sich selbst glücklich ist, denn sie wird erzeugt von der Freude der Liebe. Eine derartige Demut, die jedes mürrischen Tones und jeder drückenden Schwere bar ist, weitete Marias Seele und öffnete ihren Blick und ihr Herz der Unendlichkeit Gottes, in der sie sich zu verlieren liebte.

Darum war Marias Demut mit dem Merkmal versehen, das später die Demut Christi kennzeichnete. Es war eine sanfte und liebevolle Demut. Sie hatte nichts von einer künstlichen Bemühung an sich, von sich selbst ein schwarz gefärbtes Bild zu malen. Maria wünschte nicht, vor ihrem eigenen Bild zu leben noch es abstoßend zu machen, und wenn sie über ihr Dasein nachdachte, sah sie in ihm nur die göttliche Größe und Güte; ihr Blick blieb nie an ihr selbst haften, sondern allein an Gott. Es war stets ein Blick der Dankbarkeit für den Vater so vieler Guttaten, die sie nicht verdient hatte. Das Gefühl ihrer eigenen Kleinheit verband sich unabänderlich mit dem Bewusstsein der Grenzenlosigkeit der väterlichen Liebe.

Entwicklung des Bewusstseins der Kindschaft

Das ganze innere Leben im Kindes- und Mädchenalter Mariens war gekennzeichnet vom Geist der Kindschaft. Ihr Verhalten wurde durch einen sozusagen übernatürlichen Instinkt gelenkt, der dem natürlichen, das Kind an die Eltern bindenden, ähnlich wirkt. Maria brauchte nicht zu überlegen, um sich dem himmlischen Vater gegenüber wie ein Kind zu verhalten. Sie fühlte sich dazu gedrängt und hätte nicht verstanden, dass man anders handeln könnte. Ihre Liebe besaß die Ursprünglichkeit einer natürlichen Neigung, weil diese Ursprünglichkeit durch gegenteilige Züge nie gehemmt noch durch die Erbsünde getrübt worden war. Ihre kindliche Liebe war außerordentlich rein und von besonderer Art. Es war aber der in Maria wirkende übernatürliche Instinkt, der ihr ganzes Leben beherrschte, um es in einem Geist demütiger und liebender Hingabe auf den Vater hin auszurichten.

Maria war aber weit davon entfernt, ihre Gefühle vor dem Vater zur Schau zu stellen, sondern sie bewahrte sie im Innersten ihrer Seele. Einem aufmerksamen Beobachter wäre zwar die einzigartige Inbrunst ihres kindhaften Betens aufgefallen, doch niemand dachte daran, sie zu beobachten, und Maria bemühte sich in ihren Beziehungen zu Gott um eine starke Zurückhaltung, ein Zartgefühl der großen Liebe, die sich allen Blicken zu entziehen versuchte. Die äußere Einfachheit ihres Lebens entsprach der Einfachheit ihrer Seele und stellte den besten Schutz ihrer Haltung dar. Unter dem Kleid des Alltags war in Maria eine erstaunliche kindliche Hingabe verborgen.

Im Jugendalter, als sie vom Kind zum jungen Mädchen heranwuchs, machte diese Haltung der Kindschaft eine Umwandlung durch; sie wurde bewusster und fester. In dieser Zeit der endgültigen Formung der Persönlichkeit beginnt das Kind seine Eltern mit anderen Augen zu sehen. Es versteht ihre Aufopferung und Liebe besser, es erkennt, was es ihnen alles verdankt, und liebt sie mit einer überlegteren, freier gewordenen Liebe. Was kindlicher Instinkt war, wird zu einer Geistes- und Willenshaltung, zu einer persönlichen Entscheidung. In Maria vollzog sich in den Beziehungen zu Gott eine ähnliche Entwicklung. Im Vollbesitz ihrer Persönlichkeit verstand Maria die Güte und Sorge des himmlischen Vaters in lebendigerer Weise. Zwar blieb ihr der übernatürliche Instinkt, der ihrer Liebe das kindhafte Verhalten verliehen hatte, aber sie erfasste die Gründe besser, unterschied den echt väterlichen Charakter der göttlichen Liebe deutlicher und schenkte dem himmlischen Vater ihr Vertrauen in einem freieren Akt, in den ihre ganze Persönlichkeit einbezogen war. Maria beschloss mit hellsichtigerem Willen und in größerer Selbstbeherrschung, aus ganzer Seele Tochter dieses geheimnisvollen Vaters zu sein.

Sie machte es sich auch zur Gewohnheit, diesen Vater in allen Dingen bewusster zu sehen. Im Jugendalter nimmt der junge Mensch Besitz von sich selbst und beginnt den Ort zu erkennen, der ihm bestimmt ist. Maria machte sich von ihrem Ort ein aufgrund der kindhaften Beziehungen zu Gott recht farbiges Bild. Ihr Entdecken des Weltalls war ein Entdecken der zahllosen Kundgebungen der Liebe des Vaters. In der Natur sah sie überall die Wirkung seiner sorgenden Liebe. Die Vögel des Himmels bezeugten die väterliche Fürsorge Gottes, der sie nährte wie ein Vater seine Kinder, freigebig und ohne Arbeit von ihnen zu verlangen. Die zwar kleinen Lilien der Felder schmückte ein purpurner Kelch, um den sie Salomo beneiden könnte, obwohl sie nie etwas gesponnen oder gewoben hatten, um sich zu schmücken. Marias Seele war wohl voller Poesie bei der Betrachtung der so vertrauten Herrlichkeiten, aber diese Poesie war verschmolzen mit der

Hingabe ihres kindlichen Herzens und mit ihrem Beten. In allem fand sie die Großzügigkeit und Güte des Vaters. Wenn schon armselige Wesen, Vögel oder Blumen, die väterliche Liebe Gottes offenbarten, so zeigte sie sich noch leuchtender in den Menschen. Wenn Maria die Menschen, mit denen sie in Verbindung stand, betrachtete, erkannte sie, dass alles, was sie besaßen, von Gott stammte: Ihr Dasein erschien ihr wie der Ablauf der göttlichen Hochherzigkeit, eine Anhäufung von Wohltaten. Ihre Freuden lenkten Marias Geist auf das Bestreben Gottes hin, seine Kinder mit Glück zu erfüllen, und ihre Leiden auf seinen Willen, den Mut zu kräftigen und die Seele zu adeln. Maria besaß in der väterlichen Liebe Gottes den Schlüssel für das Verständnis allen Geschehens, sie sah in ihr die Urkraft, die das Weltall beherrscht. In ihren Augen war alles geeint, weil alles aus dieser Liebe hervorging.

Dieses stärkere Bewusstwerden ihrer persönlichen Kindschaftsbeziehungen als Tochter des Vaters und diese durch die Schau der väterlichen Liebe Gottes beherrschte Vorstellung der Welt bereiteten Maria auf die große Bestimmung ihres Lebens vor. Die Bildung eines kindhaften Herzens sollte sie für die Ausgestaltung eines mütterlichen Herzens geeignet machen, und ihre Vorstellung von der Welt sollte sie befähigen, sich in den Erlösungsplan, das Werk der Liebe des Vaters, voll und ganz einzufügen und in ihm das Zeichen dieser Liebe zu erkennen und ihre Absichten zu vollziehen.

Von der kindlichen zur mütterlichen Liebe

Die Aussage, dass Maria durch die Kindesliebe für die mütterliche Liebe geformt worden ist, mag widerspruchsvoll erscheinen. Besteht nicht ein Gegensatz zwischen beiden? Die kindliche Liebe ist die Liebe eines Untergebenen, die mütterliche schließt eine Autorität in sich. Doch die Erfahrung beweist, dass die kindliche Zuneigung eine ausgezeichnete Vorbereitung auf die väterliche Güte oder die mütterliche Hingabe darstellt, dass in der Tat die den Eltern anhänglichsten Kinder die besten Väter oder Mütter werden.

Wesentlich ist, dass man lieben lernt; dann kann sich die Liebe entwickeln und ihren Charakter ändern. Im Falle Mariens handelte es sich nicht um ein natürliches Gefühl, sondern um eine übernatürliche Liebe. Auch in diesem übernatürlichen Plan war es ebenfalls wesentlich, die Fähigkeit zu lieben im höchsten Grad entwickelt zu haben. Dieselbe Liebe, die sich dem Vater gegenüber als Kindesliebe geäußert hatte, entfaltete sich weiter und nahm Jesus gegenüber mütterliche Züge an. Die ganze Liebe, die sich im Herzen Mariens für den Vater angehäuft hatte, übertrug sich auf Jesus, ohne indessen ihr erstes Ziel aufzugeben. Sie blieb mit dem Vater stets verbunden, da sie beiden, Christus und dem Vater, gehörte. Sie weitete sich und gab dem Herzen der Jungfrau seine volle Entfaltung. Die Entfaltung der kindlichen Liebe ist umso vollkommener, je stärker die Liebe im Herzen des Kindes ist. Ebenso verhält es sich mit der mütterlichen Liebe im Herzen einer Frau. Maria schreitet von einer Vollkommenheit zur anderen und erreicht das frauliche Ideal im Bereich der übernatürlichen, auf Gott gerichteten Liebe.

Wenn Maria von der Gnade gedrängt wurde, sich in ihrer Kindheit dem himmlischen Vater ganz zu öffnen, so geschah es, damit sie sich später ihrer göttlichen Mutterschaft umso vollständiger zu öffnen imstande war. Der Vater hatte in ihr eine kindliche Liebe erweckt, damit diese Liebe mütterlich wird und den fleischgewordenen Sohn aufnehmen kann. Und Maria wurde umso vollkommener Mutter des Wortes, als sie Tochter des Vaters war.

Es muss für das bessere Verständnis dieser Vorbereitung Mariens auf die Mutterschaft hervorgehoben werden, dass ihre kindliche Unterwerfung Gott erlaubt hat, die Seele zu formen. Gott hat sie dem Bild seiner eigenen göttlichen Vaterschaft angeglichen. Das Kind wird den Eltern ähnlich nicht nur aufgrund der Vererbung, sondern mehr noch im innigen Kontakt mit ihrem Leben. Die erhaltenen Lehren und das Beispiel dringen tief in sein ganzes Wesen und in seine Gefühlswelt ein, denn die Liebe, die es seinen Eltern entgegenbringt, macht es ihrem Einfluss äußerst zugänglich und bewirkt, dass es ihre Denk- und Handlungsweise annimmt. Maria glich sich mehr als jedes andere Geschöpf dem himmlischen Vater an, weil sie sich mehr als jedes andere als sein Kind betrachtete. Nie war ein Mensch Gott gegenüber fügsamer und brachte ihm eine vollkommenere Liebe entgegen und niemand hat sich je vom Schöpfer so völlig formen lassen. Das Bild Gottes prägte sich in Maria widerstandslos und ohne Verunstaltung ein, sodass Gott in ihrer Seele das Ideal der Menschheit verwirklichen konnte, das Ideal, das ihm bei der Erschaffung des ersten Mannes und der ersten Frau vorgeschwebt hatte: ein Wesen nach seinem Abbild.

Bei ihrer Erschaffung schon hatte Gott Adam und Eva an seiner Vaterschaft teilhaben lassen, denn er bestimmte sie zum Vater und zur Mutter des Menschengeschlechtes. Aber diese Teilhaberschaft begegnete einem Hindernis. Bevor Eva die mütterliche Autorität empfangen hatte, verweigerte sie ihre kindliche Unterwerfung und stellte sich der Allmacht Gottes als Rivalin entgegen. So wurde ihre Mutterschaft mit der Schande der Erbsünde befleckt, die sich auf ihre Nachkommenschaft übertrug. Eine solche Mutterschaft entsprach nicht mehr völlig dem Bild der göttlichen Vaterschaft. Dieses vollkommene Bild wollte Gott in Maria wiederfinden. Er hatte sie vor jeder Sünde bewahrt und begegnete in ihr einer Vollkommenheit der Liebe und kindlichen Fügsamkeit, dass er ihr mütterliches Herz, das sein väterliches so völlig widerspiegelte, formen konnte.

Diese Herzensbildung setzte schon in den frühesten Jahren ein. Denn der mütterliche Instinkt zeichnet sich im Mädchen normalerweise schon im zartesten Alter ab. Die übernatürliche Liebe, die die mütterliche Liebe Mariens formen sollte, begleitete die frühe Entwicklung des Instinkts. Sie erhob diesen Instinkt auf die Ebene des Heiligen und verband in besonderer Weise im Herzen des kleinen Kindes zu Nazareth die ersten Äußerungen der mütterlichen Liebe mit dem ersten Stammeln der Gebete zum himmlischen Vater. Von dieser Liebe bewegt, fühlte sich das Mädchen gedrängt, sein Verhalten nicht nur dem seiner Mutter, wie es die Regel ist, anzugleichen, sondern auch auf Gott auszurichten. Man schreibt dem jungen Franz von Sales die Äußerung zu: »Der liebe Gott und Mama lieben mich sehr.«[3] Dieser Satz hätte von Maria schon sehr früh ausgesprochen werden können. In ihrer unter allen auserwählten Seele vereinigt sich das Bewusstsein, von Gott geliebt zu werden, innigst mit der Gewissheit, von der Mutter geliebt zu sein. Das erstrebenswerte Ideal für sie war darum die Wärme der mütterlichen Liebe, die ihr zuteilwurde, vereinigt mit der väterlichen Liebe Gottes, die sie dunkel auf dem Grunde aller Dinge spürte. Sie wollte wie ihre Mutter sein, aber mehr noch Gott gleichen, ihm, der seine Güte über alle Wesen ergoss. Ihr Kleinmädchentraum war es, ein Herz so weit und so gütig wie das Herz Gottes zu besitzen.

Als das Entdecken der Welt die Erkenntnis der göttlichen Güte, die das Universum erhält und regiert, in ihr entwickelt hatte, als ihre religiösen Gefühle durch die Lehren der Synagoge mehr und mehr erleuchtet wurden, wollte Maria ihre

---

[3] A. HAMON, *Vie de Saint François de Sales*, Paris 1585, T. 1, 12.

Seele immer bewusster der väterlichen Liebe Gottes angleichen. Wenn sie im Schauspiel der Natur die große Sorge eines Vaters erblickte, der sich bis ins Kleinste bemüht, die Lilien des Feldes herrlich zu bekleiden und die Vögel freigebig zu ernähren, vereinigte sie sich in der Liebe mit dieser höchsten Güte. Sie fühlte in sich eine mütterliche Liebe wach werden für diese einfachen Wesen, und mit einer Danksagung an Gott für die Herrlichkeit seiner Gaben nahm sie teil an seinen Sorgen. In ihrer Jugend schon spürte Maria in sich ein Gefühl der Mutterschaft allen diesen Dingen gegenüber, eine erste Kundgabe des Titels, den die Kirche der Mutter des Schöpfers zuerkennen wird, wenn sie sie zur Mutter und Königin der Schöpfung erklärt. Das Herz des Kindes begann in unermesslicher Liebe die des väterlichen Herzens Jahwes zu teilen. So gelangte Maria durch kindliche Unterwerfung zur Seelengröße der mütterlichen Liebe. Ihre Liebe erreichte durch die Demut ihr weitestes Maß. Ihr Herz wurde nicht eingeengt durch seine völlige Fügsamkeit, sondern glich sich gerade durch sie der Größe der göttlichen Vaterschaft an. Es ließ sich bilden durch diese unbeschränkte Vaterschaft, deren Gefühle sie gleichsam durch Ansteckung in sich aufnahm.

Maria, Abbild des Vaters in den Augen des Sohnes

Maria wollte die demütige Tochter des Vaters bleiben, auch nachdem sie Mutter geworden war, und nur im Rahmen des Kindschaftsgefühles die mütterliche Liebe entfalten. Darum erfuhr sie nach der Verkündigung noch weiterhin die tiefe Prägung des göttlichen Vaters. Dank dieser Haltung vermochte sie ihrem Sohn eine Seele anzubieten, in der sich der himmlische Vater getreu widerspiegelte. Jesus fand in der Liebe Mariens die ins Menschliche übertragene ewige Liebe des Vaters.

Das war der erste Dienst, den Maria ihrem Sohn erwies. Sie hatte ihm eine von der Gegenwart des Vaters erfüllte Atmosphäre vorbereitet. Die Rolle der Mutter besteht nicht nur darin, das Kind körperlich zur Welt zu bringen, sondern auch seelisch. Mit ihrer Liebe und Sorge bietet sie ihm eine Atmosphäre, in der es sich wohlfühlt und sich an die es umgebende Wirklichkeit gewöhnen kann. Die Jungfrau hatte die Aufgabe, die menschliche Seite der Seele Jesu in unsere Umwelt einzuführen. Das Kind musste eine Atmosphäre vorfinden, die ihm erlaubte, sich zu entfalten. Nun aber hatte dieses Kind im Gegensatz zu allen anderen Kindern eine Vergangenheit, genauer ein Dasein in der Ewigkeit. Als Wort war es da seit »Anbeginn«, immer im Angesicht des Vaters. Und als es herabstieg zu uns, blieb es auf diese väterliche Gegenwart ausgerichtet. Nur diese Umgebung entsprach ihm und Maria schuf sie, denn sie öffnete ihm weit eine nach dem Vorbild des Vaters geformte Seele. Jesus fand im mütterlichen Herzen der Jungfrau, das seine erste Umgebung war, etwas Heimisches vor, ein ergreifendes Abbild der väterlichen Liebe. Wer vermöchte das erste Erwachen des Bewusstseins zu beschreiben, als das Kind im lächelnden Gesicht der Mutter das seit aller Ewigkeit liebevolle und beseligende Antlitz des Vaters erkannte? Wenn Jesus seinen Blick in die Augen Mariens tauchte, hatte er den Eindruck, etwas zu sehen, das ihm schon aus einer anderen Welt bekannt war. Die kindlich naive Versenkung in seine Mutter war die Fortsetzung einer göttlichen Betrachtung und nährte sich aus ihr. Das Wort hatte die Herrlichkeit seiner Gottheit mit der Armut eines Menschendaseins vertauscht. Und da entdeckte es in der sehr einfachen menschlichen Erfahrung eines Kindes, das seine Mutter betrachtet, den lebendigsten Widerschein der Herrlichkeit des himmlischen Vaters.

Die von der Vorsehung beschlossene Geburt in Bethlehem bezeugt klar die Absicht Gottes, seinem Sohn sozusagen als Lebensrahmen und Atmosphäre nur die mütterliche Liebe Mariens zu geben. Von Maria war gewiss gefordert worden, auf alles, was sie in Nazareth vorbereitet hatte, zu verzichten, sich von allem zu entblößen, um den Erlöser zu empfangen. Doch war damit auch eine Ehrung Mariens verbunden, von der Gott verlangte, in ihrer eigenen Person den Rahmen für die Ankunft des Kindes zu bilden. Unvergleichlich besser als alles andere strahlte Maria die Heiligkeit und die Liebe des Vaters wider. Alle Wärme für das neugeborene Kind musste in der Kahlheit der Höhle aus der mütterlichen Hingabe der Jungfrau quellen, und der Vater selbst wollte in ihr seinen fleischgewordenen Sohn empfangen. Es war für Maria eine Ehre, Jesus in den Blicken und Gebärden der liebevollen Mutter das Bild des ewigen Vaters darzubieten. Diese Aufgabe erfüllt sie weiter in der Kirche, denn sie stellt den Christen in ihrer barmherzigen Liebe das Bild der väterlichen Güte Gottes vor Augen.

Von Natur aus auf den Vater ausgerichtet und durch die ganze Kraft seines Strebens auf ihn bezogen, hörte Jesus nie auf, ihn in seiner Mutter zu suchen. Und er fand ihn immer in ihr. Darum war seine Unterwerfung unter Maria so vollständig. Seine Mutter vertrat in vollkommener Weise den Vater, und der Gehorsam gegenüber dem Vater verschmolz deswegen mit dem Gehorsam, den er Maria schuldete. Ebenso durfte er sich vorbehaltlos an seine Mutter binden, denn er konnte sich an ihrer Liebe zum Vater nähren.

Man könnte sich indessen fragen, ob Jesus, einmal der Kindheit entwachsen, in seiner Mutter weiterhin das Bild des himmlischen Vaters sah. Löste es sich nicht von seiner Mutter, als er sie im Alter von zwölf Jahren weggehen ließ, um bei seinem Vater zu bleiben? Es war ein Hinweis auf die Trennung, die sich auf Kalvaria vollzog, als er Maria verließ, um zum Vater zurückzukehren. Aber die Voraussicht auf diese Trennung hinderte ihn nicht, in Maria das schönste Abbild der Vollkommenheit des Vaters zu sehen. Wenn er im Verlauf seines öffentlichen Lebens in den Seelen der Kleinen und Demütigen, die voller Glauben ihm folgten, wenn er in der Seele seines Jüngers Simon Petrus, der in ihm Christus, den Sohn des lebendigen Gottes erkannte, die wirkende Gegenwart seines Vaters fand, musste er nicht in Maria, deren Glaube ohne Schwäche und deren Liebe ohne Lauheit war, die Gegenwart des Vaters umso ausgeprägter erkennen? Wenn er in der Erklärung seines Jüngers eine Offenbarung von oben pries, die nichts gemein hatte mit den Eingebungen »des Fleisches und Blutes«, das heißt mit nur menschlichen Erkenntnissen, wie hätte er in der stillen Gemeinschaft von Nazareth und später, während der kurzen Begegnungen im Verlauf seines öffentlichen Lebens, die Seele seiner Mutter, die sich nie durch das Fleisch und das Blut mitreißen ließ und fortwährend vom reinen Licht des himmlischen Vaters erleuchtet war, nicht bewundern müssen?

Maria vertrat in den Augen Jesu immer den Vater. Zur Zeit seiner frühen Kindheit hatte er die Jungfrau so gesehen, wie ein Kind seine Mutter sieht, als den Mittelpunkt seiner Welt. Später, als sein Blick die ihn umgebende Welt umschloss, stellte er Maria weiterhin über alle Dinge. Er sah in allem seinen Vater, und in Maria fand er das lebendigste Abbild dieses über alles geliebten Vaters. Er bewunderte in ihr die Kraft seiner Gnade, die jene aller anderen Geschöpfe überstieg, eine Kraft, die ihr eine königliche Würde im All verlieh. Die Kirche wird sich erst nach mehreren Jahrhunderten dieses Königtums klar bewusst werden und es verkünden und verehren; aber der Heiland hatte diese Überlegenheit der Seele Mariens unverzüglich und voll erfasst, und der Heilige Geist hat diese seine Erkenntnis der Kirche allmählich vermittelt. Für Jesus, der im Ganzen der Schöpfung und in jedem einzelnen Geschöpf die väterliche Gegenwart zu sehen vermochte, strahlte Maria als das vollkommenste Abbild des Vaters in wahrhaft überragendem Glanz.

Die durch seine Liebe zum Vater beseelte Verbundenheit Christi mit der Mutter liegt darum auf einer übernatürlichen Ebene. Jesus hat auch bei mehreren Gelegenheiten bezeugt, dass sein Umgang mit der Mutter sich auf dieser Ebene und nicht allein im Bereich der Familienbeziehungen abspielte. Seine Antwort auf die Frage Marias im Tempel von Jerusalem, seine Antwort bei der Hochzeit zu Kana, dann seine Erwiderung auf die Lobpreisung seiner Mutter durch eine Frau aus dem Volk oder auf die Forderung seiner Vettern: All diese Äußerungen des Meisters zielten darauf hin, die übernatürliche Eigenschaft seiner Liebe für Maria zu bezeugen. Er liebte in seiner Mutter die Vollzieherin des göttlichen Willens, die Tochter des himmlischen Vaters.

Wenn Jesus seine Liebe zu Maria in diese hohe Ordnung erhob, so stellte er diese Liebe auf die Ebene der Liebe, die er allen Menschen entgegenbringt. Er erkannte kein Vorrecht des »Fleisches und Blutes« an. Er liebte Maria und verehrte sie in dem Maße, in welchem er in ihr das heilige Abbild des Vaters sah, wie er in den Menschen den Abglanz der göttlichen Heiligkeit liebte und bewunderte. Da Jesus in Maria diesen Abglanz in einem außerordentlichen Maß vorfand, blieb er ihr in außerordentlicher Weise verbunden.

Abbild des Vaters und seines vollkommen anerkannten und vollzogenen Willens blieb Maria im Verlauf der großen Prüfung des Erlösungsdramas. Darum war Jesus zu der Zeit, als er zu Beginn seines öffentlichen Lebens von seiner Mutter scheiden, und später, als er sich durch den Tod am Kreuz von ihr auf Erden endgültig trennen musste, nicht zerteilt in der Liebe, die er seiner Mutter, und der Liebe, die er seinem himmlischen Vater schuldete. Die Jungfrau selbst unterzog sich völlig dem göttlichen Willen, der ihr den Sohn entriss.

Darum sah Jesus in ihr nur die unbedingte Treue zu den Beschlüssen des Vaters und konnte deshalb seine Mutter ohne Vorbehalt mit derselben heiligen Glut weiterhin lieben.

Er erkannte in dieser Mutter, die neben ihm auf Golgotha stand, weiterhin ein Abbild des Vaters. Der Vater brachte seinen Sohn zum Opfer für das Heil der Menschheit dar. Maria glich sich dieser Haltung an und bot ihren Sohn für das Heil der Menschen zum Opfer an. Die Hochherzigkeit, mit der sie den einzigen Sohn für das Glück der Welt hingab, war ein Abbild der Hochherzigkeit des himmlischen Vaters. In diesem Augenblick, der ihrem mütterlichen Herzen die schmerzlichste Wunde schlug, erwies sich Maria mehr denn je als Tochter des Vaters, die sich ihm völlig unterwarf und anglich. Aufrecht stand sie zu Füßen des Kreuzes, erfüllt von der schon siegreichen Kraft ihrer Liebe, wie der Vater seinem Sohn unsichtbar mit seiner Allmacht beistand. In dieser Stärke, die nicht wankte, erkannte Jesus den Abglanz der göttlichen Macht des Vaters.

Darum fühlte er sich in diesem Augenblick mit der Mutter mehr denn je vereint. Ihre innigste Übereinstimmung war in der gemeinsamen Unterwerfung unter den himmlischen Vater begründet. Das Sohnesherz Christi betrachtete in den Qualen des Opfertodes zum letzten Mal mit Wohlgefallen in der Jungfrau die Tochter des Vaters, eine Tochter, die den Kelch des Leidens wie der Sohn angenommen hatte und sich in die Hände des Vaters empfahl. Als Jesus seinen letzten Schrei der Verlassenheit ausstieß, wusste er, dass Maria seinen kindhaften Anruf unterstützte. Und obwohl er die Trennung von seiner Mutter bitter empfand, war er sich bewusst, dass er in der gemeinsamen Verbundenheit mit dem Vater mit ihr verblieb.

Die Jungfrau erhielt aufgrund ihrer völligen Ergebung in die Prüfung eine neue Herrschaft, eine neue königliche

Macht über die erlöste Menschheit. Christus wurde infolge seines Opfers, das die letzte Loslösung, ja den Tod in sich einschloss, die Herrschaft über die Menschen und das Weltall zuteil, die Macht, alles zu heiligen, um alles dem Vater darzubringen. Kraft ihrer Teilnahme am Opfer erhielt Maria eine Teilhabe am Königtum ihres Sohnes, die Möglichkeit, wirksam für die Menschen einzutreten, um einem jeden von ihnen das Heil zu erwirken. Sie wurde Königin des Weltalls bis zu dem Augenblick, wo sie durch ihre leibliche Aufnahme in den Himmel auch Königin des Himmels werden sollte. Damit erwarb sie sich eine neue Ähnlichkeit mit dem Vater, dem Herrn des Himmels und der Erde. Nach der Auferstehung gefiel es Jesus, in Maria dieses vollständigere Abbild des Vaters und seines Königtums zu begrüßen und im Himmel fortzufahren, in der Jungfrau die Tochter des Vaters, die Erbin seiner königlichen Herrlichkeit zu verehren und zu lobpreisen.

Eine die Liebe des Vaters widerspiegelnde Güte

Wenn Jesus von den ersten Tagen bis zum letzten Augenblick seines irdischen Lebens in Maria das vollkommenste Abbild des himmlischen Vaters erkannt hatte, so sah er dieses Abbild vor allem in ihrer mütterlichen Güte. Die Liebe der Jungfrau, ihre unaussprechliche Sanftheit waren für ihn der lebendigste Ausdruck der Vollkommenheit des Vaters. Wenn Gott Liebe ist, so äußert sich der Vater ganz in seiner Liebe und offenbart in ihr sein tiefstes Wesen; sein innerstes Geheimnis hat er in das Herz der Jungfrau niedergelegt.

Maria war Tochter des Vaters nicht nur in ihrem Gehorsam, sondern vor allem durch die göttliche Liebe, deren Botschafterin sie war. Die mütterliche Liebe ist es, die schon für ein gewöhnliches Kind das höchste Vertrauen und die vollste

Bewunderung zu erwecken vermag. Sie ist wie kein anderes Gefühl geeignet, auf die göttliche Güte hinzuweisen, weil dieses Gefühl das Kind schon vom Anfang des Lebens an völlig umhüllt und in seinen Augen ein erstes Höchstes, eine Grundlage seines Daseins überhaupt zu sein scheint. Das Kind weiß, dass es sich immer an diese mütterliche Liebe klammern kann, dass es in ihr eine Stütze findet, selbst wenn es gefehlt hat und von anderen Menschen Strafe zu befürchten hätte. Die Mutter ist seine Zuflucht, der in seinen Augen alles möglich ist, ein sicherer Hort. Darum ist die mütterliche Liebe der Weg, der den Glauben des Kindes an die göttliche Liebe leicht macht. Wenn es herangewachsen ist und doch nicht aufhört, seine Mutter zu bewundern, erkennt es, dass ihre Liebe weder vollkommen noch allmächtig ist, wie es früher angenommen hat. Es bewahrt aber trotzdem die Vorstellung einer vollkommenen, mit grenzenloser Macht ausgestatteten Liebe, der Liebe des himmlischen Vaters. Es gehört zum Adel der menschlichen Mutterschaft, dass sie diese Vorstellung der unbeschränkten Liebe Gottes zu wecken imstande ist.

Jesus hatte die Liebe Mariens nicht nötig, um die väterliche Güte Gottes zu erkennen. Sein göttliches Auge sah diese Güte, die alle Unvollkommenheiten des Glaubens ausschloss, in unmittelbarer Weise. Doch sollte er sie gleichfalls auf menschliche Art erfassen, und dabei spielte die Liebe der Jungfrau eine wesentliche Rolle. Diese mütterliche Liebe war die menschliche Sprache, in welcher sich der himmlische Vater an seinen Sohn richtete. Alle Sorgen dieser Liebe, die das Kind umgaben, waren ebenso viele Beweise der Sorge des Vaters. Die Wärme dieser Liebe erweckte in Jesus die Erinnerung an die warme, väterliche Gegenwart.

Im Besonderen schätzte Jesus die wunderbare Selbstlosigkeit und völlige Uneigennützigkeit der Liebe Mariens. Immer ist mit der Liebe ein Geheimnis verbunden, denn die Vernunft möchte Beweggründe für die Liebe finden und ist rasch bereit, eigennützige Motive zu entdecken. Die echte Liebe aber strebt nach keinen Vorteilen und ist nicht in besonderen Rücksichten begründet. Man liebt eine Person um ihrer selbst willen ohne irgendeinen anderen Grund. Das bestätigt sich völlig in Gott. Die Liebe des Menschen ist notgedrungen von einem Zug nach dem eigenen Wohl begleitet, denn der Mensch muss nach Vervollkommnung seiner Natur streben und muss lieben, um diese Vollkommenheit zu erreichen. Wenn er einen anderen Menschen liebt, so sucht er dieses Bedürfnis zu befriedigen, einem Streben seiner Natur zu genügen; er kann nicht völlig über sich hinwegsehen. In Gott ist hingegen kein Bedürfnis vorhanden, die Menschen zu lieben. Er liebt sie aus Hochherzigkeit, ohne dass sie einen Anspruch auf seine Liebe erheben könnten, in völlig unverdienter Weise. Gott hat uns geliebt, weil er uns lieben wollte und weil er uns in seinen Augen selbst liebenswürdig gemacht hat. Wenn Maria ihren Sohn liebte, so blieb sie gewiss in den Grenzen der menschlichen Liebe und erfüllte damit ein Bedürfnis ihres Herzens und ihrer Natur. Aber sie tat es, soweit ein menschliches Geschöpf es vermag, in Nachahmung der Uneigennützigkeit der göttlichen Liebe. Sie betrachtete ihren Sohn nie als ihr Eigentum. Sie hielt ihn nie in den Armen wie ein mütterliches Besitztum. Sie liebte Jesus um seiner selbst willen und vergaß sozusagen ihr Mutterherz, um sich ausschließlich von der Person ihres Sohnes beglücken zu lassen.

Diese Haltung erinnerte Jesus an jene des ewigen Vaters, der seinem Sohn in einer vollkommen verzückten Liebe zugewandt ist. Von aller Ewigkeit her hatte der Vater nur Augen für das Wort und verlor sich in der Betrachtung seines Sohnes. Maria verlängerte in dieser Zeit den Blick des Vaters und wandte ihre Aufmerksamkeit und Betrachtung einzig nur ihrem Sohn zu. Sie weihte ihrem Sohn eine Liebe, in der sie sich verlor.

Die Liebe Mariens hätte, wenn sie ihr nicht vom himmlischen Vater eingeflößt worden wäre, leicht abwegig werden können. Hätte eine Mutter nicht versucht sein können, sich eines solchen Sohnes zu rühmen, seine Verdienste und Größe sich zuzuschreiben und aus seiner Macht Nutzen zu ziehen? Die mütterliche Liebe wäre bald von Selbstsucht und Ehrgeiz durchdrungen worden und umso rascher dem Trieb der Eigenliebe verfallen, je abgründiger die Maria in ihrer Mutterschaft anvertraute Macht war. Wenn sich Maria nie ihres Kindes bemächtigen wollte, wenn es ihr nie Anlass zum Hochmut oder zur Erlangung von Vorteilen wurde, so verdankte sie es der übernatürlichen Eigenschaft ihrer Liebe, die ein Abbild der Liebe des Vaters war. Sie blieb uneigennützig und liebte Jesus nur, weil er Jesus war.

Im Opfer auf Kalvaria hatte sie den höchsten Beweis dieser Uneigennützigkeit zu erbringen. Jesus spürte in der Blöße Golgothas die Wärme der mütterlichen Liebe, die ihn schon in der Nacktheit der Höhle von Bethlehem umhegt hatte. Im Augenblick, in dem er mit Schmach überhäuft und von Schmerz überflutet war, stand Maria ihm bei, nahm teil an seinem Leiden, um ihm zu zeigen, dass sie ihn um seinetwillen liebt und die ganze Last des Grams mit ihm trägt. Andere Mütter bekunden ihren Kindern die unermüdliche Kraft ihrer Liebe durch eine rücksichtsvolle Nachsicht, wenn sie gewisse Fehler begangen haben. Maria musste sich ihrem Sohn gegenüber nie barmherzig zeigen, denn er war ganz Heiligkeit, aber sie musste ihm die unverbrüchliche Festigkeit ihrer Liebe zu Füßen des Kreuzes beweisen. In dieser Liebe, die ihm inmitten der Abtrünnigen, unter Gespött, Grausamkeit und Schmach bis ans Ende folgte, erkannte Jesus die wahre Liebe des Vaters.

Die Anwesenheit Mariens brachte in das blutige Drama einen Zug der Sanftmut und Güte. Sie schien zu bestätigen, dass es über aller Entfesselung des Hasses eine Güte gibt, die alles Geschehen lenkt und über dem Opfer wacht. Die mütterliche Hingabe der Jungfrau brachte zum Ausdruck, dass dieses Opfer in Wahrheit das Werk der Liebe des Vaters war, der seinen Sohn aus Liebe zu den Menschen hingab. Jesus, dem das Glück der Gegenwart des Vaters und seiner Liebe nicht mehr fühlbar war, fand in Maria weiterhin das Abbild der väterlichen Liebe. Auf Golgotha war die Jungfrau in seinen Augen die Tochter des stets liebenden Vaters, sein edelstes Abbild.

Darum wollte er, dass Maria in ihrer mütterlichen Liebe für immer das Symbol der göttlichen Güte bleibt. In jenem Augenblick machte er sie zur Mutter der Menschen, damit sie von nun an in ihren Augen das lebendigste Abbild der treuen Liebe des himmlischen Vaters ist. Mit der Aufforderung, das Kreuz zu tragen und sich zum Opfer darzubringen, gab er kund, dass Maria im Wesen dieses Opfers und neben dem Kreuz weiterhin gegenwärtig bleibt und in die menschlichen Leiden einen Zug der Sanftmut und Liebe legt. Er stellte sie mitten in die Prüfungen des Erdenlebens als unzerstörbares Zeichen einer väterlichen Liebe, die sich mit tiefem Mitleid über die Wunden der Menschen beugt. So ist es allen Leidenden gegeben, im liebevollen Antlitz einer Mutter die Nähe der göttlichen Güte zu erkennen.

II. Braut des Heiligen Geistes

Der Heilige Geist wird über dich kommen

Der Engel Gabriel hatte in der Botschaft, die Maria Kenntnis von ihrer Sendung gab, die Worte gesprochen: »Heiliger Geist wird über dich kommen und Kraft des Höchsten wird dich überschatten.«[4] Diese Worte waren für die Jungfrau nicht so klar, wie sie es jetzt für uns sind, denn Maria hatte in der jüdischen Lehre keinen Glaubenssatz gefunden, der das Dogma von der Allerheiligsten Dreifaltigkeit oder eine Darstellung der Person des Heiligen Geistes enthalten hätte. Sie konnte darum, als ihr der Engel vom Heiligen Geist sprach, nicht unverzüglich verstehen, dass es sich um eine eigene göttliche, vom Vater verschiedene Person handelt. Doch die Botschaft wies ihr Denken in diese Richtung und bezweckte, sie in die Offenbarung der Dreifaltigkeit einzuführen.

Der Heilige Geist war der Jungfrau allerdings nicht ganz unbekannt. Wurde er nicht zu Beginn des Buches Genesis, das den Ursprung der Zeiten beschreibt, genannt? »Gottes Geist schwebte über dem Wasser.«[5] Gewiss, die eigentliche Bedeutung des Wortes ist »Hauch Gottes«, im materiellen Sinn des Windes, der die Oberfläche der Meere bewegt. In der Folge aber verstanden die Juden diesen »Hauch« in einem geistigeren Sinne als eine göttliche Kraft, die sich über das große Werk der Schöpfung zu ergießen begann. Dieser Hauch oder »Geist Gottes« schien demnach der Urgrund alles Lebens zu sein, das sich auf der Erde ausbreitete. Als Maria nach der Verkündigung die ersten Verse der Genesis er-

---

4 Lk 1,35.

5 Gen 1,2.

neut hörte, gab sie sich vielleicht Rechenschaft, dass eine Art neuer Anfang geschaffen war: Der Geist Gottes hatte sie mit seinem Schatten bedeckt, um in ihr ein neues Leben wunderbarer Natur zu erwecken, wie er einst über der anfänglichen Finsternis schwebte, um das Leben des Weltalls in ihr auszugießen. Eine zweite, unendlich höhere Schöpfung folgte der ersten unter der Einwirkung des Heiligen Geistes.

Mehr noch kannte Maria die Rolle, die der Geist Gottes in der Geschichte der großen Männer ihres Volkes gespielt hatte. Er war es, der die Weisheit schenkte. Dank seiner Gabe war Josef imstande, die Träume des Pharao zu deuten, das königliche Haus und ganz Ägypten zu beherrschen, denn niemand war so einsichtsvoll und weise wie er, da er den Geist Gottes besaß.[6] Auffälliger noch war die außerordentliche Kraft, die der Geist Gottes gewissen durch ihren Mut berühmten Kriegern verliehen hatte. Er hatte Gideon beschützt, um ihm einen unwiderstehlichen Sieg zu sichern;[7] er hatte sich Samsons bemächtigt, um ihn mit einer übermenschlichen Kraft auszustatten;[8] er hatte Saul erfüllt, um ihn zu einem glanzvollen Triumph über seine Feinde zu führen.[9] Maria ließ nun ebenfalls die »Kraft des Höchsten« Besitz von ihr ergreifen, eine Macht, die das Wunder der Unbefleckten Empfängnis vollzogen hatte. So wie der Bericht der Genesis über die Gegenwart des Geistes Gottes über den Wassern der Jungfrau in ihrer Betrachtung zu einer besseren Erfassung der Bedeutung der vom Engel angekündigten Einwirkung des Geistes und zur Erkenntnis ihrer kosmischen Tragweite diente, so führten sie die Heldentaten und Kämpfe der Män-

---

6 Gen 41,38.

7 Ri 6,34.

8 Ri 14,6.

9 1Sam 11,6.

ner, deren sich der Geist bemächtigt hatte, zu einem tieferen Verständnis der außerordentlichen, in ihr wirkenden göttlichen Macht. Wenn auch unsichtbar, war der Vorgang, der sich in ihrem Schoße abgespielt hatte, nicht weniger wunderbar. Er trug das Zeichen des Heiligen Geistes.

Die Jungfrau hatte aus den Texten des Alten Testamentes vor allem in Erinnerung, dass der Geist Gottes kommen und sich in der messianischen Zeit ausbreiten wird. Er sollte auf den Messias herniedersteigen und auf ihm ruhen: »Doch aus dem Baumstumpf Isais wächst ein Reis hervor, ein junger Trieb aus seinen Wurzeln bringt Frucht. Der Geist des Herrn ruht auf ihm.«[10] Was der Prophet Jesaja verkündet hatte, wurde in der Folge wiederholt. Jahwe sagte über den Messias: »Siehe, das ist mein Knecht, den ich stütze; das ist mein Erwählter, an ihm finde ich Gefallen. Ich habe meinen Geist auf ihn gelegt, er bringt den Nationen das Recht.«[11] Dieser göttliche Geist sollte den Messias in sein Werk der Verkündigung der Frohbotschaft, des Heilens und Erlösens einführen: »Der Geist Gottes, des Herrn, ruht auf mir. Denn der Herr hat mich gesalbt; er hat mich gesandt, um den Armen frohe Botschaft zu bringen, um die zu heilen, die gebrochenen Herzens sind, um den Gefangenen Freilassung auszurufen und den Gefesselten Befreiung.«[12]

Vom Messias sollte sich der Geist Gottes auf die Menschen übertragen, denn die messianische Epoche sollte durch die allgemeine Ausgießung des Geistes gekennzeichnet sein. Ezechiel hatte ein ungeheures Feld voller Gebeine gesehen, die vom Geist belebt, sich erhoben: »So spricht Gott, der Herr: Siehe, ich öffne eure Gräber und hole euch, mein Volk, aus

[10] Jes 11,1–2.
[11] Jes 42,1.
[12] Jes 61,1.

euren Gräbern herauf. Ich bringe euch zum Ackerboden Israels. Ich gebe meinen Geist in euch, dann werdet ihr lebendig und ich versetze euch wieder auf euren Ackerboden.«[13] Dieses neue, vom Geist bewirkte Leben wird ein Leben der Heiligkeit sein, denn der über das Volk ergossene Geist ist ein »Geist der Gnade und des Gebetes«[14]. Die von ihm vollzogene Wandlung gehört nicht dem einfachen Bereich des physischen Lebens an, sondern betrifft die Herzen. »Ich gebe ihnen ein einmütiges Herz und einen neuen Geist gebe ich in euer Inneres. Ich entferne das Herz von Stein aus ihrem Fleisch und gebe ihnen ein Herz von Fleisch, damit sie meinen Satzungen folgen und meine Rechtsentscheide bewahren und sie erfüllen.«[15] Die Veränderung wird in außerordentlichen Wundern Ausdruck finden und die Niedrigsten unter den Menschen erreichen, so wirksam und umfassend wird die Ausgießung des Geistes sein: »Ich werde meinen Geist ausgießen über alles Fleisch. Eure Söhne und Töchter werden Propheten sein, eure Alten werden Träume haben und eure jungen Männer haben Visionen. Auch über Knechte und Mägde werde ich meinen Geist ausgießen in jenen Tagen.«[16]

Das Wort des Engels Gabriel über das Kommen des Heiligen Geistes vervollständigte also in glücklicher Weise die Ankündigung der Geburt des Messias. Wenn Maria an diese messianischen Texte dachte, die sie stets mit Freude und Andacht erfüllt hatten, weil sie ein Ideal verkündeten, zu dem sie aus ganzem Wesen hinstrebte, erinnerte sie sich der geheimnisvollen Ausgießung des Geistes Gottes. Diese Ausgießung hatte für sie begonnen. Die Jungfrau verstand, warum

[13] Ez 37,12.14.
[14] Sach 12,10.
[15] Ez 11,19.20.
[16] Joel 3,1–2.

der Heilige Geist über sie gekommen war: damit ihr Kind einmal sagen könne, wie Jesus es in der Synagoge zu Nazareth tat: »Der Geist Jahwes, des Herrn ist auf mir.« Diese Prophezeiung musste sich erfüllen. Der Heilige Geist, der die Verheißung des Propheten veranlasst hatte, sorgt für ihre Verwirklichung.

Maria war gewiss hocherfreut von der Tatsache, dass diese Prophezeiungen in ihr die Erfüllung finden sollten. Der Geist Gottes sollte gemäß der Voraussage auf den Messias niedersteigen und auf ihm ruhen. Nun kam er vorerst auf seine Mutter herab und ruhte auf ihr. Infolge ihrer messianischen Mutterschaft war sie der erste Ort, auf den der Heilige Geist sich niederließ und wo er ruhte. Durch diesen Vorzug wurde sie miteinbezogen in die Sendung ihres Sohnes, die durch den Heiligen Geist gelenkt werden sollte. Sie leitete die Wandlung ein, die Antlitz und Herz der Menschen verändern sollte. In ihr verwirklichte sich das Überströmen der Gaben des Heiligen Geistes, der allem, was unfruchtbar geblieben wäre, eine unvergleichliche Fruchtbarkeit verleiht: »Bis über uns der Geist aus der Höhe ausgegossen wird. Dann wird die Wüste zum Garten und der Garten wird zum Wald.«[17] Verwandelte der Heilige Geist die Wüste nicht in einen Garten und den Garten in einen Wald, als er den jungfräulichen Schoß Mariens in einen mütterlichen umgestaltete, der den Messias und seine unzählbare Nachkommenschaft hervorbringen sollte? Die Jungfrau wurde sich, nicht ohne Gott tief zu danken, bewusst, dass sich in ihr die große Ausgießung des Heiligen Geistes vollzog, die das Weltall zu verändern begann.

---

[17] Jes 32,15.

Maria hat nach der Verkündigung eine lebendigere Hinneigung zu diesem Heiligen Geist empfunden, der in ihr Wohnung genommen hatte. Vorher hatte sie mit Begeisterung an die künftige Ausgießung des Geistes Gottes gedacht. Sie, die den Messias bereits im Vorhinein liebte und mit gerechtfertigter Ungeduld die messianischen Wohltaten erwartete, hatte nicht ohne Liebe an diesen Geist denken können, der den Messias begleiten und die erste aller messianischen Gaben sein wollte. Da nun dieser Geist bis zu ihr herabgestiegen war, fühlte sie sich ihm aufs Innigste verbunden und übertrug ihre Begeisterung über den Anbruch der Zeit des Heils auf ihn. Wie hätte sie nicht in besonderer Weise von der Innigkeit, mit der sich das Wirken und die Gegenwart des so herrlichen und so mächtigen Heiligen Geistes in ihr offenbarte, gerührt sein und den Anruf, sich mit dieser Gegenwart zu vereinigen und ihr das Herz zu öffnen, überhören können?

Sie besaß zwar noch keine klare Vorstellung von der eigenen Persönlichkeit des Heiligen Geistes, die erst später in der Lehre Christi geoffenbart wurde. Aber sie hatte trotzdem in der Botschaft des Engels eine gewisse Unterscheidung erkannt. Der Engel hatte von Gott, dem Herrn, gesprochen, der dem Kind den Thron Davids und die messianische Macht verleihen werde. Er hatte dem Heiligen Geist die wunderbare Empfängnis zugeschrieben. Er schien also eine Anspielung auf zwei verschiedene Tätigkeiten gemacht zu haben: Gott, der Herr, werde dem »Sohn des Höchsten« seine unbeschränkte Macht verleihen und der Heilige Geist in Maria wirken, um sie Mutter werden zu lassen. Gewiss war dieser Heilige Geist niemand anderes als der Geist Gottes, »die Macht des Höchsten«, und infolgedessen war seine Tat eine göttliche Tat, und der Schatten, der sich über Maria niederließ, war der Schatten der göttlichen Gegenwart. Man konnte ihn nicht trennen von Gott, dem Herrn, doch war ihm eine besondere Aufgabe vorbehalten. So gab sich Maria, als sie die Botschaft des Engels überdachte und jedes Wort erwog, Rechenschaft, dass in dieser Botschaft Gott, der Herr, dem alle Macht im All zu eigen, nicht einfach mit dem Heiligen Geist, der für die Zeugung des Kindes in ihrem jungfräulichen Schoß verantwortlich war, gleichgesetzt werden dürfe.

Der Heilige Geist schien also in den Augen der Jungfrau ein besonderes Antlitz der Gottheit darzustellen. Dieses Antlitz fand sich im Sinn der Texte der Heiligen Schrift, die Maria kannte. Im Alten Testament war der Geist Jahwes Jahwe selbst, doch aufgefasst als die Hingabe seiner selbst an die Menschen. Es war die Kraft Jahwes, die sich den Menschen mitteilte und in gewisser Weise ihr Besitz wurde, die Kraft eines Samuel oder eines Saul. Es war auch die den Propheten verliehene Weisheit Jahwes: »Da fiel der Geist des Herrn auf mich und er sagte zu mir«, erklärt Ezechiel.[18] Und David war sich bewusst, dass der Geist durch seinen Mund sprach: »Der Geist des Herrn sprach durch mich, sein Wort war auf meiner Zunge.«[19] Diese Mitteilung der Kraft oder Wahrheit vollzog sich nicht nur gelegentlich und zeitlich beschränkt. Sie blieb im Menschen in der Form der Heiligkeit. Darum bittet der Psalmist Gott, in ihm seinen Geist zu erneuern und ein reines Herz zu schaffen und die Gabe zu erhalten: »Verwirf mich nicht vor deinem Angesicht, deinen heiligen Geist nimm nicht von mir!«[20] Es war eine so sehr dem Menschen einverleibte Gabe, dass es schwierig war zu unterscheiden, ob es

---

[18] Ez 3,24; 11,5.

[19] 2 Sam 23,2.

[20] Ps 51,13.

sich um den ungeschaffenen Geist Gottes oder den vom göttlichen Geist verwandelten Menschengeist handelte.

In einem Wort: Der Geist war Gott, der sich den Menschen mitteilte, der in sie eintrat, um sie zu verklären. Es war, könnte man sagen, die göttliche Liebe in ihrem Wirken, die göttliche Güte, die sich den Seelen schenkte. »Die Weisheit ist ein menschenfreundlicher Geist«,[21] sagt das Buch der Weisheit mit der Absicht, diesem Geist, dieser Weisheit Gottes, eine persönliche Gestalt zu geben. Darum wurde auch die Sünde in besonderer Weise als gegen den Geist gerichtet angesehen, denn sie stellte sich der Gabe Gottes an die Menschen entgegen: »Wehe den störrischen Söhnen – Spruch des Herrn –, die einen Plan ausführen, der nicht von mir ist, und ein Trankopfer ausgießen, aber ohne meinen Geist, um Sünde auf Sünde zu häufen.«[22] Die Sünde beleidigt Gott in seiner Liebe und verletzt seinen Heiligen Geist: »Nicht ein Bote noch ein Engel, er selbst war ihr Retter. In seiner Liebe und seiner Barmherzigkeit hat er selbst sie erlöst, sie erhoben und sie alle Tage der Vergangenheit getragen. Sie aber lehnten sich auf und betrübten seinen heiligen Geist.«[23] Der hl. Paulus gebraucht ähnliche Worte, um den Ephesern zu zeigen, dass die Sünde einen Gott beleidigt, der in ihnen gegenwärtig ist, um sie zu retten. »Betrübt nicht den Heiligen Geist Gottes, den ihr als Siegel empfangen habt für den Tag der Erlösung!«[24] Die Sünde beleidigt Gott und beleidigt ihn vor allem in seinem Heiligen Geist, in der im Menschen wohnenden göttlichen Liebe.

---

[21] Weish 1,6.

[22] Jes 30,1.

[23] Jes 63,9–10.

[24] Eph 4,30.

Um auf ein Bild des Propheten zurückzugreifen: Der Heilige Geist ist das Antlitz Gottes, sein den Menschen zugewandtes Antlitz. Gott blickt mit Liebe auf den Menschen und will ihn retten. Der Psalmist gebraucht ähnliche Ausdrücke: »Sich vom Geiste Gottes entfernen« und »vor seinem Antlitz fliehen«.[25] Es war ein Antlitz, ein Geist, dessen Gedanken wunderbar und dessen Werk herrlich war.

Es war also die Vorstellung eines starken und liebevollen Bildes Gottes, die Maria vom Geist Gottes aus dem Alten Testament übernommen hatte. Es stellte eine wertvolle Vorstufe zur Offenbarung der Person des Heiligen Geistes dar. In der Offenbarung des Neuen Testamentes zeigt sich der Heilige Geist in der Tat als die Person der Dreifaltigkeit, die den Menschen die göttlichen Reichtümer zuwendet, welche ihnen Christus erworben hat als Person, durch welche Gott sich der Seele schenkt, die durch Christus in ihnen sein Leben erweckt und denen er seine Heiligkeit schenkt. Der Heilige Geist ist der vom auferstandenen Christus den Jüngern Gesandte, damit er ihnen durch seine Gegenwart den höchsten Beweis der Liebe des Vaters und des Sohnes übermittelt. Ihm wird das ganze Werk der Heiligung zugeschrieben. Durch ihn gelangt die göttliche Gabe in die Menschen. Und es ist nicht verwunderlich, dass er für uns Liebe und Gabe ist, denn in Gott selbst ist er die gegenseitige Liebe oder die wechselseitige Gabe des Vaters und des Sohnes.

Wenn die Jungfrau entsprechend der Überlieferung den Heiligen Geist noch nicht als besondere göttliche Person erkennen konnte, so hatte sie doch erfasst, dass Gott sich durch seinen Geist den Menschen mitteilt, dass dieser Geist die göttliche Gabe ist, die sich über die Menschheit ergießt. Sie nahm ihn wahr als eine Macht, die, obwohl sie Gott gehört,

---

[25] Ps 139,7.

doch von ihm unterschieden werden konnte aufgrund der besonderen Aufgabe, die sie zu erfüllen hat. Die Botschaft der Verkündigung bestätigte diese Auffassung. Der Heilige Geist war es, der über Maria kam, um ihr die unaussprechliche Gabe der Mutterschaft zu verleihen, um den Sohn Gottes in ihren Schoß zu legen und so der Menschheit den Erlöser zu bringen. War dieser Heilige Geist, von dem der Engel gesprochen hatte, nicht gleichsam der Geist der Liebe, der den Menschen die göttliche Gegenwart schenkt? Wirkte der Heilige Geist in der erhabensten Hingabe, in der Gott sich selbst den Menschen schenkte, nicht in besonderer Weise mit?

Ohne über die Lehre von der Unterscheidung der drei Personen in Gott unterrichtet zu sein, hatte Maria die hervorragende Rolle des Heiligen Geistes begriffen. Sie hatte sich Rechenschaft gegeben, dass der Heilige Geist die göttliche Liebe ist. Maria war durch die Botschaft des Engels praktisch in die Lehre von der Allerheiligsten Dreifaltigkeit eingeführt worden, ohne sie geistig zu erfassen. Die Botschaft kündigte ihr als Kind den Sohn Gottes an, wies darauf hin, dass seine messianische Macht vom himmlischen Vater stamme und seine wunderbare Empfängnis durch den Heiligen Geist bewirkt werde. Dieser Heilige Geist berührte Maria und machte sie zur Mutter; die Jungfrau nahm darum an, dass sie ihm alles, was ihr geschah, dass sie ihm das unermessliche Glück ihrer Mutterschaft zu verdanken habe. Die Freude der Verkündigung war die Freude, die ihr der Heilige Geist durch sein Kommen vermittelte.

Der Heilige Geist musste also für Maria stets das Antlitz der Liebe Gottes bleiben. In ihm bewunderte sie, was diese Liebe jetzt den Menschen schenken wollte. Und mehr denn je fühlte sie in diesem physischen Kommen der göttlichen Liebe eine Mahnung Gottes, seine Geschöpfe zu lieben. Der Heilige Geist strahlte seine Liebe aus und gab der göttlichen

Gegenwart eine greifbare Wirklichkeit, die sie bisher nie besessen hatte. Maria antwortete auf sein Einschreiten mit einem Aufflammen dankbarer Liebe. Mit ihrem *Fiat* überließ sie ihre Seele zusammen mit ihrem Leib der Einwirkung des Heiligen Geistes und öffnete sich dem Einströmen seiner Liebe mit dem Wunsch, von der göttlichen Fülle, die sich ihrer bemächtigte, völlig durchdrungen zu werden.

Die Wahl der Braut

Dem Heiligen Geist war es also übertragen, den Bund zwischen Gott und Israel zu verwirklichen, den endgültigen Bund, den Maria erhofft hatte und dessen Anfang sie nun erlebte. Unklar erkannte die Jungfrau, was dieser Bund für sie bedeuten werde. Auf sie richtete Gott die bräutliche Liebe, die er seinem Volk versprochen hatte, und in ihrem Schoß vollzog sich die Vereinigung. Der Heilige Geist kam zu ihr wie ein Bräutigam zu seiner Braut; die Verkündigung sollte die bräutliche Liebe, die die Propheten vorausgesagt hatten, vollziehen.

Was für gewöhnlich das Herz einer Braut mit tiefer Freude erfüllt, ist das Gefühl, vom Bräutigam auserwählt zu sein. Die Jungfrau empfand diese Freude, obwohl sie sich in ihrer Demut fragte, was wohl der Beweggrund der Auserwählung sei, denn sie fand nichts in sich, was sie gerechtfertigt hätte. Ihre Liebe richtete sich umso lebhafter auf den Heiligen Geist, der nicht verfehlte, diese einzigartige und außerordentliche Auserwählung zu offenbaren. Elisabeth, erfüllt vom Heiligen Geist, rief begeistert aus: »Gesegnet bist du unter den Frauen.«[26] Wiederholte nicht der göttliche Bräutigam durch diese

---

26 Lk 1,42.

menschliche Stimme, dass Maria seine Auserwählte sei, der er unter allen Frauen den Vorzug gab?

Seit der Verkündigung lebte Maria als Braut in innigster Vereinigung mit dem Heiligen Geist. Wie hätte sie sich ihm gegenüber auch anders verhalten können, der sie Mutter werden ließ? Der Heilige Geist hatte herabkommend in ihrem Schoß mit der körperlichen Natur zusammengewirkt, um den Leib des Kindes hervorzubringen. Er war ebenso in ihr Herz gekommen, denn er wollte auch mit ihrer Seele, mit ihrem Geist und allen ihren Fähigkeiten zusammenwirken, um die Erzieherin Christi zu bilden. Mehr noch als einen mütterlichen Leib wollte der Heilige Geist Maria ein mütterliches Herz bereiten. Er wollte dem Sohn Gottes nicht nur eine körperliche Wohnstatt bieten, sondern ihm in der Person seiner Mutter vor allem eine Atmosphäre der Liebe und Hingabe schaffen.

Viele Frauen haben das geheime Streben, sich ihrem Mann anzugleichen. Sie verfügen über die Kunst und Geschmeidigkeit, sich seine Art, zu denken und zu fühlen, anzueignen. Aber früher oder später werden sie auf diesem Wege durch die Unvollkommenheiten des Mannes und die Schwierigkeiten, die sich aus ihnen ergeben, zurückgehalten. Die Jungfrau konnte in dieser Beziehung bis ans Ende gehen. Sie hatte in den Worten des Engels eine göttliche Absicht gehört, den Heiligen Geist als den anzusehen, dessen Einwirkung sie sich im Hinblick auf ihre Mutterschaft völlig hingeben sollte. Sie ließ sich darum durch ihn formen und tat es mit der aufopfernden Liebe einer Braut, die sich vor ihrem hohen Bräutigam ganz klein fühlt und sich ihm ganz und gar anpasst, um nicht zu unwürdig zu sein, mit ihm verbunden zu werden, und um so vollkommen wie möglich dem Weihegelöbnis zu entsprechen.

Die Hoheit des Heiligen Geistes rief übrigens in der Seele Mariens kein erschrockenes Zurückweichen hervor. Die

Furcht hätte die vertrauende Anhänglichkeit ihrer bräutlichen Liebe, die ihr eigen sein musste, zerstört. Die Jungfrau empfand keine Furcht vor diesem Geist, dessen Macht sich zwar in heftiger und wunderbarer Weise bei den Helden und Propheten Israels geäußert hatte. Sie war vor ihm weder verschlossen noch eingeschüchtert, denn sie hatte die Wonne erlebt, mit der er in sie gekommen und ihr seine Liebe kundgetan hatte. Er war nur mit ihrer Zustimmung gekommen, einer Zustimmung, die er ihr nicht zu entreißen versucht hatte. Er hatte die Freiheit ihres Jawortes berücksichtigt und sich untersagt, ihr einen Zwang aufzuerlegen.

Durch die Achtung der Freiheit Mariens ihm gegenüber wollte der Heilige Geist vermeiden, das Schamgefühl ihres jungfräulichen Herzens zu verletzen. Doch mehr noch, sein Kommen sollte die Antwort auf ihr Gelübde der Jungfräulichkeit sein. Denn der Engel hatte vom Heiligen Geist und seiner Einwirkung erst gesprochen, nachdem Maria versichert hatte: »Ich erkenne keinen Mann.« Der Heilige Geist maßte sich nicht an, in Maria trotz der Jungfräulichkeit zu wirken, sondern er tat es wegen ihrer Jungfräulichkeit. Dadurch entsprach er dem tiefsten Bestreben des Mädchens, das seine Jungfräulichkeit als ein heiliges Gut betrachtete. Er kam, um diese Jungfräulichkeit auf ewig zu bestätigen und zu besiegeln, und die Berücksichtigung des teuersten Wunsches der Jungfrau hatte zwischen Maria und ihm eine Beziehung vollsten Vertrauens und gänzlicher Hingabe geschaffen.

Das Kommen des Heiligen Geistes war also eine feierliche Bestätigung des Gelübdes der Jungfräulichkeit. Es war auch die Bezeugung seines Wertes. Da sich der Heilige Geist Maria in der Weise eines Bräutigams vorstellte, erleuchtete er sie in besonderer Weise über den Sinn des Versprechens, mit dem sie sich an Gott gebunden hatte. Maria sah von Anfang an klar, dass es sich um die Weihe ihres ganzen Wesens an den

Herrn handelte, die sie verpflichtete, all ihre Liebe dem Herrn zuzuwenden. Sie hatte Gott ihr Herz mit der ganzen Ursprünglichkeit der Liebe einer Braut geweiht. Die Verkündigung enthüllte ihr, dass Gott diese Verpflichtung wortwörtlich angenommen hat, und da sie ihm eine bräutliche Liebe darbot, erhielt sie wirklich einen göttlichen Bräutigam. Der Heilige Geist nahm als jungfräulicher Bräutigam das jungfräuliche Opfer Mariens entgegen.

Als Maria sich Gott weihte, dachte sie, in einen innigen Liebesbund mit Gott zu treten. Sie hatte sich nie vorgestellt, dass diese Vereinigung eine so feste Form annähme, dass der Heilige Geist kommen würde, um sie Mutter werden zu lassen. Die Kraft der mütterlichen Liebe, die der Heilige Geist durch sein Kommen in ihr weckte, vermehrte ihre jungfräuliche Liebe zu ihm. Gewöhnlich wird eine Mutter durch ihre Mutterschaft in tieferer Weise Frau, und das Kind bildet ein Band, das sie mit ihrem Mann eint. Die eheliche und die mütterliche Liebe schließen sich gegenseitig keineswegs aus, sondern die eine stärkt die andere. Die Mutter freut sich, im Kind die Züge ihres Mannes wiederzufinden, und die mütterliche Bewunderung festigt die Bindung als Ehefrau. Maria hatte nicht vergessen, dass Jesus nach den Worten des Engels »heilig« sei, weil er durch den Heiligen Geist empfangen werde. Die in ihrem Sohn immer beobachtete Heiligkeit musste sie wohl an die Heiligkeit des Geistes erinnern, und die Liebe, die sie Jesus entgegenbrachte, steigerte die bräutliche Liebe, die sie mit dem Heiligen Geist verband. Alles, was sie in ihrem Kind sah und bewunderte, führte sie auf seinen geheimnisvollen Ursprung zurück und sie dankte dem Bräutigam, der ihr geschenkt worden war.

Im Licht der Botschaft des Engels vermochte Maria ihre Vergangenheit zu deuten. Wenn ihr in Bestätigung des Gelübdes ewiger Jungfräulichkeit der Heilige Geist als Bräutigam geschenkt worden war, musste sie darin nicht einen Hinweis sehen, dass dieser Geist selbst ihr die Jungfräulichkeit nahegelegt, dass seine bräutliche Liebe schon seit Langem ihre Seele im Geheimen berührt und sie auf diese geistliche Vermählung hin geformt hatte? Die Jungfrau wusste, dass Gott seine Gaben nicht wahllos verteilt. Und wenn die Gabe des Heiligen Geistes ihren eigenen Neigungen so tief zu entsprechen schien, musste sie darin nicht ein Zeichen sehen, dass sie durch ihn für die Gabe vorbereitet worden war, der sie zu einer seinen göttlichen Anforderungen wohlgefälligen Braut heranbilden wollte?

Als Maria alles überdachte, was der Verkündigung vorangegangen war, konnte sie den stillen Verlauf dieser Vorbereitung erkennen. Zu Beginn des Jugendalters, in dem das Kind sich normalerweise von der Familie loslöst, erlebte sie eine Zeit seelischer Einsamkeit. Doch weigerte sie sich, in menschlichen Beziehungen Hilfe zu suchen, und verzichtete auf die Annehmlichkeiten, die ein froher Umgang bietet. Sie hatte den Eindruck, dass der Verkehr mit ihren Bekannten etwas Trügerisches in sich schloss und dass die Jungmädchenerfolge falsche Versprechungen enthielten. Man lief Gefahr, sich verlocken zu lassen und das Wesentliche zu übersehen. Maria fühlte sehr lebhaft, welch tiefe Leere eine um ihrer selbst willen gesuchte menschliche Liebe verbarg und zu welcher Enttäuschung sie führte. Sie wollte nur Liebe in Gott und für Gott. Sie verstand, dass sie sich, um eine solche Liebe zu verwirklichen, in der Umgebung, in der sie lebte, eine echte innere Einsamkeit schaffen musste. Sie musste ihr Herz schützen. Ihre Reinheit trug übrigens zu diesem Schutz bei. In Maria war nie ein Schatten von Gefallsucht, nie ein Bemühen, die Blicke auf sich zu ziehen, noch weniger ein Wille, um sich herum Verwirrung zu stiften. Sie stellte ihre Schönheit nicht zur Schau. Sie war einfach und zurückhaltend, sodass man an ihr vorüberging, ohne sie zu bemerken, und gerade das wünschte sie. Um ihre Schönheit zu sehen, hätte man ihre Seele in ihrem Antlitz entdecken und eine gleichwertige Seele haben müssen. So konnte die Jungfrau inmitten aller, die sie zu kennen glaubten oder die sich ihr gegenüber gleichgültig verhielten, unerkannt bleiben. Sie lebte in einer wahren Einsamkeit; sobald ihre Frauenpersönlichkeit sich zu entwickeln begann, blieb sie allein.

Diese Einsamkeit hinderte Maria nicht, sich den anderen zu widmen. Sie lebte nicht am Rand der Gemeinschaft und gehörte nie zu den Leuten, die ihrer Umgebung grollen. Nie hätte man einen mürrischen, traurigen oder enttäuschten Blick wahrnehmen können. In ihrem Herzen gab es keine Gefühle des Widerspruchs oder Misstrauens dem Nächsten gegenüber. Sie nahm im Gegenteil am gesellschaftlichen Leben teil, gab die Liebe kund, die sie den anderen wirklich entgegenbrachte, war fröhlich, dienstbereit und säte Freude um sich herum. Aber sie untersagte sich, bei anderen eine besondere Liebe zu suchen oder eine Vorliebe zu erwecken, die ihrer Eigenliebe geschmeichelt hätte.

Sie verblieb in dieser Einsamkeit des Herzens, obwohl sie oft schwer zu ertragen war. Nach der Verkündigung gab sie sich mit klarer Einsicht Rechenschaft, dass ihr die Einsamkeit vom Heiligen Geist nahegelegt worden war. Wenn sie sich mit entschiedenem Willen geweigert hatte, den Weg der anderen jungen Mädchen zu gehen, so tat sie es, weil die Macht des Höchsten sie schon mit seinem Schatten bedeckt hatte, um sich ihr Herz zu sichern. Der Heilige Geist hatte ihr die

Armseligkeit aller rein irdischen Bindungen und ihre Unfähigkeit, das tiefere Streben der menschlichen Seele zu befriedigen, zu verstehen gegeben. Er hatte sie wachsam gemacht über eine Reinheit, die durch die herrschenden Sitten leicht hätte gefährdet werden können. Er hatte in ihr Gefallen an der inneren Einsamkeit erweckt, um ihr Herz eifersüchtig auf die göttliche Vermählung vorzubereiten. Er hatte ihre Seele mit einer großmütigen Nächstenliebe erfüllt, die sie drängte, an Freude und Leid der anderen teilzunehmen, ihnen beizustehen, selbst wenn es sie oft schwere Opfer kostete. Er hatte aber gleichzeitig ein Gelöstsein in diese Liebe gelegt, sodass Maria sich aufopferte, ohne Sklavin der Nächstenliebe zu werden, und alles mied, was ihr hätte zur Versuchung werden, was sie hätte mitreißen können.

Maria bewunderte die Gründlichkeit, mit der sie der Heilige Geist von allen irdischen Bindungen fernhielt. Es war eine Gunst, die er ihr erwiesen hatte, denn er bezeugte damit, mit welcher Bestimmtheit er sie sich vorbehielt. Sie bewunderte ebenso die Sanftmut, mit der er sie in diese immerhin herbe Einsamkeit geführt hatte. Es war so viel Zartgefühl in seiner Unnachgiebigkeit, mit der er ihr jungfräuliches Verhalten gestaltete, dass sie es sich zu eigen machte, als wäre es ihr eigenster Wunsch gewesen. Die sanfte und doch entschiedene Einwirkung des Heiligen Geistes, die bei anderen vielleicht gegen die Natur verstoßen hätte, entsprach der natürlichen Veranlagung Mariens. Die Jungfrau hatte durch sie eine wirkliche Entfaltung erfahren. Statt ins Leere zu stoßen, war sie in eine Fülle geführt worden. Nach der Verkündigung wurde sie sich bewusst, dass diese Fülle nichts anderes war als die Gegenwart des Heiligen Geistes, denn sie war in Wirklichkeit nie allein. Der Heilige Geist hatte ihr stets aufmerksam seine unsichtbare Gesellschaft geschenkt. In der Liebe zu ihrer einsamen Jungfräulichkeit hatte Maria in der

Tat ihn geliebt, der ihr Stütze und Erfüllung war. Schon lange war sie mit dem Heiligen Geist verlobt, ohne seinen Namen zu kennen; sie wurde also nicht unvorbereitet seine Braut. Bei der Verkündigung war das jungfräuliche Herz reif für die göttliche Vermählung.

Wenn Maria einen Blick zurückwarf, bewunderte sie die Art, wie ihr göttlicher Bräutigam sie einem menschlichen Bräutigam zugeführt hatte. Man hätte an eine Unvereinbarkeit zwischen ihrem Gelübde der Jungfräulichkeit und der Ehe glauben können. Aber der Heilige Geist hatte ihr die Jungfräulichkeit nahegelegt, damit sie sich auf die wunderbare Mutterschaft vorbereite. Diese Mutterschaft verlangte die Stütze und den Schutz einer ehelichen Verbindung. Die Jungfrau musste demnach heiraten, dabei aber Jungfrau bleiben. Der Heilige Geist nahm sich der Sache an, und Maria erkannte sein providenzielles Einschreiten in der Begegnung mit Josef und im Austausch ihrer gegenseitigen Zustimmung. Was sie an diesem Ereignis, das so sichtbar von der göttlichen Güte herbeigeführt wurde, entzückte, war die Tatsache, dass ihre Jungfräulichkeit in keiner Weise irgendeiner Bedrohung oder Angst ausgesetzt worden war. Der Heilige Geist hatte nicht nur über die Achtung der Jungfräulichkeit des Körpers, sondern ebenso sehr über den Schutz des jungfräulichen Herzens gewacht.

Das setzte selbstverständlich voraus, dass sich in Josefs Seele eine ähnliche Entwicklung wie in der Seele Mariens vollzog. Ohne diese innere Förderung wäre Josef nicht fähig gewesen, die Tiefe zu erahnen, die sich hinter den Zügen des Mädchens verbarg, und von ihr angezogen zu werden. Vor allem hätte er die Forderung der Jungfräulichkeit nicht verstanden, die den Zugang zu diesem gottgeweihten Herzen in sich schloss. Aber der Heilige Geist hatte das Streben nach einer jungfräulichen Verbindung in ihn gelegt, die vor der

Last der Leidenschaften bewahrt und allein nur darum besorgt sein sollte, Gott in einer Lebensgemeinschaft zu dienen. Mehr noch, er hatte den Geist Josefs derart geformt, dass er gewillt war, vor dem Mysterium Mariens in den Hintergrund zu treten. Josef maßte sich nicht an, alle Gedanken der jungfräulichen Seele zu durchdringen noch in seiner ehelichen Liebe die Herzenstiefe der Jungfrau für sich zu beanspruchen. Er achtete die innere Veranlagung Mariens, deren letzte Bedeutung ihm entglitt. Er wollte Diener ihrer Jungfräulichkeit sein.

Die Begegnung mit Josef fand auf einer so hohen, reinen Ebene statt, dass Maria von Gott nicht losgelöst wurde, sondern ein noch lebendigeres Sehnen nach der Vereinigung mit dem Herrn in sich spürte. Die Ehe entwickelte in ihr das Gefühl, dessen Bestes sie dem Herrn vorzubehalten wünschte. So war sie vorbereitet, den göttlichen Bräutigam bei der Verkündigung zu empfangen. Alles war das Werk des Heiligen Geistes, der die Seele Mariens auf die vorgesehene Stunde geformt hatte. Wenn die Jungfrau den Verlauf der Geschehnisse überdachte, konnte sie diese wunderbare Abfolge der göttlichen Einwirkung, diese Beharrlichkeit des Heiligen Geistes, in ihr den vollkommenen Seelenzustand der Braut heranzubilden, nur bewundern.

Unterwegs mit dem Heiligen Geist

Nach der Verkündigung lebte Maria in dieser bräutlichen Verfassung. Die Botschaft vom Kommen des Heiligen Geistes hatte sie mit großer Begeisterung erfüllt. Diese Begeisterung gab sie in ihrer Antwort an den Engel nicht kund, denn sie hatte noch nicht Zeit gefunden, sich des tiefen, ihr zufallenden Glückes bewusst zu werden. Aber die ersten Betrachtungen über das soeben vollzogene ungeheure Ereignis erweckten einen außerordentlichen Eifer in ihr. Sie dachte nicht ohne Rührung an den Heiligen Geist, der herabgekommen war, um sich ihr derart zu nähern, und mit dem sie sich für immer in außerordentlicher Weise vereint fühlte.

Wenn wir uns eine Vorstellung von dieser Begeisterung, die die Seele Mariens ergriffen hatte, machen wollen, müssen wir die junge Frau auf ihrem Gang durch das Gebirge Juda bald nach dem Empfang der Botschaft begleiten. Sie hatte ihr Haus verlassen, um Elisabeth zu besuchen; sie handelte auf eine Eingebung des Heiligen Geistes. Denn als der Engel ihr mitgeteilt hatte, dass Elisabeth bald ein Kind gebären werde, um ihr zu verstehen zu geben, dass »für Gott nichts unmöglich« sei, hatte Maria unter der Erleuchtung des Heiligen Geistes, die die Worte des Engels begleitete, in dieser Offenbarung zugleich eine Einladung erkannt, der Base zu Hilfe zu eilen. Maria hatte also diese Reise im Zeichen einer völligen Übereinstimmung mit dem Heiligen Geist unternommen, dessen Aufruf zu einem Liebesdienst sie verstanden hatte.

Und in diesem Geist innigster Übereinstimmung mit dem göttlichen Bräutigam war sie unterwegs. War sie für diesen Bräutigam nicht zur bevorzugten Wohnstatt geworden? Mit ihrem Sohn trug sie auch die Gegenwart des Heiligen Geistes in sich, eine Gegenwart, die ihre Seele völlig durchdrang. Der Heilige Geist hätte ihn, dessen Empfängnis er bewirkt hatte, nicht verlassen können, ebenso wenig wie sie, in der er sie bewirkt hatte. Er wohnte in Maria und umhüllte und beschützte die körperliche Gegenwart Jesu. Man darf sogar sagen, dass er in der Person Mariens diese Gegenwart ausbreitete, dass er ihr geistiges Ausstrahlen betreute. Wenn die Jungfrau vom Leben Christi durchdrungen war, so verdankte sie es dem Heiligen Geist. Er hatte das körperliche Leben des Kindes erweckt, er sicherte die Ausbreitung seines göttlichen Lebens. Er bewirkte, dass die Jungfrau in Christus lebte, da er Jesus im Schoß Mariens zum Leben erweckt hatte.

Seele des mystischen Leibes, so wird die Kirche den Heiligen Geist nach zahlreichen Jahrhunderten nennen. Der mystische Leib hatte zu leben begonnen in der Gemeinschaft, die Jesus mit seiner Mutter vereinte, und der Heilige Geist war die Seele dieser Gemeinschaft. Er drang bis ins Innerste des Herzens Mariens ein, um sie völlig an ihren Sohn zu binden, um sie schon aller Reichtümer teilhaftig zu machen, die der Erlöser in diese Welt mitbrachte. Man kann sagen, dass der Heilige Geist Jesus Maria geschenkt hatte und dass die erste Gabe des Kindes an seine Mutter die Gabe des Heiligen Geistes war, wie er später die hervorragendste Gabe an die Jünger war.

Unterwegs beschäftigte sich Maria mit ihrem Sohn, was ihre Gedanken auf die Fülle des Heiligen Geistes lenkte, von der sie durchdrungen war. Sie hatte übrigens ein Bedürfnis, an ihn zu denken, denn eine Frau findet in ihrem Bräutigam eine Stütze und Aufmunterung für ihre mütterliche Aufgabe; Maria suchte diese Stütze im Heiligen Geist. Sie nahm ihn zum Vertrauten während ihres ganzen mütterlichen Daseins und bezeugte ihm so die Hingabe einer Braut, die von ihrem Bräutigam beständig Beistand erwartet. Josef hätte diese Rolle nicht auf sich nehmen können, denn er war am Mysterium der wunderbaren Empfängnis nicht beteiligt. Die Jungfrau hatte gleich nach der Verkündigung verstanden, dass sie das Ereignis selbst Josef gegenüber verschweigen müsse. Josef sollte ihr Vertrauter sein auf der Ebene ihrer irdischen Verbindung in allem, was die Belange ihres Heims und die täglichen Bedürfnisse betraf. Aber auf der Ebene der himmlischen Vereinigung, die ihr angetragen worden war, sollte nur der göttliche Bräutigam, der Heilige Geist, sie erleuchten und führen. Zur Zeit der Reise Mariens zu Elisabeth wusste darum Josef noch nichts von dem Wunder, das das Leben seiner Frau verwandeln sollte. Die Jungfrau konnte nur mit dem Heiligen Geist über ihre Mutterschaft und ihr Kind sprechen. Er allein vermochte sie auf dem Weg des Mysteriums zu leiten.

Er leitete sie mit Temperament. Sagt uns das Evangelium nicht, dass Maria in den Tagen nach der Begegnung mit dem Engel sich aufgemacht und eilig über die Berge gezogen sei?[27] Sie beschleunigte ihre Schritte, weil sie von einer inneren Kraft getrieben wurde. Seit der Heilige Geist in sie gekommen war, hatte er ihr einen neuen Lebensrhythmus gegeben. Er hatte sich voller Ungestüm der Helden und Propheten Israels bemächtigt und wird ebenso ungestüm an Pfingsten von den Jüngern Besitz ergreifen; ebenso hatte er die ganze Seele Mariens erfasst. Wie hätte er in ihr die Flamme, die er später, in der frühesten Kirche, entfachte, nicht entzündet? Musste die Jungfrau nicht als Erste von dem unauslöschbaren Feuer belebt werden, das an Pfingsten zu glühen begann? Sie fühlte sich unterwegs vom Heiligen Geist getragen und ihre Schritte waren so beschwingt, dass sie kaum Müdigkeit verspürte. Sie zog dahin, vom Feuer einer göttlichen Glut verzehrt, wie der hl. Paulus später auf den Straßen seines Apostolates und wie in noch weiterer Ferne der hl. Franz Xaver im Drang seines Eifers auf den Straßen Japans lief, ohne es zu bemerken. Der Weg der Heimsuchung war das erste Unternehmen des Heiligen Geistes zur Ausbreitung der Heiligkeit Christi.

Maria hatte also keine Mühe, in der Gegenwart dessen, der ihre Schritte beflügelte, zu sprechen und ihm die Lenkung ihres Geistes und Willens zu überlassen. In ihrer überbordenden Begeisterung fühlte sie sich ganz im Besitz des Heiligen Geistes, Eigentum ihres göttlichen Bräutigams. Sie

---

27 Lk 1,39.

war sich bewusst, ihm völlig zu gehören, und das Gefühl, vorbehaltlos sein Eigen zu sein, hatte etwas Berauschendes. Doch hatte sie ihre innere Freiheit nicht verloren, im Gegenteil, sie fand sich selbst in der fortgeschritteneren Entfaltung ihrer Persönlichkeit mehr denn je wieder. Sie empfand eine grundlegende Wahrheit der christlichen Erfahrung: Die wahre Entfaltung ist nicht jene, die der Mensch sich aufzwingen will, sonern sie besteht in der Entwicklung der Seele, die sich vom Heiligen Geist mitreißen lässt und sich in der völligen Hingabe an ihn erhoben und verklärt wiederfindet.

Maria lebte so sehr aus dem Heiligen Geist, dass sie am Ende der Reise bei der Ankunft im Hause der Base Elisabeth auf ihren Gruß hin vom Heiligen Geist erfüllt wurde und in einen von oben eingegebenen Jubel ausbrach. Der Heilige Geist teilte sich durch die Jungfrau Elisabeth und ihrem Kind mit. In der Seele Maria aber erzeugte er einen Ausbruch der Freude und des Dankes, das Magnifikat. Es war der Lobgesang, von dem ihr Denken während der Tage ihrer Reise erfüllt gewesen war und der endlich ihrem Herzen entströmen konnte. Maria konnte ihrer Erregung freien Lauf lassen, ohne ein Geheimnis zu verraten, da der Heilige Geist Elisabeth über ihre Mutterschaft erleuchtet hatte.

Das Magnifikat entsprach der Größe des Heiligen Geistes. Es offenbarte, in welchem Umfang diese Größe in den Geist Mariens übergegangen war und in ihr Bewunderung und hochherzige Dankbarkeit erweckte. Es wies auch auf das Endziel hin, zu dem der göttliche Bräutigam seine Braut zu führen beabsichtigte. Der Heilige Geist, vom Vater gesandt, wollte die Liebe und jungfräuliche Hingabe Mariens zum Vater führen. Wir haben dargelegt, wie er unterwegs in Judäa die werdende Mutter mit ihrem Sohn verband. Sein letztes Ziel blieb die Vereinigung der Jungfrau mit dem Vater, denn alles kommt von ihm und muss in ihm enden. Dieses Ziel wird im Magnifikat erreicht. Das Magnifikat erwähnt weder den Sohn noch den Heiligen Geist; Maria spricht weder von ihrem Kind noch von ihrem Bräutigam und sie schreibt die ganze Herrlichkeit ihres Glückes und des Heils der Menschheit Gott dem Herrn zu, den sie ihren Erlöser nennt, dem barmherzigen Vater, der seine Verheißung, seinen Sohn und Knecht Israels zu retten, erfüllt. Durch diese Ausrichtung ihres Lobgesangs ließ der Heilige Geist Maria an seinem ewigen Liebesbrand für den Vater teilnehmen. Er verlieh seiner Braut einen Blick voller Liebe und Verehrung gleich dem seinen.

Erleuchtende und wirkende Gegenwart

Dem Ausbruch der Freude des Magnifikats folgten ruhigere Stunden. Der Heilige Geist tritt mit seinen Charismen in die Seelen ein, in denen sich die Macht seines Wirkens und die unaussprechliche Anziehungskraft seiner Gegenwart entfaltet. In weniger heftigem, zarterem Vorgehen dringt er in die Tiefe der Seele vor, die er aufgerüttelt hat. Die Jungfrau empfand die bezaubernde Nähe des göttlichen Bräutigams, aber in ruhigerer Art. Die Verzückung dauerte während ihres ganzen Lebens an, obwohl oft in unauffälliger, verborgener Weise. Im Grunde ihres Bewusstseins hielt sich die Freude der Vereinigung mit dem Heiligen Geist in einer Harmonie, die nichts zu stören vermochte. Eine Freude, die zu gewissen Zeiten unter dem Schmerz der Prüfung begraben lag, aber doch weiterlebte und genügend fühlbar war, um eine geheime und unerschütterliche Stütze zu sein.

Die Jungfrau störte nie die Harmonie, die der göttliche Geist in ihr geschaffen hatte. Es war eine Vereinigung ohne Schatten und ohne Trübung. Der Heilige Geist brauchte nur zu flüstern, um Maria aufhorchen zu lassen. Alle göttlichen

Wünsche fanden im Herzen Mariens gute und dienstbereite Aufnahme. Die Jungfrau war das einzige Geschöpf, das Gott nie widerstand, das einzige, das den Heiligen Geist nie betrübte. Sie verblieb darum in einem idealen Einklang mit ihrem Bräutigam.

Indessen bedeutete diese vollkommene Übereinstimmung nicht Unbeweglichkeit. In der Stille der Tage von Nazareth vollzog sich in der Seele Mariens langsam und zielbewusst ein Werk des Heiligen Geistes. Er hatte sich ihr als Bräutigam genähert, um in ihr allmählich und schrittweise die Bildung und Entwicklung des mütterlichen Herzens zu bewirken.

Diese Entwicklung aber setzte ein mühsames Begreifen der außerordentlichen Ereignisse voraus, die das Leben der Jungfrau gezeichnet hatten. Diese Ereignisse überstiegen den menschlichen Verstand so sehr, dass es Zeit brauchte, um ihren Sinn zu erfassen. Maria »bewahrte sie in ihrem Herzen«. Getreu erinnerte sie sich an alles, was ihre Verwunderung erregt hatte, was sie nicht zu begreifen imstande war. Warum bewahrte sie alles und warum spricht das Evangelium zweimal von dieser für die Jungfrau so charakteristischen Haltung? Wenn sie diese Erinnerungen bewahrte, so geschah es nicht in der Absicht, sie weiterzuerzählen, wie sie es später wirklich tat. Sie bewahrte sie vielmehr als Geheimnis, das mit der Person ihres Kindes verknüpft war. Sie wollte so tief wie möglich ihre Bedeutung ergründen und in dieser Hoffnung überdachte sie sie oft und wiederholte die einst vernommenen Worte. Sie bemühte sich, nichts von diesen Erinnerungen zu vermengen noch zu vergessen. Sie waren ein heiliges Geheimnis, das sie unbedingt so, wie es ihr anvertraut worden war, bewahren musste.

Maria schloss sich aber, um weiter in das Mysterium einzudringen, nicht in ihre eigenen Überlegungen ein. Sie befragte sich nicht selbst. Warum denn auch, da sie überzeugt war, dass diese Ereignisse ihr Begreifen überstiegen? Die Unfähigkeit, ihre Tragweite zu erfassen, veranlasste sie, um göttliche Erleuchtung zu bitten. Sie stellte Fragen an den Heiligen Geist, und ihre Überlegungen waren kein Selbstgespräch, sondern ein Dialog. Hatte sie nicht einen Bräutigam, um sie zu erleuchten und zu führen? Der Heilige Geist brachte ihr allmählich Klarheit und offenbarte ihr, was das Antlitz ihres Sohnes verbarg, was gewisse Äußerungen oder was sein Verhalten bedingte. Er erfüllte bei Maria die Aufgabe, die sie selbst bei den Christen später weiterzuführen hatte: den Sinn der Worte und Taten des Meisters auszulegen. »Der Heilige Geist, den der Vater in meinem Namen senden wird, wird euch alles lehren und euch an alles erinnern, was ich euch gesagt habe.«[28]

Im Maße ihres zunehmenden Verständnisses offenbarte er ihr die wahre Person Christi. Er ließ die Jungfrau im Glauben wachsen und vermehrte gleichzeitig ihre Hoffnung und ihre Liebe. Wenn Jesus an Gnade vor Gott und den Menschen zunahm, musste das mütterliche Herz Mariens in ähnlicher Weise wachsen, um den Bedürfnissen des Kindes entsprechen zu können. Es war die Aufgabe des Heiligen Geistes, diese Harmonie zwischen dem Sohn und seiner Mutter zu erhalten und beider Entwicklungen aufeinander abzustimmen. Er erweiterte Marias mütterliche Seele im Maß der Weisheit und Gnade, die er im Kind fortwährend vermehrte.

Diese Einwirkung kam nicht zum Abschluss, als Jesus erwachsen war, und ebenso nicht, als er seine öffentliche Tätigkeit begann. Der Heilige Geist ließ Maria weiter fortschreiten im Verständnis der Offenbarung und in ihrer Liebe zu Christus. Er war es, der in Kana der Jungfrau die Bitte eingab, eine durch den vorausgesetzten Glauben so erstaunliche Bitte.

---

[28] Joh 14,26; 16,13.

Und er war es, der Maria nach der unerwarteten Antwort Jesu ermutigte, auf ihrer Bitte sanft zu beharren. Er war wirklich bei ihr als Bräutigam, der führte, erleuchtete und ermutigte. Diese Stütze bot er der Jungfrau noch in verstärktem Maße in der schrecklichen Stunde des letzten Opfers. Maria hielt sich aufrecht zu Füßen des Kreuzes dank der Kraft des Heiligen Geistes und sie vermochte einen Blick voll des Glaubens auf ihren sterbenden Sohn zu werfen, weil das unfehlbare Licht des Geistes sie inmitten der Finsternis erleuchtete. Als sie den Leichnam ihres Sohnes vor Augen hatte, erfüllte der göttliche Bräutigam, der sich mit ihr in dieser stummen Betrachtung vereinte, ihr mütterliches Herz mit unerschütterlicher Festigkeit. Er gewährte ihr den Halt, den er ihr einst bei der Ankündigung seines Kommens versprochen zu haben schien. In der Einsamkeit des Karsamstags spürte Maria während der Abwesenheit ihres Sohnes die Gegenwart des Gastes, der ihre jungfräuliche Einsamkeit stets belebt hatte. Sie erwartete in Gesellschaft des Heiligen Geistes die Morgenröte der Auferstehung. Und im Erbeben der Freude und in der Frohlockung des Heiligen Geistes begrüßte sie ihren Sohn als Träger eines neuen Lebens.

Das ganze Dasein Mariens verlief in der Vereinigung mit dem Heiligen Geist und war belebt durch seine Gegenwart. Zu jeder Stunde war er ihr Vertrauter, der Führer ihrer Gedanken und ihrer geheimsten Herzensergüsse. In ihm müssen wir den tiefen Urgrund der Entfaltung suchen, wenn wir das Leben der Jungfrau erfassen und verstehen wollen.

Neue Bestätigung der Vereinigung Mariens mit dem Heiligen Geist

Maria hatte ihren Platz im Abendmahlssaal, als die Jünger Pfingsten erwarteten. Es schien natürlich, dass sie da war, wo sich die Gemeinschaft befand, unter den Frauen, die Jesus nachgefolgt waren. Aber es war eine besondere Absicht der Vorsehung, dass sie da war, denn als Braut des Heiligen Geistes hatte sie eine überragende Rolle in der Vorbereitung des großartigen Ereignisses zu spielen.

Die Verheißung Jesu, den Tröster-Geist zu senden, hatte in der Seele Mariens einen größeren Widerhall gefunden als bei den Jüngern. Sie wusste, was eine solche Verheißung in sich schloss; der Heilige Geist war der gewohnte Gast ihres Lebens. Er hatte ihre Jungfräulichkeit veranlasst, durch die Mutterschaft ihre Bestimmung verwirklicht und schließlich eine göttliche Atmosphäre in ihr erzeugt. Sie kannte aus Erfahrung die Verzückungen, die der Heilige Geist durch sein Kommen in der Seele hervorzurufen und alle Wunder, die er bei seinen Besuchen zu wirken imstande war. Sie erfasste darum die volle Größe der bei der Himmelfahrt von Christus feierlich bestätigten Verheißung. Der versprochene Heilige Geist war das königliche Geschenk, das den Jüngern zuteilwurde.

Die Jungfrau ersehnte sein Kommen aus ganzem Herzen. Sie brannte vor Verlangen, die Wunder des Heiligen Geistes, die er in ihr gewirkt hatte, erneut in den Jüngern zu erleben: die tiefe Verwandlung des ganzen Wesens und die feurige Ausstrahlung einer unwiderstehlichen Liebe. Diese Sehnsucht nahm die Form des Gebetes an. Während die Jünger den Herrn anflehten, ihnen den geheimnisvollen Geist zu senden, den sie noch nicht zu kennen glaubten, erbat die Jungfrau ihn, den sie kannte, verehrte und liebte, vom Himmel. Es war der Bräutigam, den sie anrief, und man begreift, dass dieser Anruf von besonderer Wirksamkeit war.

Wenn der Heilige Geist zu Pfingsten auf die Gemeinschaft herabkam, so geschah es vor allem auf Marias Bitte hin. Die Jungfrau war seine Auserwählte und blieb es für ewig. Zwischen ihr und ihm bestand ein geistiges Band, das den Heiligen Geist überall hinzog, wo Maria war. Nicht nur in der

Pfingststunde, sondern zu allen Zeiten in der ganzen Geschichte der Kirche und der Seelen erfreut es den Heiligen Geist, da einzugreifen, wo Maria es wünscht. Er zeigt sich unfehlbar in den Maria besonders hingegebenen Herzen, um Wunder der Heiligkeit und des Apostolates zu wirken.

Für die Jungfrau war Pfingsten die Erneuerung des Wunders der Verkündigung. Damals hatte der Heilige Geist sie Mutter Christi werden lassen. Jetzt setzt er sie in die neue Mutterschaft aller Christen ein. Als er in der Entfaltungskraft seiner Liebe die Kirche errichtete, machte er Maria zur Mutter der jungen Gemeinschaft gemäß den Worten Christi am Kreuz. Die Jungfrau wurde vom mütterlichen Drang erfüllt, über die erste Entwicklung des Christentums zu wachen. In dieser Stunde erhielt sie alle Schätze der Güte und Barmherzigkeit, die ihre mütterliche Liebe den Menschen zu schenken nie aufhört. Sie, die Mutter, die sich sorgend über alle Christen beugt, ist ein Werk des Heiligen Geistes.

Und wie Marias Vereinigung mit ihrem göttlichen Bräutigam während des irdischen Daseins unauflöslich war, so bleibt diese Vereinigung im Einfluss, den beide auf die Kirche ausüben, unauflöslich. Es besteht eine auffallende Ähnlichkeit im Vorgehen der Jungfrau und des Heiligen Geistes. Maria ist rücksichtsvoll; sie gibt Hinweise wie in Kana, beharrlich, aber voller Sanftheit. Man erkennt die Art des Heiligen Geistes, der mild und flüsternd einwirkt. Die Gegenwart der Jungfrau gestaltet sich nach dem Vorbild der Gegenwart des Heiligen Geistes. Es ist die schweigende Gegenwart von Nazareth, die kein Aufsehen macht, deren Feuer im Seeleninnern brennt. Es ist vor allem eine Gegenwart, die vor Jesus zurücktritt, denn Maria hat nur den einen Wunsch, alle Blicke auf Christus zu lenken und hinter ihm zu verschwinden. So lässt sich der Heilige Geist in der Seele, in der er wohnt, vergessen, um ihre ganze Aufmerksamkeit auf den Erlöser zu konzentrieren. Aber dieses Zurücktreten ist nicht Schwäche; wie der Heilige Geist kann die Jungfrau kühn und beharrlich in ihren Unternehmungen sein. Die Christen sehen in ihr die große Widersacherin Satans, denn sie macht sich an die verstocktesten Sünder heran und gibt keinen auf. Die mütterliche Geduld, mit der sie die Verirrten auf den rechten Weg führt oder die Gläubigen stärkt, ist ein Abbild der unerschütterlichen Geduld des Heiligen Geistes, der unablässig am Werk ist, um in den Seelen alle gegen die Liebe vorhandenen Hindernisse wegzuräumen. Und wenn schließlich der Heilige Geist die Liebe und Quelle der Liebe ist, so ist die Jungfrau mit ihrem mütterlichen Herzen das eindrücklichste Symbol der barmherzigen Liebe.

Maria gibt die von ihrem göttlichen Bräutigam, der sie herangebildet hat, erhaltene Vollkommenheit weiter und ist zur Vermittlerin der Gaben des Heiligen Geistes in der Kirche geworden.

III. Mutter des Wortes

Erhöhung der mütterlichen Liebe Mariens

Als bevorzugte Tochter des Vaters und Braut des Heiligen Geistes besaß Maria eine außerordentliche Bindung an Gott. Aber als Mutter des Wortes ist sie auf das Innigste mit der Gottheit vereinigt. Um den Menschen seine Liebe zu bekunden, hat Gott zwischen sich und einem seiner Geschöpfe die Beziehung des Kindes zu seiner Mutter herzustellen geruht. Nichts konnte inniger sein als eine solche Beziehung. Der glorreiche Name »Muttergottes«, den die Kirche Maria zuerkannt hat, bringt das äußerste Maß der göttlichen Liebe zum Ausdruck, die sich demütig mit dem Wesen verband, das sie erschaffen hat. Dieser Name weist auch auf die schwindelerregende Größe hin, die diese Liebe der Jungfrau verliehen hat.

Gewiss, Maria ist nicht die Mutter der Gottheit, was übrigens undenkbar wäre. Sie ist die Muttergottes, weil sie die Mutter der göttlichen Person des Wortes ist. Physisch hat sie nur den menschlichen Leib Jesu hervorgebracht, aber sie ist Mutter der vollen Person ihres Kindes, denn die Mutterschaft stellt eine Beziehung von Person zu Person her. Darum ist Christus Sohn Gottes gemäß seiner Gottheit und Sohn Mariens in seiner Menschheit. Maria hat also denselben Sohn wie der himmlische Vater selbst. Das Wort, das seit aller Ewigkeit da war, ist ihr Kind geworden. Wie war dieses mütterliche Herz beschaffen, das Gott selbst aufnehmen durfte?

Es besaß alles, was ein mütterliches Herz für gewöhnlich an Liebe und Hingabe enthält. Die mütterliche Liebe als solche ist eine sehr hohe Form der Liebe, denn sie schließt die völlige Selbsthingabe in sich ein. In ihr schenkt sich die Person mehr als in anderen Arten der Liebe. In der kindlichen Liebe, die ein Kind seinen Eltern entgegenbringt, ist die Hingabe nicht so vollkommen, weil das Kind von seinen Eltern mehr empfängt, als es ihnen geben kann, und es befindet sich in einer Lage, in der alles auf es wie auf einen Brennpunkt der Zuneigung ausgerichtet ist. In der ehelichen Liebe ist der Wunsch nach einer Stütze und einem Beistand im Ehepartner wesentlich, sodass man in ihr ebenso viel empfängt, wie man schenkt. In der mütterlichen Liebe ist es die Mutter, die sich hingibt und ihre Kraft dem Aufwachsen des Kindes weiht. Sie wird von dieser Liebe nie so viel zurückerhalten, wie sie gegeben hat, denn sie arbeitet an einer Persönlichkeit, die sich allmählich von ihr loslöst. Ihr Ziel ist nicht, vom Kind etwas zu erhalten, sondern für sein Wohl zu sorgen und aus ihm einen ganzen Menschen zu bilden. Als sich das Wort zum Sohn Mariens machte, wollte es von einem mütterlichen Herzen diese völlige

Hingabe der Liebe verlangen. Es wünschte, von der vollkommensten menschlichen Liebe in der Menschheit aufgenommen zu werden.

Über jeder anderen Liebe stehend, war die Liebe Mariens zudem noch einzigartig, weil sie gleichzeitig mütterlich und jungfräulich war. Die Jungfräulichkeit gab der Liebe, mit der Maria ihren Sohn betrachtete, eine unvergleichliche Ursprünglichkeit. Sie konnte ihm ein Herz schenken, das durch keine fleischliche Knechtschaft beschwert, das in einer idealen Atmosphäre unberührt geblieben war. Dieser jungfräuliche Zustand verlieh der mütterlichen Liebe Mariens die Kraft dauernder Jugend. Die Frucht hatte in ihr die Blüte nicht zum Absterben gebracht. Der Duft des Frühlings war auch in der Reife vorhanden. Es war für Jesus eine nicht geringe Befriedigung, im Antlitz seiner Mutter die unbefleckten Züge der Jungfrau betrachten zu können.

Die mütterliche Liebe Mariens war überdies noch in höherem Maße durch die unbefleckte Reinheit ihrer Seele gekennzeichnet. Ihre vollkommene Heiligkeit sicherte sie vor Verirrungen, denen sie normalerweise ausgesetzt gewesen wäre. Selbst wenn eine Mutter sich völlig ihrem Kind hingeben will, kann sie gewissen Einflüssen der Selbstsucht nicht ganz entrinnen, sei es, dass sie ihre eigene Befriedigung im Kind sucht, sei es, dass sie Neigungen ihres Temperaments und schlechter Laune oder Ungeduld Ausdruck verleiht. Das Kind wird sich nach einiger Zeit dieser Unvollkommenheiten bewusst und das Bild der Mutter verliert an Adel, auch wenn es in seinen Augen heilig bleibt. Jesus erlebte nie eine derartige Enttäuschung, denn Maria war nicht mit der Erbsünde belastet und trug keine der Neigungen in sich, die den Menschen zum Bösen drängen. Sie kannte keine Regungen der Selbstsucht, verlor nie ihr seelisches Gleichgewicht und beherrschte ihr Gemüt. Die innere Harmonie hatte eine vollkommene Ausgeglichenheit in den Beziehungen zu ihrem Sohn zur Folge. Christus wurde bei keiner Gelegenheit durch das Verhalten seiner Mutter verletzt oder enttäuscht. Nie befand er sich in der unangenehmen Lage eines Kindes, das hin- und hergerissen wird zwischen dem Wunsch, eine vollkommene Mutter zu haben, und der Feststellung, dass sie nicht fehlerlos ist. Zwischen der idealen Mutter und Maria bestand kein Unterschied.

Wenn nie ein Schatten der Sünde zwischen die Jungfrau und ihren Sohn fiel, so hatte die Vollkommenheit ihrer Beziehungen nicht nur diese negative Grundlage. Die mütterliche Liebe Mariens war durch die Gnade auf die Ebene der übernatürlichen Liebe erhoben worden. Denn diese Liebe richtete sich auf Gott selbst, auf die göttliche Person des Sohnes, und um die göttliche Person in ihrem Kind wirklich zu erreichen, musste Maria mit der übernatürlichen Liebe lieben, die den Menschen unmittelbar mit Gott verbindet. Gewiss, diese Liebe wird von Gott allen Menschen gewährt, die ihr die Seele öffnen wollen. In Maria aber nahm sie die Form der mütterlichen Liebe an und identifizierte sich mit dieser Liebe. Die anderen Mütter lieben Gott und ihr Kind auf zwei verschiedene Weisen; Maria liebte Gott und ihren Sohn mit einer einzigen Liebe. Wenn man von den anderen Müttern sagt, dass sie ihr Kind anbeten, so ist dieser Anbetung notwendigerweise eine Grenze gesetzt, da Anbetung im eigentlichen Sinne nur auf Gott bezogen sein kann. Für Maria war diese Grenze nicht vorhanden; sie durfte ihren Sohn berechtigterweise anbeten, ihn in religiöser Ehrfurcht anbeten.

Die übernatürliche Liebe hatte sich also der mütterlichen Liebe Mariens bemächtigt und ihre Selbstlosigkeit in der Hingabe verstärkt und bis zur letzten Möglichkeit gebracht. Ihr Wesen ist es, die Seele anzuleiten, Gott um seiner selbst willen zu lieben aus Wohlgefallen an seiner Größe und göttlichen Güte. Sie brachte die Jungfrau dazu, ihren Sohn, den Sohn Gottes, um seiner selbst willen zu lieben, sich für ihn zu vergessen, ihm zu dienen und all ihre Kräfte in diesem Dienst zu verzehren, ohne je Ruhe oder Anerkennung zu verlangen. Sie veranlasste Maria, nur an Jesus zu denken und nur von ihm zu träumen, ohne je Rücksicht auf sich selbst zu nehmen.

Als Maria darum bei der Verkündigung vernommen hatte, dass ihr Kind als Erlöser in alle Ewigkeit über sein Volk herrschen sollte, bemühte sie sich nicht, einen Vorzugsplatz in diesem Reich zu erhalten. Die Jünger Jesu waren später von diesem Wunsch beseelt. Sie stritten sich um den ersten Rang und drängten sich vor, so die Söhne des Zebedäus, deren Mutter beim Meister bewirken wollte, dass er sie über die anderen stellen sollte. Die Mutter Jesu hatte nie einen derartigen Schritt zu ihren Gunsten unternommen, im Gegenteil hatte sie nie den Wunsch gehegt, aus dem Triumph ihres Sohnes Nutzen zu ziehen. Sie glaubte mehr als irgendwer an die wunderbare Macht, über die Christus verfügen werde, doch dachte sie nur an ihn und an das Wohl der Menschen. All ihr Streben war auf die Größe ihres Kindes gerichtet und sie verzehrte sich in ihrer mütterlichen Aufgabe, um zu dieser Größe beizutragen.

Maria erfüllte in ihrer Mutterliebe den Wunsch jeder übernatürlichen Liebe: sich Gott innigst zu weihen, das eigene Glück nur noch in ihm zu suchen, ihm alle Sorgen anheimzustellen, um nur an seine Verherrlichung zu denken. Die Jungfrau verfolgte nur ein Ziel in ihrem Leben: die Verherrlichung des Sohnes Gottes.

Gott wollte, dass Maria, als er sie zur Mutter des Wortes machte, seinem Sohn das Höchste geben sollte, was ein Geschöpf seinem Schöpfer geben kann. Er betonte damit zugleich, dass es einem menschlichen Wesen möglich ist, Gott wirklich etwas zu geben, ihm sogar etwas zu geben, das ihn im Innersten zu rühren imstande ist. Eine so große Macht bezaubert den Menschen derart, dass er es kaum glauben kann. Der Mensch befindet sich Gott gegenüber zweifellos in der Lage des Empfangenden, der alles, das Leben, die Persönlichkeit, die Fähigkeiten und Besitztümer, von ihm erhält, und ebenso erhält er alles von der göttlichen Allmacht in seiner Tätigkeit. Wie könnte er also ihm etwas schenken, dem er alles verdankt? Weil Gott den Menschen auf eine andere Ebene, auf die Ebene gegenseitiger persönlicher Beziehungen erhoben hat, auf der sich der Austausch der Liebe und gegenseitigen Hingabe vollzieht. Der Mensch ist von Gott befähigt worden, ihm auf dieser Ebene etwas zu schenken. Und in der Mutterschaft der Jungfrau offenbart sich die neue, dem Menschen verliehene Macht in ihrer vollen Tragweite. Maria hat dem Wort ein menschliches Leben und ein menschliches Herz gegeben. Ihr war die Verantwortung übertragen, das menschliche Antlitz Christi zu bilden, seine körperlichen Züge zu formen und seine seelische Veranlagung zur Entfaltung zu bringen.

Hätte Gott uns ein größeres Zeichen des Wohlgefallens, das er seinen Geschöpfen bezeugt, geben können, als auf diese Weise einem von ihnen die Aufgabe anzuvertrauen, der menschlichen Natur des Wortes das tiefe Gepräge seiner Ähnlichkeit zu schenken? Die ganze körperliche Veranlagung Jesu stammte von seiner Mutter; sie hatte ihm die körperliche Gestalt vermittelt. Wenn man an die Bestimmung des Körpers Christi denkt, der in der Passion nicht nur das Instrument unseres Heiles war, sondern, mit der Herrlichkeit der Auferstehung bekleidet, seine Gegenwart in der Kirche unter der eucharistischen Gestalt unbeschränkt weiterführen und allen Christen zur Speise werden sollte, so begreift man die Unermesslichkeit des göttlichen Vertrauens, das diesen Leib aus der Jungfrau entstehen ließ. Überall im Weltall und durch alle Zeiten bis zu ihrem Ende soll dieser Leib die tiefe Prägung seiner mütterlichen Herkunft tragen.

Das göttliche Vertrauen war noch größer in der Übertragung eines entscheidenden Einflusses auf die Seele Christi an Maria. Maria gab Christus nicht nur den Körper und das natürliche Temperament, sie trug auch zur Bildung seines Geistes und Herzens bei. Das war sogar ihre Hauptaufgabe, denn die Aufgabe einer Mutter besteht viel mehr in der Erziehung des Kindes als im einfachen Gebären. Man ist versucht, alles abzuweisen, was diese Aufgabe im Falle Marias in sich schließt. Verfügte Jesus nicht über genügend Macht, um auf die Mithilfe seiner Mutter verzichten zu können? Besaß er nicht in der Vollkommenheit und Heiligkeit seiner göttlichen Natur die Regel für sein Verhalten? Warum hatte er sich demnach einer Erziehung zu unterwerfen? Stellt man schließlich Maria nicht über die Gottheit, wenn man ihr die Fähigkeit zuerkennt, die Seele des Wortes zu beeinflussen?

Das ist die im Geheimnis der göttlichen Mutterschaft der Jungfrau enthaltene Schwierigkeit. Man kann sich nur sehr schwer vorstellen, dass ein menschliches Wesen auf eine Person, die Gott war, einen wirklichen Einfluss ausüben und ihr wahrhaft etwas geben konnte. Aber die Wahrheit der Menschwerdung ist untrennbar von der Wahrheit der göttlichen Mutterschaft. Das Wort hätte sich einen Körper erschaffen können, ohne die Dienste der Jungfrau in Anspruch zu nehmen. Um auf die Welt zu kommen, hätte es sich die

Seele bilden können unabhängig von jedem mütterlichen Beistand. Aber Gott wollte es nicht. Das Wort ist durch die Bildung seines Leibes im Mutterschoß und der Seele in der Atmosphäre einer mütterlichen Liebe ganz Mensch geworden. Es handelte sich infolgedessen auch nicht um eine Scheinerziehung ebenso wenig wie um eine Vorspiegelung der Zeugung. Jesus wurde von seiner Mutter ebenso wahrhaftig erzogen, wie er aus ihr geboren wurde. Er überließ dem mütterlichen Herzen Mariens die Bildung der Seele. Dieses mütterliche Herz wurde also verantwortlich für die Gestalt Jesu. Es barg im Geheimen den ersten Entwurf der in den Evangelien beschriebenen Persönlichkeit Christi.

Maria übte auf ihren Sohn einen stärkeren Einfluss aus als die anderen Mütter auf ihre Kinder. Die Göttlichkeit Jesu war für den mütterlichen Einfluss kein Hindernis, im Gegenteil, sie steigerte seine Kraft. Infolge seiner Heiligkeit brachte das Kind seiner Mutter eine kindliche Liebe von außerordentlicher Glut und zugleich einen völligen Gehorsam entgegen. Man hätte sagen können, dass es durch die Untertänigkeit die Göttlichkeit vergessen lassen wollte; seiner Macht gefiel es, sich zu unterwerfen. Gerade durch den Gehorsam und die Liebe öffnete sich Jesus völlig dem Einfluss Mariens. Der Gehorsam drängte ihn, selbst die geringsten Wünsche seiner Mutter zu erfüllen. Die Liebe prägte ihm die Eigenschaften der Jungfrau ein und veranlasste ihn, sich die tiefen Züge ihrer Persönlichkeit anzueignen.

Die Erziehung des Sohnes des Vaters

Maria trug wesentlich dazu bei, in Jesus eine menschliche Haltung als Sohn des Vaters auszubilden. Christus sollte in seiner menschlichen Natur das sein, was er durch seine göttliche Person war. Die Herkunft vom Vater sollte eine menschliche Form, menschliche Züge und Gefühle annehmen. Wir stellen im Evangelium fest, dass diese Herkunft das ganze Verhalten des Erlösers bestimmt. Jesus ist vor allem bestrebt, seine Einheit mit dem Vater zu betonen. Er bezeichnet als Grundlage seiner Lehre, der Wunder und seines ganzen Wirkens den Vater.

Diese menschliche Geistesverfassung als Sohn des Vaters wurde gefordert durch die Person des Wortes, aber erworben nur mit der Hilfe Mariens. Die Jungfrau lehrte Christus, die Bindung an den Vater in sein Menschsein zu übertragen. Sie war befähigt, diese Verantwortung zu übernehmen, weil sie selbst die Gnade einer außerordentlichen Kindschaft gegenüber dem Vater erhalten hatte. Sie war Tochter des Vaters im vollsten Sinne des Wortes aufgrund ihrer Unbefleckten Empfängnis und makellosen Heiligkeit. Wir haben gesehen, wie sie diese Kindschaft lebte und wie die Harmonie dieser Beziehung zum Vater nie eine Trübung erlitt. Ganz selbstverständlich übertrug sie darum diese Kindeshaltung auf Jesus und ermöglichte ihm so, die Tiefen seiner göttlichen Herkunft in der Sprache und im menschlichen Verhalten zum Ausdruck zu bringen.

Maria gab im Grunde Jesus einfach zurück, was er selbst ihr gegeben hatte. Denn wenn sie Tochter des Vaters geworden war, so verdankte sie es dem Verdienst des Erlösers, Christus. Diese Verdienste hatten ihr durch eine Vorwegnahme die Gnade der Unbefleckten Empfängnis erwirkt. Die Jungfrau war der göttlichen Kindschaft, die Jesus den Menschen vermitteln sollte, im Voraus teilhaftig geworden, damit sie ihren Sohn in einer Atmosphäre der Kindschaftsliebe gegenüber Gott erziehen konnte. Christus war also der Ursprung der Kindschaftsgefühle Mariens und sie übertrug nun diese Gefühle seiner menschlichen Seele mittels ihrer mütterlichen Erziehung.

Der Jungfrau fällt die Ehre zu, vor Jesus zum ersten Mal den Namen Gottes in der jüdischen Volkssprache auszusprechen. Das Kind wiederholte diesen Namen mit demselben Ausdruck tiefer Ehrfurcht, den die Mutter in ihn legte, wie einen Namen, den leichtfertig auszusprechen man sich scheut, an dem das Dasein aller Dinge hängt. Maria hatte von ihrem Volk eine heilige Furcht vor dem Namen »Jahwe« geerbt und trotzdem erregte dieser Name auf ihren Lippen nicht Schrecken, sondern vielmehr die volle Hingabe ihres Wesens und die Anerkennung einer unbeschränkten Majestät. Die Jungfrau legte in diesen Namen einen familiären Ton, in welchem ein Gefühl großen Vertrauens mitschwang. Wenn sie auch die Anbetung, die dieser Name verdiente, ins Äußerste steigerte, so klang er doch weich, und damit er ins Herz Jesu eindrang, wagte sie, ihn mit Freude und Wohlgefallen auszusprechen. In Maria hatte die von den Heiligen Büchern empfohlene Furcht Gottes die Haltung der Unterwürfigkeit und einer von Liebe erzeugten Ehrfurcht angenommen. Sie wünschte nicht, dass der Name »Jahwe« zum Anlass unfruchtbaren Schreckens werde. So hörte Jesus diesen Namen, den sie ihn in mütterlicher Liebe lehrte, von Liebe beseelt.

Ebenso lehrte Maria ihren Sohn die ersten Gebete der Juden Wort um Wort, Satz um Satz. Auch in ihrer Art, die Gebete aufzufassen und zu erklären, lag eine besondere Note kindhaften Vertrauens. In ihrem Munde nahmen sie einen von ihrem ursprünglichen Klang verschiedenen Wert an, den Wert des Neuen Testamentes, in welchem Gott den Menschen nähersteht. Wie hätte Maria diesen Unterschied nicht hervorheben müssen, da sich ihr das Neue Testament zu enthüllen begann, da sie in innigster Vereinigung mit dem Heiligen Geist lebte und beständig vom Sohn Gottes selbst umgeben war? Diese Geistesverfassung Mariens tat sich übrigens in ihrem ganzen Verhalten kund, in den unvermittelten Liebesbezeugungen gegenüber dem Herrn. In ihrem Herzensgebet äußerte Maria ihre Gefühle freier, als wenn sie die üblichen Gebetsformeln sprach. Später wird Christus als Erbe dieser Haltung das kindhafte Vertrauen, das das Gebet auszeichnen muss, genauer umschreiben, als es Maria möglich war. Er fordert seine Jünger auf, Gott zu Beginn des Gebetes »Unseren Vater« zu nennen. Diese Anrede hatte die Jungfrau in den jüdischen Gebeten nicht gefunden und hätte sie auch nicht in sie einfügen können. Aber sie fühlte sich gedrängt, Gott unter diesem Namen anzurufen, denn sie wandte sich an ihn als an den von väterlicher Güte erfüllten Herrn.

Übrigens war die persönliche Auffassung, die Maria von den jüdischen Gebeten hatte und die sie auch ihrem Kind vermittelte, dem Geist derselben keineswegs fremd. Jesus wird erklären, dass er nicht gekommen sei, um das Gesetz aufzuheben, sondern um es zu vollziehen, es in seine Fülle zu überführen.[29] Das galt schon für Maria, die sich der Überlieferung nicht entgegenstellte, sondern sie sich aneignete, um neue Früchte aus ihr zu ernten. Wenn sie sich an Gott wie an einen Vater wandte, so entsprach sie dem eigentlichen Sinn der Gebete des Alten Testamentes. Das tägliche Gebet begann mit den Worten: »Höre, Israel! Der HERR, unser Gott, der HERR ist einzig. Darum sollst du den HERRN, deinen Gott, lieben mit ganzem Herzen, mit ganzer Seele und mit ganzer Kraft.«[30] Musste man Gott nicht in der Art eines Kindes lieben, wenn man ihn aus ganzem Herzen und mit allen Kräften lieben musste? Das hatte die Jungfrau verstanden.

Mit Begeisterung sprach sie zu ihrem Kind von der Güte Gottes. Da sie ihm die Grundelemente der jüdischen Religion

---

[29] Mt 5,17.

[30] Dtn 6,4f.

zu vermitteln hatte, legte sie die ganze Feinheit ihres Urteils in den einfachen mütterlichen Unterricht. Sie zeichnete in großen Zügen die Geschichte des auserwählten Volkes und hob die wohlwollende Sorge des Allmächtigen hervor, der es durch alle Geschehnisse der Vergangenheit begleitete. Die Wohltaten eines liebevollen Gottes reihten sich eine an die andere und zogen manchmal durch herrliche Wunder die Aufmerksamkeit auf sich. Nie blieben die unaufhörlich sich auflehnenden und Gott beleidigenden Söhne sich selbst überlassen. Das Hauptgewicht der Auslegung dieses bevorzugten Schicksals lag also auf der unbesiegbaren Liebe Gottes, der ein väterliches Herz besitzt. Jesus wusste über die Geschichte seines Volkes viel mehr als seine Mutter und er kannte auch das Herz des Vaters unvergleichlich besser. Doch erhielt die einfache Darstellung Mariens in seinen Augen einen großen Wert und er nahm sie wissbegierig auf, um sie sich zu eigen zu machen, denn sie brachte in volkstümlicher Sprache lebendig zum Ausdruck, welche Vorstellung sich das menschliche Denken von Gott machte, und war zugleich ein Musterbeispiel kindlicher Dankbarkeit für die Wohltaten Gottes. Er fühlte im Umgang mit Maria, wie stark die Wahrheit vom Walten einer väterlichen Liebe in der Welt das Herz zu weiten und den Geist zu entzücken vermochte. Diese Wahrheit übte auf die Jungfrau einen ungeheuren Zauber aus, nährte ihre Freude und ihr Vertrauen.

Später, als der Herr seine ganze Lehre auf der Liebe Gottes zu den Menschen begründete, begnügte er sich nicht, diese Grundursache seinem göttlichen Bewusstsein als Sohn Gottes zu entnehmen. Er bemühte sich vielmehr, sie auf eine Weise darzustellen, die an die Worte Mariens erinnerte. Er legte dar, dass der Vater der Ursprung seines Lebens, seiner Lehre und seiner Wunder sei und wollte damit erreichen, dass sich die Jünger davon ebenso begeistert zeigten wie einst die Jungfrau.

Die Überzeugung, dass die Güte des Vaters das Erlösungswerk lenkt, sollte der Schwerpunkt ihres Glaubens sein. Diese Überzeugung sollte ihren Eifer nähren, wie es einst bei Maria geschehen war. Die ganze Lehre Jesu bezweckte, seine Herkunft vom Vater zu offenbaren, eine Herkunft, die er mit den von Maria geformten Gefühlen und in ihrer Sprache offenbarte.

Erziehung des Erlösers

Seit der Verkündigung wusste Maria, dass ihr Sohn der Messias war, der den Menschen das Heil vermitteln wollte. Der Engel hatte ihr das Ziel der Erziehung, die sie Jesus zu geben hatte, gezeigt. Sie sollte in ihm mit den Möglichkeiten ihres mütterlichen Einflusses den Erlöser heranbilden.

Aber wie ihn bilden? Sollte sie es tun in der Schau der Herrlichkeit, die die Botschaft des Engels Gabriel ihr eröffnet hatte? Der Thron Davids, ein Reich ohne Ende, war ihm verheißen worden. Der greise Simeon hatte hinzugefügt, diese Herrlichkeit werde sich auf die ganze Erde erstrecken, denn sie sollte »allen Völkern« geoffenbart werden, und Jesus werde das Licht sein, das die Heiden erleuchtet.[31]

Maria war entzückt von dieser Prophezeiung. Sollte sie von ihr Gebrauch machen, um Jesus in der Schau seiner künftigen Größe zu erziehen? Erzieht man Prinzen nicht, indem man ihnen die Größe der königlichen Aufgabe, die ihnen zufallen wird, einbläut?

Maria bediente sich dieses Vorgehens nicht. Die Jungfrau sprach mit Jesus weder über die Verheißung des Engels noch über die Prophezeiung Simeons. Sie behütete das großartige Bild der Zukunft ihres Sohnes in der Tiefe des Herzens. Sie gab sich Rechenschaft, dass ihre Aufgabe nicht darin be-

[31] Lk 2,31–32.

stand, Jesus im Streben nach Ehren zu unterstützen. Sie hatte nie nach solchen Ausschau gehalten und war irdischem Ehrgeiz unzugänglich. Darum konnte sie ihr Kind nur in einer Atmosphäre der Demut aufziehen. Sie war sich bewusst, dass die verheißene Herrlichkeit kein Ziel der Eroberung, sondern eine von Gott dargebotene Gunst war. Sie durfte also ihrem Sohn die Herrlichkeit des künftigen Reiches nicht verlockend vor Augen stellen. Gott würde die Verwirklichung seines Versprechens selbst besorgen.

Trotzdem musste Maria sich durch die ihr zuteilgewordene Offenbarung führen lassen. Sie musste der messianischen Bestimmung Christi Rechnung tragen. Was tat sie, um ihn darauf vorzubereiten? Es war ihr nicht bekannt, mit welchen Mitteln diese Bestimmung ihr Ziel erreichen sollte. Sie wusste aber, dass eine barmherzige Liebe zu den Menschen, die zu erlösen ihm aufgetragen war, den Messias leiten wird, und sie hatte ebenfalls aus den Voraussagen verstanden, dass die Glückseligkeit des Heils nicht ohne Leid erworben werden kann. In diesem Geist und in dieser Schau, die übrigens ihrer Seelenverfassung völlig entsprachen, erzog die Jungfrau ihr Kind.

Ihr mütterliches Herz musste sich nicht anstrengen, um Jesus mit einer Atmosphäre barmherziger Liebe zu umgeben. Schon immer hatte das menschliche Elend Maria gerührt, vor allem die seelische Not, die sie in ihrer Umgebung wahrnahm und deren grenzenlose Verbreitung in der Welt sie ahnte. Sie verstand angesichts der Bosheit der Menschen die energische Forderung des Psalmisten nach Strafe, denn sie hatte eine tiefe Abscheu vor der Sünde. Persönlich aber neigte sie dazu, die Sünder mit Mitleid zu betrachten. Sie erblickte in ihnen Unglückliche, die ihrer Schwäche erlagen und einer höheren Kraft bedurften, um sich wieder aufzurichten. Sie wusste aus der Heiligen Schrift, dass Gott selbst sich seines verirrten Volkes erbarmte. Sein Zorn hielt nicht an, die Barmherzigkeit blieb. Darum sehnte sich Maria aus ganzem Herzen nach dem Beginn der messianischen Zeit. Wie hätte sich ihre Sehnsucht nach Barmherzigkeit, nach Liebe für alle, die sie so dringend benötigten, nicht vertiefen sollen, jetzt, da diese Zeit angebrochen war?

Jesus war in seiner Kindheit Zeuge des Verhaltens Mariens gegenüber jenen, die man »Sünder« nannte. Während die Pharisäer sich anmaßten, sich als Gerechte zu betrachten, jede Berührung mit diesen Sündern vermieden und ihnen ihre Verachtung kundtaten, bezeugte Maria den Unglücklichen eine besondere Aufmerksamkeit, sooft sich eine Gelegenheit bot. Man fühlte in der Art, mit der sie zu ihnen sprach, das große Mitleid, das sie in ihr erregten. Dieses Mitleid verweigerte sie selbst den verstocktesten Sündern nicht, die sich über die Religion lustig machten. Maria hielt sie des Erbarmens umso würdiger, je weniger sie sich ihres eigenen Elends bewusst waren. Als Christus seinen Zorn vor hartnäckigen Gegnern in einem Blick betrübten Mitleids verbarg, war es die Wiederholung eines mütterlichen Blickes.[32] Und die am Kreuz für die schlimmsten Feinde erbetene Verzeihung war eine Verlängerung der Bitten Mariens für die verdorbensten Sünder. Jesus war Freund der Zöllner und Sünder im vollsten Sinne des Wortes und ohne sich Zwang aufzuerlegen, aus einer Vorliebe für sie, denn seine Mutter hatte ihn mit Güte erzogen.

Die Liebe zu den Menschen ist der Ursprung der Menschwerdung des Wortes. Das Wort ist Fleisch geworden, um die Menschen zu erlösen, sie aus ihrem Sündennetz zu befreien und ihnen das Glück der Gottesfreundschaft zu bringen. Die menschliche Natur Christi ist also schon Ausdruck der gött-

---

32 Mk 3,5.

lichen Liebe für die Menschheit. Die Jungfrau musste diese Grundlage der Liebe zu den Menschen und Sündern nicht in Jesus hineinlegen; sie war der Sinn seines menschlichen Daseins. Aber sie hatte die Aufgabe, ihre Entwicklung zu fördern. Sie war dazu befähigt, weil sie die Grundwahrheit, die dem ganzen Heilsplan innewohnte, in hervorragender Weise begriffen hatte: Gottes Güte hatte beschlossen, die Menschheit in herrlicher Weise zu erhöhen. Sie betrachtete sich in ihrer mütterlichen Güte als Werkzeug dieser Güte. Sie war bestrebt, sie in ihrem ganzen Verhalten aufleuchten zu lassen, um sie so getreu wie nur möglich an die Seele ihres Kindes weiterzugeben.

Die mütterliche Erziehung gab also Jesus das lebendige Beispiel der Anziehungskraft, die wohlwollende Güte auf die Menschen ausübt. Das Kind sah die Dankbarkeit, die Maria durch ihre Sympathie vor allem bei jenen auslöste, die aus der Gesellschaft ausgestoßen waren. Diese Sympathie eröffnete der Jungfrau den Zugang zu den Herzen und übte auf sie einen guten Einfluss aus. Ihr Rat wurde gerne entgegengenommen. Sie hatte es meist nicht nötig, Ratschläge zu erteilen, denn das Beispiel ihres Lebens genügte, um die Menschen mitzureißen. Maria verwandelte dank ihrer Güte unmerklich alle, mit denen sie in Berührung kam, selbst jene, die ihrer Heiligkeit am unzugänglichsten erschienen. Erinnert sich Jesus nicht daran, als er sich an den Zöllner Zachäus wendet?

Zachäus hatte durch seinen Beruf und seine Lebensweise allgemein Abscheu erweckt. Auf der Straße folgten ihm böse und verächtliche Blicke. Gerade solchen Leuten hätte Maria kühn und furchtlos ihr Verständnis bezeugt; Jesus tat es. Vor aller Augen richtete er freundschaftliche Worte an den Zöllner und kündigte ihm seinen Besuch in dessen Haus an, in einem Haus, das viele Juden mit Verachtung mieden. In der Dankbarkeit des Mannes und der Verwandlung, die diese

Freundschaftsbezeugung in seiner Seele, die sogleich entschlossen war, nur noch das Gute zu tun, bewirkte, sah Jesus die Früchte, die das Wohlwollen seiner Mutter für gewöhnlich hervorgebracht hatte: eine tiefe Dankbarkeit und eine Besserung im seelischen Verhalten. Gewiss, diese Früchte stammten hier unmittelbar aus seiner erlösenden Kraft. Aber das Vorgehen war Marias Verhalten in ihrer bescheidenen Umgebung ähnlich.

Marias Verhalten hatte Jesus ebenfalls in einer greifbaren menschlichen Erfahrung die große Wirkung kleiner materieller Diensterweisungen gezeigt. Die Jungfrau war von einem mächtigen apostolischen Eifer beseelt. Sie brannte vor dem tiefen Verlangen, verirrte Seelen auf den rechten Weg zurückzuführen und jene zu bessern, die in der Mittelmäßigkeit dahinsiechten. Aber sie zwang ihnen nicht auf, was man als Predigt hätte empfinden können. Sie konnte über das schweigen, was ihr am meisten am Herzen lag, aus Ehrfurcht vor den Seelen, die ein unvermitteltes Pochen an das Gewissen nicht ertrugen oder die noch nicht vorbereitet waren, einen Rat entgegenzunehmen. Maria bezeugte ihnen ihre Nächstenliebe durch kleine Diensterweise. Sie wartete auf eine Gelegenheit, ihnen nützlich zu sein. Besondere Aufmerksamkeit widmete sie den Kranken und soweit es die Umstände und die Gebräuche erlaubten, brachte sie ihnen Hilfe. Diese Dienstbereitschaft und die Krankenpflege öffneten ihr die Seelen. Der Trost, den sie geprüften Menschen durch aufrichtige Teilnahme an ihrem Leid spendete, war begleitet von der Ausstrahlung ihrer Heiligkeit. Christus vergaß diese Lehre nicht, denn er begann seine apostolische Tätigkeit mit einer freigebigen Verteilung materieller Wohltaten. Er vollzieht zahlreiche körperliche Heilungen, um die Seelen erlösen und ihnen die Sünden vergeben zu können, und er zeigt sein Mitleid allen Leidenden. Dadurch erweckt er eine große Anhänglichkeit an seine Person, die es ihm erlaubt, auf die Menge zu wirken und ihr Denken auf höhere Güter zu lenken.

Wenn Jesus seine Mutter betrachtete, musste er ihre Geduld bewundern. Die Geduld ist eine mütterliche Tugend. Maria musste sie ihrem Kind gegenüber nie üben, es war vollkommen gehorsam; sie übte sie gegenüber anderen. Es wäre ein Irrtum anzunehmen, dass die Vollkommenheit Maria vor Feindschaft bewahrt hätte. Die höchste Heiligkeit schützt nicht vor bösen Anklagen. Maria entging der Eifersucht, der Verleumdung nicht. Ihre Waffe gegen böse Worte oder Taten war geduldiges Schweigen. Nie nahm sie schlimme Absichten anderer zum Vorwand, um über sie in ihrem Herzen zu urteilen und ihnen die Liebe zu entziehen. Sie entzog keinem Menschen das Vertrauen auf seine guten Anlagen, weil sie hoffte, dass diese sich schließlich durchsetzen würden. Sie verzieh und vergaß jedes ihr angetane Unrecht. Kann man seiner Liebe Einhalt gebieten, wenn man jemanden retten will? Geduldiges Schweigen, unverbrüchliche Freundschaft hat Jesus Judas bezeugt. Er nannte ihn noch »meinen Freund« im Augenblick des Verrates. Selbst im Sterben am Kreuz hat das Schwinden seiner physischen Kräfte die Geduld nicht vermindert. Mit der letzten Bitte um Vergebung für seine Feinde, die ihn ruchlos verfolgt hatten, verschenkte Jesus die Schätze seiner liebevollen Geduld, die sich in seinem Kinderherzen dank der mütterlichen Erziehung angehäuft hatten. Das war der Sieg des Erlösers.

Unter den aus göttlicher Eingebung über Jesus gesprochenen Worten hatten jene Simeons Maria am stärksten beeindruckt. Sie ließen große Schwierigkeiten und Leiden in der Erfüllung des Erlösungswerkes vorausahnen. Die Jungfrau kannte keine Einzelheiten der künftigen Prüfungen. Gemäß der Prophezeiung des Greises sollte das Kind zum Zeichen des Zwiespalts unter den Menschen werden und auf Widerstand stoßen. Maria war wohl von dieser Aussage erschüttert worden, fand sie aber nicht sonderbar, da die Propheten Israels starken Widerständen begegnet und oft verfolgt worden waren. War der Knecht Jahwes, wie ihn ein Prophet beschreibt, nicht den Schmähungen und der Verhöhnung ausgeliefert und musste er nicht vor den Gegnern »sein Gesicht hart wie einen Kiesel machen«?[33] Maria wusste also, dass sie ihr Kind auf die Prüfungen vorbereiten und ihm helfen musste, eine unbeugsame Festigkeit zu erlangen, damit es seinen Feinden später mit einem Antlitz gleich einem Felsen gegenübertreten könnte. Die Sanftheit ihrer mütterlichen Liebe hinderte sie darum nicht, eine ausgesprochene Herbheit in ihre Erziehung zu legen; Sanftheit bedeutet nicht Weichlichkeit. Maria schreckte nicht davor zurück, ihren Sohn die Unannehmlichkeiten der Armut spüren zu lassen. Seine kindlichen Kümmernisse rührten sie nicht übermäßig. Sie brachte ihm bei, alles fröhlich zu ertragen und Kleinigkeiten keine zu große Bedeutung beizumessen. Jesus war von größter Feinfühligkeit, körperlich wie seelisch, einer Feinfühligkeit, die seine Leiden steigerte. Sie war der Feinfühligkeit seiner Mutter sehr ähnlich und er sah, wie die Jungfrau sie überlegen beherrschte. Den Schwierigkeiten des gesellschaftlichen Lebens wie auch den ersten Ungerechtigkeiten und dem Unverstandensein ausgesetzt, eignete er sich im Umgang mit Maria ein mutiges, hochherziges Verhalten an. In der Schule seiner Mutter erwarb er die ruhige Festigkeit vor Gegnern und diese Festigkeit bezeugte er noch in den Leiden und in der Schmach des Kreuzestodes.

Maria war durch die Prophezeiung vom Schmerzensschwert geleitet, als sie Jesus half, seine volle Seelenstärke zu entwickeln. Sie wusste, dass dieses Schwert erst den Sohn

---

[33] Jes 50,7.

durchdringen würde, bevor es die Mutter erreichte. Sie musste also ihr Kind im Hinblick auf diese Prüfung stärken, während sie sich selbst darauf vorbereitete. Aber die schmerzvolle Schau verlieh ihrem Erziehungswerk keineswegs eine beherrschende Note mürrischer Strenge. Als Christus später in seinem öffentlichen Leben den Jüngern seinen Tod ankündigt, geschieht es nicht mit tragischen Gebärden. Er weint nicht über sich, sondern über die Stadt Jerusalem. Das ganze Verhalten des Erlösers ist geprägt von einem tiefen Optimismus, den die Voraussicht der künftigen Leiden nicht zu ersticken vermag. Im Geist frohen und abgeklärten Friedens hat Maria ihren Sohn erzogen.

Man weiß, dass die Erziehung in der Familie eine frohe Atmosphäre verlangt. Eine düstere Stimmung behindert die Entfaltung des Kindes und fördert Komplexe und Engherzigkeit, deren Ketten es das ganze Leben hindurch zu schleppen hat. Maria umgab ihren Sohn mit der Freude, in der sie selbst lebte. Sie bereitete ihm Freude mehr aus ihrer übernatürlichen Überzeugung heraus als aus einfachem mütterlichem Pflichtbewusstsein. Sie glaubte an die angebrochene messianische Epoche und diese Zeit sollte sich auszeichnen durch ein ungeheures, über das ganze Volk ergossenes Glück. Da Maria die Kraft besaß, daran zu glauben, hatte sie auch schon Anteil an dieser Freude. Welche Schwierigkeiten sich auch der Errichtung des messianischen Reiches entgegenstellen mochten, sein schließlicher Triumph war sicher. Die Jungfrau war in innerster Seele davon überzeugt und sie lebte schon jetzt im Frieden und im Glück, die der Messias der Welt bringen sollte. Wie hätte ihr Antlitz düster und melancholisch sein können, da sich die Glückseligkeiten in ihr verwirklichten?

Jesus wurde in diesen Strom der Freude, dessen erste Quelle er übrigens als Erlöser war, miteinbezogen. Manchmal erhob sich Marias begeisterte Seele zu Lobgesängen bebenden

Dankes an Gott, zu einem stillen Magnifikat, die kein Evangelist aufzeichnen konnte, da Maria die klare Erinnerung an sie verlor. Meistens breitete sich diese Freude ruhig und zurückhaltend aus, nur sichtbar in einem Lächeln. Sie belebte alles Tun der Jungfrau. Diese Atmosphäre ermöglichte es dem Kind, die Freude, die es den Menschen brachte, in ihrer ganzen Fülle zu verkörpern. Jesus schätzte die Schönheit dieser Freude in der Person seiner Mutter, in der er einen strahlenden Abglanz des göttlichen Glücks erkannte. Er begriff, dass eine optimistische Veranlagung eine starke seelische Triebkraft darstellt. Er erlebte, welche Anziehung die lächelnde Fröhlichkeit Marias ausübte, und spürte selbst, wie ansteckend ihre Freude war. Mehr noch, er empfand die Freude seiner Mutter als Ehrung, die sie ihm darbrachte. Sie gab der unsagbaren Befriedigung Ausdruck, die ihr die Mutterschaft, die Gesellschaft ihres Sohnes, gewährte. Sie ehrte gleichzeitig den himmlischen Vater, und dies war in den Augen Jesu gewiss die rührendste Seite dieser Freude: Sie beglaubigte die Güte des Vaters. Er nahm darum mit ganzer Seele teil an Marias Freude und ließ sich von ihr bis ins Innerste durchdringen. War diese Freude nicht die Triebfeder seiner apostolischen Tätigkeit, die Quelle seines unermüdlichen Eifers? Musste sie aus ihm nicht einen Freudenspender machen?

So zeigte sich Jesus den Menschen: als Verkünder und wahrhafter Vermittler der Glückseligkeit. Um Freude zu verbreiten, nahm er freudig die bittersten Leiden auf sich. Wie seine Mutter, die froh war, wenn sie da Freude erwecken konnte, wo Traurigkeit herrschte, war Jesus entzückt, nach seiner Auferstehung traurige Herzen in freudvolle umwandeln zu können und Lächeln auf die Tränen folgen zu lassen. Er vollzog diesen Dienst zuerst an seiner Mutter, als er ihr am Ostermorgen erschien, und gab ihr damit die Wohltat zurück, die sie ihm einst erwiesen hatte, als sie seinen Kinderkummer in frohe

Freude verwandelte. Dann goss er seine Auferstehungsfreude über alle Jünger aus. Erlöser zu sein bedeutete, die Menschheit mit einer endgültigen Freude zu erfüllen. Christus war nach dem Beispiel Marias eifersüchtig darauf bedacht, diese Freude zum Triumph zu führen zur Ehre der Liebe des Vaters, dessen Sieg und Erfolg sie zum Ausdruck brachte.

Ehrfurcht vor dem Mysterium

Jede Mutter fühlt sich der ihr gestellten Erziehungsaufgabe nicht gewachsen. Die Persönlichkeit des Kindes bleibt für sie ein Rätsel, wenigstens in einem gewissen Maße, und sein späteres Schicksal ist ihr unbekannt. Je größer das Kind wird, umso mehr wird sie sich bewusst, dass es ihr entgleitet. Sie muss darum verstehen, dass es wesentlich zur Mutteraufgabe gehört, Rücksicht zu nehmen auf das, was sich im Kind verbirgt. Ihre Rolle besteht darin, die Entwicklung zu fördern, mehr zu führen, als zu befehlen.

Was für jede Mutter gilt, bewahrheitete sich noch deutlicher im Falle Mariens. Sie fühlte sich mehr als jede andere Mutter vom Sohn Gottes überragt, den sie zur Welt gebracht hatte. Er war vor ihr wie ein lebendes Mysterium, ein Mysterium, in das man nur eindringen konnte, wenn man mit Gott in innigster Verbindung stand. Maria wollte dieses Mysterium achten. Gewiss, sie nahm alle Verpflichtungen als Erzieherin des Sohnes Gottes und Erlösers auf sich. Ihre erste Verantwortung bestand aber darin, das Kind so zu fördern, dass es sich selbst treu blieb. Da sie das Mysterium ihres Sohnes nicht zu ergründen vermochte, musste sie sich hüten, sein Wachstum zu behindern oder eine Anlage zu unterdrücken. Die Jungfrau ließ Jesus heranwachsen und begnügte sich, durch ihr Beispiel und den täglichen Umgang auf ihn einzuwirken. Sie wollte ihm nicht die eigene Begrenzung vorschreiben, und der Gehorsam des Sohnes war für sie kein Anlass, sich aufzudrängen und auf seiner Seele zu lasten. Sie musste nicht befehlen und ihn gefügig machen. Alles ergab sich aus den Beziehungen ihrer Liebe und es bestand keine Gefahr, dass sie diese missbrauchte.

Das Mysterium Jesu berührte sie tiefer anlässlich des Vorfalles in seinem zwölften Jahr. Damals entzog sich das Kind der Gehorsamspflicht. Seither begriff Maria, dass der Gehorsam ihres Sohnes nicht mit dem der anderen Kinder verglichen werden durfte, dass er freiwillig und ein Teil eines ganz besonderen göttlichen Planes war. Das Ereignis hatte Maria erregt, aber sie lieferte bei dieser Gelegenheit den Beweis für ihre Achtung des Mysteriums. Sie enthielt sich jeden Tadels und begnügte sich, die Frage nach dem Warum zu stellen. Sie ahnte, dass höhere Beweggründe das Verhalten Jesu bestimmt hatten, und wünschte mehr Licht. Damit erfüllte sie ganz einfach ihre Mutterpflicht und sie tat es mit großem Feingefühl. Da sie die Antwort nicht verstand, schwieg sie.

Von dieser Zeit an trat sie mehr und mehr hinter ihren Sohn zurück. Dieses Zurücktreten war während des öffentlichen Lebens Christi auffallend. Maria wollte nur in jener Stunde mit Jesus sein, in der ihn alle verließen, auf Kalvaria. Als eine Frau aus dem Volk vor Jesus jene lobpries, die ihn geboren hatte, war sie nicht zugegen. Sie blieb im Schatten, während sich der Ruhm ihres Sohnes verbreitete, damit das Licht nicht geteilt würde zwischen ihm und ihr und er allein sich den Blicken zeigte. Maria hatte mit diesem Zurücktreten schon lange vor der öffentlichen Tätigkeit Christi begonnen. Ihre Erziehung zielte darauf hin, Jesus aus sich selbst handeln zu lassen. Sie beschränkte ihren mütterlichen Einfluss auf ein Minimum. Maria wünschte beiseitezustehen, vergessen zu werden, damit Jesus sich in voller Ungezwungenheit entfaltete. Sie hätte vor Johannes dem Täufer erklären können: »Er muss wachsen, ich aber geringer werden.«[34] Ihre Gegenwart war stets unaufdringlich. Sie stand vor ihrem Kind wie vor einer göttlichen Gegenwart, vor der man sich sehr klein zu machen wünscht. Im Verlauf der Jahre wurde sie durch die göttliche Kraft, die von ihm ausging, immer tiefer beeindruckt, diese Kraft, die später Wunder wirkte und sich durch die Macht seines Blickes und Willens verriet.

Maria sicherte durch ihr Verhalten die Freiheit des Sohnes. Und Christus bediente sich dieser Freiheit. Er legte während des öffentlichen Lebens zwischen sich und Maria eine gewisse Distanz und scheute sich nicht, sie »Frau« zu nennen. Maria freute sich darüber, weil diese Bezeichnung bewies, dass sie die Persönlichkeit ihres Kindes nicht erdrückt, dass ihre Erziehung aus ihm einen unabhängigen Menschen gemacht hatte. Sie war sogar bereit, das auf Kalvaria gesprochene Wort zu vernehmen: »Frau, siehe, dein Sohn!«[35] Christus wusste, dass er ihr mit der Annahme eines anderen Kindes und der Zustimmung zum Tode des einzigen Sohnes ein Opfer auferlegte, das aber auch ihrem heroischen, in der Erziehung verwirklichten Bestreben entsprach, ihn fähig werden zu lassen, sich in aller Freiheit von der Mutter loszureißen.

Ideal der Liebe

Die Mutter ist in den Augen des Kindes ein Ideal. Maria war in den Augen Christi immer das Ideal des neuen Menschen. Jesus erkannte im Herzen seiner Mutter nicht nur die sich opfernde mütterliche Liebe, sondern auch die Glut einer schon vollkommen christlichen Nächstenliebe. Er entdeckte unter dem Schleier der Einfachheit und Demut das völlig erneuerte

[34] Joh 3,30.
[35] Joh 19,26.

menschliche Antlitz in seiner Heiligkeit. Schon bevor die Erlösung vollzogen war, bot Maria ein Beispiel ihrer Früchte. Sie bewies dem Messias das herrliche Ergebnis seines Kommens und seines Werkes. Sie war gleichsam das Unterpfand für alle zukünftigen Erfolge des Heilsunternehmens.

Es hätte scheinen können, das evangelische Ideal würde zu hoch über der menschlichen Schwäche und Not stehen, um es den Massen verständlich zu machen. Christus hätte sich fragen können, ob das Volk imstande sei, ihn zu erfassen und seine Lehre sich anzueignen. Gewiss, er, der Herr aller Gnaden, wusste besser, was Gott möglich ist. Aber dieses Wissen gelangte im Umgang mit Maria in seine menschliche Erfahrung. Er fand in seiner Mutter das verwirklichte Ideal. Sie war eine Frau aus dem Volk, die keinen besonderen Unterricht genossen noch eine verfeinerte Bildung erhalten hatte, und dennoch verkörperte sie alle Vollkommenheit in sich, die der Messias in den Seelen entwickeln wollte. Darum empfahl er in seiner Lehrtätigkeit dieses Ideal mit umso größerer Sicherheit, als die Erinnerung an seine Mutter genügte, um es darzustellen. Wenn er die Glückseligkeit der Armen, der reinen und barmherzigen Seelen, der Hungernden und nach Heiligkeit Dürstenden, der Friedfertigen und all jener verkündete, die ihre Prüfungen tapfer ertragen, so hatte er nur das Bild der Eigenschaften zu entwerfen, die er bei seiner Mutter beobachtet hatte. Wenn er seine Jünger lehrte, sich als Diener zu betrachten, so stand »die Magd des Herrn« vor ihm.

Er hatte in Marias Liebe zu ihm vor allem gewürdigt, dass sie nicht in erster Linie an ihn als ihr Kind, sondern an den, den der Vater gesandt hatte, gerichtet war. Sie liebte und schätzte ihn als die geheimnisvolle Gabe des himmlischen Vaters. Später schieden sich Jünger und Feinde Jesu je nachdem, ob sie in ihm den Gesandten und den Sohn des Vaters anerkannten oder leugneten. Maria hatte ihn vorbehaltlos anerkannt. Sie hatte sich sogar von ihrem Sohn in einem Akt der Anbetung und höchsten Liebe, den sie dem Vater darbrachte, losgerissen. So zeigte sie sich all jenen als Vorbild, die von Jesus angezogen werden, weil sie in ihm den Vater und Gott finden. Sie hat als Erste das Band geknüpft, das die Menschheit mit Christus im Hinblick auf die Vereinigung mit dem Vater verbindet.

Christus wünschte, das Ideal der von Maria gelebten Liebe in der Kirche zu erhalten. Man kann sogar sagen, dass er seine Kirche nach dem Bild Mariens formte. Seine Kirche sollte sich inmitten einer sündigen Welt mit der makellosen Reinheit bekleiden, die ein Abglanz der Reinheit der Gottesmutter ist. Er gab ihr ein mütterliches Antlitz ähnlich jenem Mariens, damit man sie wie die Jungfrau »Mutter der Christen« nennen kann. Er machte sie nach dem Vorbild seiner eigenen Mutter zum Symbol der barmherzigen Liebe und trug ihr auf, den Sündern Verzeihung zu gewähren. Er machte sie zu einem Hort immerwährender Zuflucht. Er, der in den Armen Mariens geboren und gestorben ist, wollte eine Kirche, in der man durch die Taufe geboren wird, in der man zu jeder Zeit eine Zufluchtsstätte findet und in der zu sterben trostvoll ist. Und schließlich band er diese Kirche, wie seine Mutter, unlösbar an sich durch die Bande des Glaubens, der Hoffnung und der übernatürlichen Liebe.

Christus hatte, als er mit seinen Erlöserhänden die Kirche errichtete, den Blick auf Maria geheftet. Darum schenkten seine Hände den Menschen eine neue Mutter. Er wusste, dass das durch Maria verkörperte Ideal von den Christen trotz seiner Zurückhaltung und seines Schweigens entdeckt und auf sie eine große Anziehungskraft ausüben wird. Er sah den ungeheuren Einfluss voraus, den das Beispiel seiner Mutter auf alle kommenden Geschlechter ausüben wird. Aber er wollte, dass dieser Einfluss zuvor in das Gefüge der Kirche selbst eingesetzt wird. Er gab darum seiner Kirche ein mütterliches, von idealer Liebe erfülltes Herz, ein Herz gleich dem der unbefleckten Jungfrau.

IV. Mutter der Menschen

Siehe, dein Sohn

Christus hat die Kirche nach dem Bild seiner Mutter geformt. Aber es war nicht seine Absicht, das Vorbild durch die Kirche zu ersetzen und es einfach als Erinnerung weiterleben zu lassen. Damit die Kirche völlig vom Ideal Mariens durchdrungen wird und den Christen eine Atmosphäre mütterlicher Liebe bietet, beschloss er, dass die wirkende Gegenwart der Jungfrau in ihr stets vorhanden sein soll. Marias Aufgabe ist es, die Kirche in vollem Maße mütterlich zu machen.

Deshalb bestellte er Maria zur Mutter aller Christen. Als Muttergottes besaß sie ein Herz, das sich fast grenzenlos geweitet hatte, um einen Sohn in unendlicher Vollkommenheit aufzunehmen. Dieses Herz war also umfassend genug, um seine mütterliche Liebe auf alle Menschen zu erstrecken. Wenn sein Ausmaß genügte, um Gott aufzunehmen, musste es auch imstande sein, die ganze Menschheit zu umfassen. Christus übertrug darum im Augenblick seines Todes Maria neben der göttlichen Mutterschaft eine geistige Mutterschaft: »Frau, siehe, dein Sohn!«[36] Die Erklärung des sterbenden Christus stellte in diesem feierlichen Augenblick nicht eine einfache Freundschaftsbezeugung gegenüber dem Jünger Johannes dar, auch nicht nur den Wunsch, dass Maria diesen

[36] Joh 19,26.

Jünger als ihr Kind betrachten sollte. Übrigens hätte weder die Lage Marias, die mit ihrer »Schwester« Maria Kleophas zusammenlebte und bei den Vettern Jesu wohnen konnte, noch die Lage Johannes', der noch seine Mutter hatte, eine derartige Verfügung erfordert. Die Absicht des Herrn ging offensichtlich weit über den Bereich der privaten und familiären Beziehungen hinaus. Er vollzog einen symbolischen Akt, als er Maria dem Jünger, der beim Kreuz stand, zur Mutter gab. Die Gegenwart des Jüngers Johannes auf Kalvaria weist auf all jene Jünger hin, die sich im Verlauf der Jahrhunderte durch ein christliches Opferleben mit der Passion des Erlösers vereinigen. Einem jeden von ihnen wurde Maria zur Mutter gegeben. Christus bestellte Maria nicht direkt zur Mutter der christlichen Gemeinschaft, denn er wollte die individuelle Bestimmung der mütterlichen Liebe Marias besonders betonen. Diese Liebe sollte sich gesondert mit derselben besorgten Aufmerksamkeit an jeden Christen wenden, wie sie sich auf den hl. Johannes richtete. Jesus wollte durch die Nennung eines einzigen Jüngers zu verstehen geben, dass es sich nicht um eine unklare und allgemeine Liebe handelte. Jeder Christ sollte von Maria die volle, besondere Liebe erhalten, die man von einer Mutter empfängt, ohne dass die unermessliche Zahl der Kinder die jedem Einzelnen bezeugte Aufmerksamkeit zu schmälern vermöchte. Um ihren Wert nicht zu verlieren, muss sich die mütterliche Liebe individualisieren. Sie darf nichts übersehen, was im Interesse des einzelnen Kindes liegt. Christus wollte diese größte Liebe, die sich an jeden Menschen einzeln richtet, als ob er allein vorhanden wäre, für seine Jünger sicherstellen.

Zudem gab er durch diese ausdrücklich seinem Lieblingsjünger gewährte Gunst zu verstehen, dass es sich hier um einen außerordentlichen Beweis seiner Liebe handelte. Was er dem Jünger, dem er in inniger Freundschaft verbunden war, schenkte, wollte er allen vermitteln. Was er an Bestem, an Kostbarstem besaß, vertraute er allen an. Da er die Herrlichkeiten des mütterlichen Herzens Marias aus eigener Erfahrung kannte und ihre wunderbare Treue von der Höhe des Kreuzes herab sah, war es sein Wunsch, dass andere ebenfalls aus ihnen Nutzen ziehen, ihre süße Gegenwart kosten und würdigen, an ihrem Eifer zu dienen teilhaben und Hilfe und Aufmunterung finden sollten. Die in der Einsamkeit von Nazareth vergraben gebliebenen Schätze der Liebe sollten über die ganze Welt verbreitet werden. Maria hatte für Jesus ein liebendes Herz erhalten, aber auch für alle, die aus Christus leben und dadurch Söhne Gottes werden. Ihre Mutterschaft erlosch nicht auf Kalvaria, sie erweiterte sich.

Diese neue Mutterschaft sollte im Unsichtbaren wirken. Marias mütterlicher Einfluss auf der geistigen Ebene sollte von der geheimnisvollen Gegenwart ihres Sohnes untrennbar sein. Christus hatte seine Jünger aufgefordert, in ihm zu bleiben, und versprach ihnen seinen dauernden Beistand. Er wünschte aber, dass sie ebenfalls in innigster Verbindung mit seiner Mutter lebten und sie, wie der hl. Johannes, zu sich nähmen: »Von jener Stunde an nahm sie der Jünger zu sich.«[37] Die Christen sollten das Leben Christi, das sie sich zu eigen machen mussten, durch Maria erhalten und es in der Atmosphäre der mütterlichen Liebe leben. Um dem Erlöser ähnlich zu sein, mussten sie im vollsten Sinne des Wortes Söhne der Jungfrau werden. In Christus ist die Herkunft aus dem Vater und die Herkunft aus Maria als göttliche Natur und menschliche Natur vereinigt. In den Christen sollte die göttliche Kindschaft ebenso unlösbar mit der Kindschaft gegenüber Maria vereinigt werden.

---

[37] Joh 19,27.

Die mütterliche Liebe, in der sich die Seele Christi entfaltet hatte, sollte die gleiche sein, in der sich die Seele des Christen zu entfalten hat.

Das Gesetz der Nächstenliebe

Wir haben schon hervorgehoben, wie sehr die mütterliche Liebe Mariens von der übernatürlichen Liebe beseelt war. Maria liebte in ihrem Sohn den Sohn Gottes: Ihrer Liebe wohnte die übernatürliche Eigenschaft einer wahrhaft religiösen und heiligen Liebe inne, einer Liebe der Anbetung, die auf Gott gerichtet ist. Maria bestätigte, als sie infolge ihrer göttlichen Mutterschaft eine geistige Mutterschaft für die Christen erhielt, ein Grundgesetz der Liebe, das im Neuen Testament besonders hervorgehoben wird: Die Liebe, die sich auf Gott richtet, muss eine Liebe zu den Menschen zur Folge haben.

Als Christus befragt wurde, welches das erste Gebot sei, nannte er das Gebot der Gottesliebe. Aber er selbst hielt diese Antwort für unvollständig, denn man darf das erste Gebot vom zweiten nicht trennen: »Du sollst deinen Nächsten lieben wie dich selbst.«[38] Dieses zweite Gebot ist im Geiste des Herrn »dem ersten gleich«. Es ist von derselben grundlegenden Wichtigkeit wie das erste. Man versteht darum, dass die Jungfrau, die das erste Gebot in ihrer mütterlichen Liebe in besonders hervorragender Weise erfüllte, sich befleißigte, das zweite Gebot in derselben Weise zu befolgen, und dass ihre mütterliche Liebe, die sie mit ihm, der Gott war, verbunden hatte, sich auf alle Menschen übertrug.

Dieses Gesetz verwirklichte sich in Maria umso gebieterischer, als Christus seinen Jüngern empfohlen hatte, dem Nächsten mit der gleichen Rücksicht gegenüberzutreten, die

[38] Mt 22,39.

sie Maria entgegenbrachten. In jedem Menschen sollten sie Jesus lieben. Der Erlöser sagt in der Tat: »Kommt her, die ihr von meinem Vater gesegnet seid, empfangt das Reich als Erbe, das seit der Erschaffung der Welt für euch bestimmt ist! Denn ich war hungrig und ihr habt mir zu essen gegeben. Ich war durstig und ihr habt mir zu trinken gegeben. Ich war fremd und ihr habt mich aufgenommen. Ich war nackt und ihr habt mir Kleidung gegeben. Ich war krank und ihr habt mich besucht. Ich war im Gefängnis und ihr seid zu mir gekommen.« Die Verhaltungsregel ist klar ausgesprochen nicht als Gleichnis oder Paradox, sondern als konkrete Wahrheit: »Amen, ich sage euch: Was ihr für einen meiner geringsten Brüder getan habt, das habt ihr mir getan.«[39]

Darum ist in den Augen Mariens jeder Christ wirklich Christus. Man kann sagen, dass sie jeden als Hungernden und Dürstenden, als Heimatlosen und Nackten, als Gefangenen in der Welt des Fleisches betrachtet. Jede Seele hat ihre eigene Not, ihre Unfähigkeit, die Sehnsucht zu stillen, ihr heftiges Bedürfnis nach Liebe. Gewiss, die Jungfrau sieht jedes körperliche Elend und bringt ihm Hilfe; darum wird sie auch von den Christen in besonderer Weise angerufen. Doch ihre Mutterschaft ist geistiger Natur und unsichtbar und deswegen zieht vor allem die seelische Not ihren Blick an. Sie ist umgeben von einer zahllosen Menge Hungernder und Kranker. Das Schauspiel würde genügen, um ein natürliches Mitleid zu erwecken. Was aber die Barmherzigkeit der Jungfrau leitet, ist die Überzeugung, in allen menschlichen Leiden und Kümmernissen das Leid und die Not ihres gekreuzigten Sohnes wiederzufinden. Sie sieht sozusagen Jesus in den Gliedern des mystischen Leibes leiden. Jede Nacktheit erinnert sie an die seine. Gefangensein und Verfolgungen sind ihr ein

---

39 Mt 25,34–40.

Hinweis auf die Qualen, die Jesus zugefügt wurden. Ihr Durst mahnt sie an den Schrei auf Kalvaria. In jedem durch Trostlosigkeit oder Prüfungen gezeichneten Gesicht glaubt sie das schmerzvolle, fahle Antlitz Christi am Kreuz zu erkennen. In jedem leidenden Menschen verehrt und liebt sie Gott, der gelitten hat.

Diese Haltung ist nicht nur im allgemeinen Gesetz der Nächstenliebe begründet, wie es Christus dargelegt, sondern in der besonderen Beziehung, in die er es im Hinblick auf die Mutterschaft der Jungfrau gestellt hat. Auf Kalvaria wollte Jesus, dass seine Mutter die mütterliche Liebe, die sie ihm geweiht hatte, auf den Jünger Johannes übertrage. Darum behandelte Maria diesen Jünger, wie sie Jesus zuvor behandelt hatte. Sie fand in ihm ihr verlorenes Kind wieder. Sie wusste, dass sie ihre Bindung an Christus aufrechterhielt und verstärkte, wenn sie Johannes mit ihrer Liebe und mütterlichen Sorge umgab.

In der sich grenzenlos erweiternden Liebe zu Christus befindet sich die Quelle des Eifers, mit dem Maria die Menschen liebt. Die volle Kraft der mütterlichen Liebe zu Jesus ist in der mütterlichen Liebe enthalten, die sie jedem Christen entgegenbringt.

Heimsuchung

Die Umwandlung der Gottesliebe Mariens in die Liebe zu den Menschen geht weiter zurück als auf Kalvaria. Ihre geistige Mutterschaft für die Menschheit wurde damals durch die sterbende Stimme Jesu verkündet, aber ihre Liebe zu den Menschen war von jeher eine Grundeigenschaft ihres jungfräulichen Herzens.

In der Haltung, die Maria bei der Verkündigung an den Tag legte, haben wir den Beweis, dass ihre ganze Kindheit und Jugend in die Atmosphäre der Nächstenliebe getaucht war. Sie offenbarte bei diesem Anlass eine Liebe zum Nächsten, die bezeugt, in welcher Verfassung Maria sich befand, denn ein vorher nicht überlegtes Verhalten bei einem überraschenden Ereignis legt die geheimen Triebkräfte einer Seele bloß. Maria ist liebevoll, weil sie es immer war und sich ein anderes Benehmen nicht vorstellen konnte.

Auf die Worte des Engels hin nannte sie sich einfach »Magd des Herrn«. Aber wem dient sie unverzüglich nach dieser Erklärung? Ihrer Base Elisabeth. Dienst des Herrn bedeutet für Maria Dienst am Nächsten. Das Zweite ergibt sich logisch aus dem Ersten, ist seine Kundgabe nach außen.

Der Engel hatte ihr nicht ausdrücklich nahegelegt, Elisabeth aufzusuchen. Er hatte ihr von Elisabeth gesprochen, nicht um sie aufzumuntern, ihre Verwandte zu besuchen, sondern um ihr zu verstehen zu geben, dass »für Gott nichts unmöglich ist«, denn eine hochbetagte und unfruchtbare Frau werde ein Kind gebären. Elisabeth wurde in einer Botschaft, die ihr ganzes Licht auf den Messias richtete, nur als Beispiel genannt. Maria hatte vom Engel keinen Auftrag erhalten, die Reise zu unternehmen. Sie hätte also ihre ganze Freude und Aufmerksamkeit ihrem eigenen Kind vorbehalten können, ohne an der Freude Elisabeths besonderen Anteil zu bekunden. Viele Gründe hätten sie berechtigt, in Nazareth zu bleiben: Hatte sie nicht Vorbereitungen für die Geburt des Kindes zu treffen? Musste sie nicht alle Unvorsichtigkeiten und jede übermäßige Ermüdung vermeiden, die heikle Frage ihres Zusammenlebens mit Josef regeln, ein neues Haus beziehen? Keiner dieser Gründe vermochte sie von der Reise abzuhalten. Noch ein anderer Grund lag vor: Die Würde der Mutter des Messias, die über jener Elisabeths stand, musste sich nicht herablassen in die Rolle einer Magd. Aber eine solche, der Eigenliebe entspringende Überlegung war in Marias Denken unmöglich.

Die Jungfrau war sich zu sehr bewusst, diese Würde von der unverdienten Liebe Gottes erhalten zu haben. Nie hätte sie sich ein Verdienst daran zugeschrieben und Rücksichtsnahme verlangt. Die feurige Liebe, von der Maria beseelt war, fegte übrigens alle Ansätze der Überheblichkeit oder des Kleinmuts weg, die in ihr hätten aufkommen können, und gab ihr zu erkennen, dass Gott diese Reise wünschte.

Darum machte sie sich auf den Weg. Sie »eilte«, beschwingt von der Freude über ihr Kind, aber auch gedrängt von dem Wunsch, diese Freude mit dem Glück Elisabeths zu verschmelzen. Seit sie Mutter des Messias geworden war, dachte sie noch mehr an die anderen. Sie war unterwegs entzückt über die hohe Gunst, die ihrer Verwandten zuteilgeworden war. Sie wusste, wie schwer es auf Elisabeth lastete, kinderlos zu sein. Nach jüdischem Empfinden war dieser Kummer mit einer gewissen Schande vor der Gesellschaft verbunden. Man war die Frau, der Gott eine Nachkommenschaft verweigerte. Die Prüfung hatte lange Jahre gedauert. Darum stellte Maria sich die ungeheure Freude vor, welche diese nicht mehr erwartete wunderbare Mutterschaft als außerordentliches Geschenk des Herrn erwecken musste.

Es ist bekannt, dass der Mensch im Leid sich auf sich selbst zurückzuziehen versucht, dass er nur mehr an das denkt, was ihn betrifft. Die Versuchung ist nicht geringer in der Freude. Wenn ein Mensch ein großes persönliches Glück erfahren hat, so neigt er dazu, alles Übrige zu vergessen und über die anderen hinwegzusehen. Der Jungfrau war das größte Glück geschenkt worden, von dem ein Geschöpf träumen kann. Statt sich im Geist darin einzuschließen, war sie mehr und mehr bestrebt, am Glück der anderen teilzunehmen und sich mit ihnen zu freuen. Als sie darum bei ihrer Verwandten eintraf, richtete sie einen Gruß voll innigster Wünsche an sie.

Elisabeth erfasste sogleich den Adel des Verhaltens der Jungfrau, weil sie durch innere Erleuchtung in ihr die Mutter des Messias erkannte. »Wer bin ich, dass die Mutter meines Herrn zu mir kommt?«[40] Sie war sich des Paradoxes der Liebe Marias bewusst. Die Jungfrau war gebenedeit unter den Frauen und trotzdem erniedrigte sie sich vor einer von ihnen. Sie war die Bewunderungswürdigste und trotzdem bewunderte sie aus ganzer Seele das in ihrer Verwandten gewirkte Wunder. Sie hätte verdient, dass alle sie aufsuchten, um sie zu ehren und ihr zu dienen, und sie kam, um Magd zu sein. »Wer bin ich?«, fragte Elisabeth, da sie fühlte, dass hier ein Mysterium verborgen war. Das Mysterium der göttlichen Liebe offenbarte sich in der Nächstenliebe der Jungfrau. Das von Liebe überfließende Herz hatte Maria zu diesem Besuch veranlasst und über diesem Herzen das Herz Gottes.

Das Ereignis zeigt, wie die göttliche Mutterschaft in Maria wesentlich auf den Nächsten ausgerichtet war. Man kann darin im Besonderen einen Hinweis auf die Hilfe erkennen, die Maria allen Müttern anbieten will. Sie hat sich in den Dienst Elisabeths gestellt, um sie bei der Vorbereitung auf die Geburt zu unterstützen. Gewiss ist Maria mehr als irgendjemand sonst befähigt, die anderen Frauen auf ihre mütterlichen Pflichten vorzubereiten. Ihre eigene Mutterschaft hat in ihr den tiefen Wunsch erweckt, ihnen bei dieser schwierigen Aufgabe zu helfen. Der im Evangelium enthaltene Bericht über die Heimsuchung ist aber von universellerer Tragweite und weist darauf hin, dass Marias mütterliches Herz, kaum war es gebildet, seine Liebe allen Menschen zuwenden wollte.

Dieser Bericht versinnbildlicht vor allem die apostolische Bedeutung der göttlichen Mutterschaft. Maria bringt Elisabeth nicht nur ihre Hilfe und Dienstbereitschaft. Ihr Besuch ist ein

---

[40] Lk 1,43.

Besuch der Gnade und erfüllt Elisabeth mit dem Heiligen Geist. Die Liebe der Jungfrau bewirkt also eine geistige Umwandlung in allem, was sie berührt. Sie verbreitet die Heiligkeit in den Seelen, und zwar mit einer außerordentlichen Kraft. Auf Kalvaria ist zur göttlichen Mutterschaft Mariens ausdrücklich die Mutterschaft in Bezug auf die Menschen hinzugekommen. Aber diese Ausweitung hatte schon bei der Verkündigung begonnen, sich zu verwirklichen. Ist das, was Maria bei Johannes dem Täufer ausübt, nicht eine Mutterschaft in der Gnadenordnung? Ist es nicht die Gegenwart der Jungfrau, die die erste Heiligung im Kind bewirkt? Ein Bild der geistigen Mutterschaft Mariens, kraft welcher sich die Geburt zum Leben der Gnade durch die Mittlerschaft der Jungfrau vollzieht. Das Kind empfängt von seiner natürlichen Mutter das Leben des Leibes und von seiner geistigen Mutter das Leben der Seele, wie es der Fall war beim Vorläufer. Maria ist nicht die Urheberin des Gnadenlebens so wenig, wie eine Mutter die Urheberin des körperlichen Lebens ist, aber sie überträgt das Leben und fördert dann seine Entfaltung.

Die Heimsuchung stellt die Wirksamkeit der mütterlichen Gegenwart Mariens in den Vordergrund. Marias Liebe ist nicht von jener Art, die sich auf Gefühlsausbrüche beschränkt. Sie bewirkt wahrhaft etwas. Die Berührung mit ihr ist nicht nur in psychologischem Sinne anziehend und verlockend, sie löst auch eine tiefe Verwandlung der Seele aus. Die Persönlichkeit der Jungfrau zeigt sich in der Kirche als hohe, schöpferische Gestalt. Ihre mütterliche Liebe übt einen allgemeinen Zauber aus; vor allem aber greift sie beständig und in fruchtbarer Weise in die Einzelschicksale ein. Maria durchtränkt die Herzen mit der Gnade und erweitert den Bereich der Heiligkeit unaufhörlich. Sie wirkt mit Vorliebe unauffällig, obwohl sich, wie im Beispiel der Heimsuchung, gewisse außerordentliche Kundgebungen ihrer Macht da und dort ereignen. Seit ihrer Aufnahme in den Himmel ist Maria überall bei jedem Christen gegenwärtig, so wie sie es bei Elisabeth war. Sie ist im Himmel, um die Erde besser besuchen zu können. Sie verweilt ununterbrochen bei jenen, die sie aufnehmen wollen, und ihre Gegenwart wirkt sich immer, manchmal im Licht, doch meistens im Schatten, in wunderbaren geistigen Verwandlungen aus.

Sorge für die Armen

Marias Gegenwart bei der Hochzeit von Kana ist aufschlussreich. Sie lässt auf eine gesunde und wirklichkeitsnahe Auffassung der Liebe bei der Jungfrau schließen. Maria lebte nicht wie eine eingemauerte Klausnerin und jene, die den Bericht über ihre Darstellung und ihren langen Aufenthalt im Tempel geschrieben haben, hatten nicht erfasst, wie sehr sie ihrem Volk gehörte und ihrer vertrauten Umgebung treu blieb. Maria war nicht von dieser Welt: Sie war nicht von ihr gezeichnet und entglitt dem weltlichen Geist, aber sie lebte in der Welt unter ihresgleichen und fühlte sich glücklich, mit ihnen fortwährend in Berührung zu sein.

Man hätte sich vorstellen können, dass Maria wegen ihrer Reinheit den gesellschaftlichen Umgang auf ein Mindestmaß beschränkte und zurückgezogen lebte. Bestand für eine makellose Seele nicht beständig Gefahr, vom Schmutz der Umgebung befleckt zu werden? Maria hatte immer wieder mit Leuten zu verkehren, deren Geistesverfassung himmelweit von der ihren entfernt und ihren hohen Gedanken völlig unzugänglich war. Diese Leute hätten zum Beispiel nie begriffen, dass sie sich entschlossen hatte, jungfräulich zu bleiben. In ihren Gesprächen bekundeten sie niedrige, irdische Interessen und zu freie Lebensauffassungen. Überall um sie herum machte sich die Sünde breit und Maria, die einfach, aber nicht naiv war, konnte nicht vermeiden, sie zu sehen. Die Versuchung hätte nahegelegen, sich so viel wie nur möglich in das eigene Leben zurückzuziehen, sich von einer Umgebung, in der so vieles verabscheuungswürdig war, abzusondern. Es war eine Versuchung und Maria wies sie ab. Sie blieb in ihrer Umgebung, ohne überheblich zu werden, ohne sie mit harten Worten zu verdammen. Sie scheute sich nicht, das gewöhnliche Leben eines Mädchens und später einer Frau in Israel mit all seinen Beziehungen zu führen, das es mit sich brachte. Sie fühlte sich dazu gedrängt, nicht nur durch ihr Vertrauen in die Gnade, sondern auch durch ihre brennende Nächstenliebe. Ihre Reinheit war kein Hindernis, dass sich ihre immer tiefer werdende Liebe in herzlichen und liebenswürdigen Beziehungen mit allen kundzugeben suchte. Die Jungfrau wünschte den Umgang mit jenen, die in ihrer Nähe lebten, um sie kennen- und schätzen zu lernen. Sie bemühte sich, ihnen zu helfen, und man durfte stets ihre Dienstbereitschaft in Anspruch nehmen. Von dieser Nächstenliebe getragen übte sie ihren Einfluss in der Umgebung aus. Sie ließ sich von ihr weder beeindrucken noch anstecken, sie trug im Gegenteil dazu bei, sie zu bessern.

Dass Maria zur Hochzeit in Kana eingeladen worden war und die Einladung angenommen hatte, beweist, dass die Jungfrau ein normales gesellschaftliches Leben führte, dass sie bei Festlichkeiten nicht abseitsstand und dass man glücklich war, sie bei sich zu empfangen. Unwillkürlich vergleicht man diese Haltung Marias mit jener des Herrn, der sich nicht scheute, an Mahlzeiten teilzunehmen, zu denen man ihn einlud, und dabei seiner Freude, sich unter den Menschen zu befinden, ihre Gesellschaft zu genießen und ihren Gesprächen zu folgen, Ausdruck zu verleihen.

Die Episode in Kana zeigt im Besonderen, dass Maria Freunde unter den kleinen Leuten, bei den Armen, besaß.

Sie hatte schon anlässlich der Geburt Jesu den göttlichen Willen erkannt und gewürdigt, der ihr einfache Hirten, raue, von den Bewohnern der Städte verachtete Landleute sandte, um sie in ihre Freude über das Kommen des Erlösers einzubeziehen. Sie sah darin ein Zeichen, dass diese Freude wirklich »dem ganzen Volk«[41] bestimmt war ohne den Ausschluss jener, die ihrer am wenigsten würdig waren. Als sie den Bericht über die Begegnung der Hirten mit dem Engel hörte, war sie entzückt, nicht nur weil Gott durch Wunder die Wohltat kundgab, die er der Menschheit erwies, sondern weil er sie ungebildeten Armen offenbarte, während so viele Schriftgelehrte geschmeichelt gewesen wären, die frohe Botschaft zu empfangen. Sie war von der Begeisterung ergriffen worden, die sich später des Herrn bemächtigte, als er sah, wie viele Kleine und Demütige ihm gläubig anhingen. Schon bei der Geburt Jesu war die Jungfrau überrascht von der Größe der göttlichen Absicht, die das Ereignis »den Weisen und Klugen«[42] verbarg und es Leuten aus dem Volk verkündigen ließ. Ihr Lobgesang war zum Vater aufgestiegen und hatte den Dank des Sohnes an den Vater vorausgenommen.

Ihr war ein unauslöschlicher Eindruck geblieben, denn sie »bewahrte alle diese Worte und erwog sie in ihrem Herzen«.[43] Die göttliche Bevorzugung von Menschen in bescheidenen Verhältnissen ermutigte sie in der Liebe, die sie ihnen entgegenbrachte. Ihre persönliche Veranlagung befand sich im Einklang mit den göttlichen Absichten. Sie zeigte wie der Herr ein lebhaftes Interesse für die Armen. Das erklärt ihre Gegenwart in Kana.

---

41 Lk 2,10.

42 Mt 11,25.

43 Lk 2,19.

Der Bericht des Evangeliums erlaubt uns beizufügen, dass sie nicht nur zum Fest gekommen war, um an der Hochzeitsfreude teilzunehmen, sondern sie hatte die Absicht, sich nützlich zu machen. Und wirklich ist sie es, die das Fehlen des Weins bemerkt und den Dienern Anweisungen erteilt. Es scheint, dass sie sich um den guten Verlauf der Feier kümmerte und man ihr eine gewisse Verantwortung für die Bedienung anvertraut hatte. War die Magd der Armen nicht das Gegenstück zur Magd des Herrn? Mit ihrer Bitte um ein Wunder erwies sie den Hochzeitsleuten einen übrigens sehr bescheidenen Dienst, so bescheiden, dass man ihn eines Wunders unwürdig hätte halten können, vor allem des ersten vom Messias gewirkten Wunders. Es handelte sich um ein Getränk, um Wein. Maria erbat Überflüssiges, nicht Notwendiges. Sie verlangte ein Mittel, um die Freude des Festes zu erhalten. Sie erbat es aus Sympathie zu den Brautleuten, von denen sie die Schande, in ihrer Armut bloßgestellt zu werden, fernhalten, und aus Wohlwollen gegenüber allen Gästen, denen sie eine Enttäuschung ersparen wollte.

Aber gerade darum ist diese Bitte so bezeichnend für Marias Liebe, weil sie sich auf eine weniger bedeutungsvolle Gunst bezog. Die Jungfrau bezeugte dadurch, dass sehr bescheidene Bedürfnisse ihre Sorge erweckten und dass nichts sie gleichgültig ließ, was den Menschen Freude bereiten konnte. Sie verachtete das Überflüssige nicht und setzte sich in Bewegung, um es zu beschaffen. Mehr noch, sie wachte über das Wohl der Brautleute und ihrer Gäste, während diese selbst noch nichts bemerkt hatten, was ihr Vorgehen deutlich charakterisiert. Sie ergänzte die mangelnde Vorbereitung des Festes und die Sorglosigkeit der Verantwortlichen. Steht ein solches Ergänzen nicht auf der Ebene einer mütterlichen Aufgabe?

Man darf also im Verhalten der Jungfrau in Kana einen Hinweis sehen, dass sie sich auch mit dem materiellen Wohl des Menschen zu beschäftigen und für weniger Notwendiges, ja für gewisse irdische Freuden einzusetzen gewillt ist. Maria hat in der Erfüllung ihrer mütterlichen Aufgabe nichts aus ihrer Sorge ausgeschlossen und alles, was das menschliche Glück trübt, vermindert oder bedroht, findet in ihr einen Widerhall der Sympathie. Alles darf ihr darum anvertraut werden, selbst die bescheidensten Wünsche. Die Christen wissen es und zögern nicht, Maria um alles Mögliche anzurufen. Bevor sie übrigens bitten oder sich der Bedürfnisse bewusst werden, ist ihre mütterliche Sorge schon tätig, um ihre Unbeholfenheit, ihre Sorglosigkeit zu beheben. Man muss den Glauben haben, um dieses stille Eingreifen der Jungfrau zu erkennen, das äußerlich nicht spürbar in Erscheinung tritt. Der christliche Glaube sieht sehr oft im Ablauf der Ereignisse das verschwiegene, aber meisterhafte mütterliche Eingreifen der Jungfrau. Zahllose Christen haben, ohne ihre Überzeugung beweisen zu können, die Gewissheit, in hervorragender Weise von ihrer Himmelsmutter beschützt oder beschenkt worden zu sein, wenn sie einen Blick auf gewisse Ereignisse ihres bisherigen Lebens werfen.

Wenn sich Maria um das Überflüssige sorgt, vergisst sie das Notwendige nicht. Der Bericht des Evangeliums lässt uns annehmen, dass Jesus wegen Maria zur Hochzeit eingeladen worden war. Die Jungfrau war da und so wurde auch Jesus eingeladen: »Am dritten Tag fand in Kana in Galiläa eine Hochzeit statt und die Mutter Jesu war dabei. Auch Jesus und seine Jünger waren zur Hochzeit eingeladen.«[44] Man kann sich also vorstellen, dass Maria, weil sich gerade eine passende Gelegenheit darbot, ihren Sohn zur Teilnahme an der Feier veranlasste. Aber lag in der Absicht Mariens nicht ein Streben höherer Bedeutung? Gewiss, Maria dachte

[44] Joh 2,1–2.

nicht an die Möglichkeit eines Wunders, als sie die Einladung an Jesus richtete. Aber sie kannte die Sendung Christi und wusste, dass er mit der öffentlichen Tätigkeit seine messianische Aufgabe zu erfüllen begann. So wünschte sie, dass er am Fest der Leute aus dem Volk teilnehme. Sie hätte es gerne gesehen, dass sich der einstige Gunsterweis an die Hirten von Bethlehem, denen der Erlöser geoffenbart und gezeigt worden war, auf irgendeine Weise wiederholte. Das Erscheinen Jesu am Fest in Kana war im Geist Mariens ein Auftreten des Erlösers unter den Armen und Kleinen inmitten ihrer bescheidenen Freuden. Es sollte eine auffallende Wohlwollensbezeugung des Messias für die Letzten der Gesellschaft sein. Die Jungfrau wollte also den Hochzeitsleuten eine sehr große Gnade vermitteln, die alle materiellen Dienste, die sie ihnen leisten konnte, weit überstieg.

Als der Wein zur Neige ging, wagte Maria, ihren Sohn um ein Wunder zu bitten. Ihre Kühnheit beruhte wesentlich auf ihrem Glauben an die Allmacht Jesu, aber sie war in diesem besonderen Fall gerechtfertigt, weil es sich um sehr einfache Leute handelte. Sie wusste, dass Jesus wie sie selbst eine Vorliebe für die Armen hegte, und darum zählte sie auf ihn. Sie fand, dass eine Hochzeitsfeier keineswegs ein unwürdiger Anlass für den Vollzug des ersten Wunders wäre. Sie hielt eine Kundgebung des Messias in diesem volkstümlichen Kreis für angezeigt, denn die Armen sollten sich der ersten Wohltaten des Messias erfreuen. War die Frohe Botschaft, das »Evangelium«, nicht vor allen anderen an sie gerichtet? »Ich bringe den Armen eine frohe Botschaft«, wird Jesus selbst erklären, um den Anfang der messianischen Zeit zu bestätigen. Maria hatte gewisse Prophezeiungen, welche diese Verheißung enthielten, im Herzen bewahrt: »Ist es nicht nur noch eine kurze Zeit, dass die Gedemütigten [...] sich wieder am Herrn freuen und die Armen unter den Menschen jubeln über den Heiligen Israels.«[45] Sollten, da diese Tage angebrochen waren, die Demütigen und Armen in Kana nicht berufen sein, sich als Erste zu freuen?

Mit ihrer Fürbitte bei Jesus entledigte sich Maria einer mütterlichen Liebespflicht gegenüber den Enterbten des Volkes. Sie erreichte, dass das erste Wunder für sie vollzogen wurde und dass Christus ihnen »seine Herrlichkeit offenbarte«.[46] Es war ein den Armen geschenktes Unterpfand des messianischen Erbes, ein Vorgeschmack der Verwirklichung der Glückseligkeiten: »Selig, ihr Armen, denn euch gehört das Reich Gottes.«[47] Die Nächstenliebe Mariens hatte mit der Bitte um das Wunder von Kana und seinem Vollzug die Linie der göttlichen Liebe eingeschlagen.

Duldsamkeit

Unter den spärlichen Zeilen, die das Evangelium über Marias Liebe enthält, muss jene hervorgehoben werden, die ihre Liebe zu den »Brüdern« oder Vettern Jesu bezeugt. Sie waren weit davon entfernt, den Glauben Mariens zu teilen. Sie wollten Jesus nach Nazareth zurückführen unter dem Vorwand, er habe den Verstand verloren.[48] Ihr Vorwurf musste das mütterliche Herz der Jungfrau schwer verletzen. Aber auch bei einer anderen Gelegenheit klangen die Reden der Vettern schmerzvoll in Marias Ohren. »Niemand wirkt im Verborgenen, wenn er öffentlich bekannt sein möchte.«[49] Sie waren der Ansicht, Jesus sei vom Ehrgeiz getrieben, und rieten

[45] Jes 29,17.19.
[46] Joh 2,11.
[47] Lk 6,20.
[48] Mk 3,21.
[49] Joh 7,4.

ihm, die Wunder mit größerer Auffälligkeit zu vollziehen. Sie luden ihn ein, mit ihnen nach Jerusalem zu gehen in der Hoffnung, dass auch sie an seinem Ruhm teilhaben würden. Die von nahen Verwandten dem Heiland ins Antlitz geschleuderte Beleidigung traf Maria ebenso schmerzlich wie ihren Sohn. Es lag zwar in diesen Worten keine wirkliche Bosheit, doch zeugte sie von einer solchen Verblendung vor der Heiligkeit des Herrn, von einem derartigen Unverständnis seiner nächsten Umgebung, dass diese Haltung in Marias gläubiger Seele bitteren Kummer verursachte.

Sie brach aber die Beziehungen zu diesen Vettern trotz ihres Seelenschmerzes nicht ab. Wir finden sie überraschenderweise in ihrer Gesellschaft, als sie versuchen, Jesus zu ergreifen und seiner apostolischen Tätigkeit ein Ende zu setzen.[50]

Sie war gewiss von völlig anderen Gefühlen für Jesus beseelt und versuchte, ihn gegen jede Gewalttätigkeit, soweit es ihr möglich war, zu schützen. Sie benutzte jede Gelegenheit, die Vettern sanft von ihrer Absicht abzubringen, und wenn diese schließlich darauf verzichteten, so geschah es bestimmt auf ihre Schritte hin. Ihre Liebe war aber stark genug, um bei ihnen zu bleiben und in ihrer Gesellschaft die Reise zu unternehmen.

Das war ein großes Opfer für Maria. Denn ihr Glaube an Christus lag ihr wie nichts anderes am Herzen, war ihr kostbarstes Gut. Sie musste mit Leuten zusammenleben, die diesen Glauben nicht teilten und ihn sogar verhöhnten. Im Evangelium werden zwei derartige Vorfälle aufgeführt. Wie viele aber waren es in Wirklichkeit? Wie viele für die Liebe und mehr noch für die Überzeugung Marias verletzendeWorte sind wohl von den Vettern ausgesprochen worden! Der tägliche Umgang mit ihnen brachte die Wunde unaufhörlich zum

50 Mk 3,32.

Bluten. Aber trotzdem brach der befürchtete Streit nicht aus. Maria schwieg, legte eine heroische Geduld an den Tag und blieb mit allen, die ihr Schmerz bereiteten, verbunden.

Sie übte in dieser wirklich schwierigen Lage die Tugend der Duldsamkeit. Unduldsam ist jener, der eine andere als seine Überzeugung nicht erträgt. Die Unduldsamkeit gibt sich manchmal den Anschein des Eifers für die Wahrheit. Die Wahrheit schließt in der Tat den Irrtum aus und viele folgern daraus, dass, wer die Wahrheit besitzt, den im Irrtum Lebenden verstoßen müsste. Instinktiv hatte Maria selbst den Unterschied zwischen den Rechten der absoluten Wahrheit und jenen des Menschen begriffen. Sie wusste sich in der Wahrheit, aber fühlte sich deswegen nicht berechtigt, andere, die sie im Irrtum sah, von ihren Beziehungen auszuschließen. Sie war im Namen der Liebe bereit, mit ihnen zu leben, sich mit ihnen in der Öffentlichkeit zu zeigen selbst auf die Gefahr hin, den Eindruck zu erwecken, sie würde im geistigen Einvernehmen mit den ungläubigen Vettern stehen. Diese Gefahr war wirklich vorhanden, denn gewisse Exegeten haben den Bericht des Evangeliums über das Erscheinen Marias und der Brüder Jesu[51] dahin ausgelegt, dass Maria von derselben Absicht beseelt gewesen war wie ihre Vettern. Die Jungfrau setzte sich dieser Gefahr aus, weil sie ihrer Nächstenliebe keine Grenzen setzen wollte. Sie war übrigens überzeugt, dass ein gesundes, erleuchtetes Urteilsvermögen zwischen der Sympathie, die einer Person bezeugt wird, und der Zustimmung zu ihrer Überzeugung unterscheiden kann.

Diese Duldsamkeit bedeutete keineswegs Feigheit im Bekennen des Glaubens. Maria verhielt sich nicht so, als ob ihr Glaube nicht vorhanden wäre. Sie verschleierte ihn nicht vor den Augen der Vettern. Sie gab mit genügender Deutlichkeit

---

[51] Mk 3,32.

zu verstehen, dass ihre Überzeugung festblieb. Aber sie enthielt sich, diese Überzeugung in aufreizender oder zu herrischer Weise den Ungläubigen gegenüber zu betonen. Sie enthielt sich, irgendeinen Druck auszuüben, denn sie gab sich Rechenschaft, dass der Glaube sich nur in einer freien Seele entfalten kann, dass man keinen Zwang ausüben darf. Sie achtete das Gewissen der anderen in höchstem Maße. So sicher und unerschütterlich ihre Gewissheit war, so zartfühlend und rücksichtsvoll brachte sie sie zum Ausdruck, um gegenteilige Anschauungen nicht zu verletzen.

Ihre Duldsamkeit war auch nicht von Kälte umgeben. Die Jungfrau brachte den Vettern Jesu wahre Freundschaft entgegen. Ihr Unglaube stieß sie nicht ab und alle Wunden, die er ihr schlug, verdoppelten nur ihre Liebe. Maria versuchte nicht, ihnen Lehren zu erteilen. Sie unterließ nichts, um mit ihnen in guten Beziehungen zu leben. Sie hielt die Liebe für ihre beste Waffe, eine Waffe ohne Schneide, um die Wahrheit zum Triumph zu führen.

Und der Triumph blieb nicht aus. Der Glaube Mariens wurde schließlich von den widerspenstigen Vettern geteilt, denn die »Brüder Jesu« befanden sich in der zu Pfingsten im Abendmahlssaal versammelten Schar. Die Jungfrau hatte durch Sanftmut und Duldsamkeit erreicht, was einer starren Haltung und einer aufdringlichen Betonung der eigenen Überzeugung nicht geglückt wäre. Der Geist der Sanftmut und Demut Christi hatte durch ihre friedvolle und geduldige Güte die Vettern zum Glauben geführt. Ist Duldsamkeit nicht der Ausfluss eines sanftmütigen und demütigen Herzens?

Marias Beispiel bleibt für die Kirche und die Christen immer gültig. Die Versuchung besteht ebenfalls weiter, das unerbittliche Festhalten an der zu verteidigenden Wahrheit in eine Unduldsamkeit gegenüber den Menschen zu verwandeln. Die Kirche darf keine Beeinträchtigung des ihr anvertrauten Glaubensgutes zulassen und muss daran festhalten, dass jeder Mensch die Pflicht hat, die Wahrheit, deren Hüterin sie ist, anzunehmen, aber gleichzeitig erklärt sie, dass diese Annahme mit dem freien Willen vollzogen werden muss. Wie Christus tritt sie nicht an die Gewissen heran, um sie zu vergewaltigen oder zu erdrücken, sondern um sie zu befreien und zu entfalten. Ihre Botschaft der Liebe zwingt sie zu einem wohlwollenden Verhalten allen gegenüber, die ihr widerstehen. Die Erinnerung an Maria hilft dem Christen, sich dieses Wohlwollen anzueignen und den Ungläubigen Duldsamkeit und Achtung entgegenzubringen. Wie Maria leidet er unter der Verschiedenheit der Überzeugungen, denn sein Ideal ist es, alle im selben Glauben vereinigt zu sehen. Er wird aber trotz aller Entschlossenheit, an seiner eigenen Überzeugung festzuhalten und sie furchtlos zu bekennen, den Takt aufbringen, sie nicht gewaltsam anderen aufzudrängen, und den Mut, allen, die seinem Glauben fernbleiben, eine aufrichtige Freundschaft zu bezeugen. Er tut es in der Gewissheit, dass die Liebe den Weg der Bekehrung öffnet und dass die Güte, wie sie die Jungfrau besaß, eine unwiderstehlichere Kraft darstellt als die Gewalt.

Feindesliebe

Der greise Simeon hatte Maria vorausgesagt, dass das Kind auf Widerstand stoßen werde. Diese Prophezeiung hätte während der stillen Jahre in Nazareth vergessen werden können, aber die Jungfrau fand sie in der Unvereinbarkeit bestätigt, die sie zwischen der absoluten Heiligkeit Jesu und dem Geist der Welt feststellte. Diese Unvereinbarkeit ließ einen Kampf voraussehen.

Der Kampf begann mit dem öffentlichen Leben. Maria wurde in Nazareth Zeuge des Ausbruchs und danach der

Entfesselung der Feindschaft gegen ihren Sohn. Sie sah in der Synagoge des Dorfes nicht ohne Schrecken all die böse gesinnten Gesichter, die hasserfüllten Blicke und war, nach Atem ringend, Zeugin der Jagd einer Meute, die Jesus töten wollte. Sie sah, wie der Erlöser ihr knapp entkam.

Nach dem Vorfall begegnete sie den Anführern der heulenden Meute wieder in den Gassen und vor den Häusern. Sie wusste, dass diese nur auf eine neue Gelegenheit warteten, um ihr Werk zu Ende zu führen. Sie las die Verstocktheit ihres Geistes in ihren Augen. Was tat Maria, wenn sie auf diese grausamen Feinde ihres Sohnes traf? Sie machte ihnen keine Vorwürfe und äußerte keinen Zorn, wie Jesus es unter gewissen Bedingungen tat, denn ihre Aufgabe war es nicht, sie zu belehren oder ihr Verhalten zu verurteilen; das war dem Erlöser vorbehalten. Sie blieb ruhig, um jeden Streit zu vermeiden. Sie wollte, ihren innersten Gefühlen entsprechend, auf diese Äußerungen des Hasses mit größerer Liebe antworten. Seitdem einige ihren Sohn verfolgten und bedrohten, liebte sie sie tiefer und verfolgte sie schonungsloser mit ihrer Nächstenliebe. Sie konnte diese Liebe zwar kaum zeigen, denn jeder Kontakt hätte die Lage noch mehr vergiftet, statt sie zu klären. Maria vermochte im Augenblick das Verhalten dieser Unglücklichen nicht zu ändern. Sie wartete und hoffte.

Mehr noch als in Nazareth wurde ihre Feindesliebe auf Kalvaria geprüft. Die Jungfrau befand sich an der Seite ihres Sohnes, und alle Verhöhnungen des Erlösers trafen seine Mutter mitten ins Antlitz, aller Spott fiel zugleich auf sie. Sie spürte den heißen Atem der Bosheit, der Christus entgegenwehte. Sie vereinigte einfach ihr Gebet mit dem Gebet ihres Sohnes um Vergebung: »Vater, vergib ihnen, denn sie wissen nicht, was sie tun!«[52] Schon immer hatte sie ihre Feinde der

---

[52] Lk 23,34.

Güte des Vaters anempfohlen und jetzt, da die Feindseligkeit sich zum tödlichen Ausgang steigerte, tat sie es wieder. Sie betete voller Aufrichtigkeit und bemühte sich, sie zu entschuldigen; wahrlich, sie wussten nicht, was sie taten. Wenn sie das Glück gehabt hätten, Christus näher kennenzulernen, wären sie nicht fähig gewesen, ihn zu kreuzigen. Sie waren blind und schwach. Die Leidenschaften hatten sie mitgerissen. Darum flehte Maria das göttliche Erbarmen für sie an.

Sie erkannte in den Feinden, die ihren Sohn so grausam quälten, eine sonderbare Macht, die sich der Menschen bediente, um die eigene Bosheit zu entfalten. Satan leitete das ganze Unternehmen und schürte es mit seinem Geist. War nicht er es, der hohnlachend auf die einst vom Engel Gabriel auf Jesus bezogenen Worte: »Erlöser und König Israels«, antwortete: »Andere hat er gerettet, sich selbst kann er nicht retten. Er ist doch der König von Israel! Er soll jetzt vom Kreuz herabsteigen, dann werden wir an ihn glauben.«[53] Die Jungfrau konnte die Stimme des Teufels erkennen und sie machte einen Unterschied zwischen der Verantwortlichkeit der Menschen und jener des Fürsten der Finsternis. Sie nahm also an, dass die Gegner Christi im Grunde ihrer Seele besser seien, als ihr Verhalten es vermuten ließ. Gewiss, sie verkleinerte die Sünde nicht, aber sie sah, dass sie der teuflischen Macht ausgeliefert waren. Sie war jedoch voller Vertrauen, dass sie eines Tages dieses Joch abschütteln würden.

Vor allem aber ließ sie nicht die geringste Regung der Rache in ihr Herz eindringen. Die Beleidigungen wurden vergeben und vergessen, sobald sie sie erreicht hatten. Sie zitterte im Anblick der schrecklichen Leiden Christi, ohne den geringsten Groll gegen jene in sich anzuhäufen, die die Schmerzen noch zu steigern versuchten. Die Großmut ihres

---

53 Mt 27,42.

mütterlichen Herzens, die sich unter dem Kreuz dem Lieblingsjünger und allen anderen Jüngern erschloss, wollte auch die Gegner umfassen. Starb Christus nicht auch für sie? Sie alle besaßen in den Augen der Mutter Christi einen heiligen Wert. Jeder von ihnen stellte den Preis des Blutes ihres Kindes dar und war darum einer grenzenlosen Liebe würdig.

Das war der Anfang der mütterlichen Sendung Mariens für die Feinde des Erlösers. Und als triumphierende Jungfrau erfüllt sie diese schwierige Aufgabe weiter, die sie unter Schmerzen begonnen hatte. Sie verfolgt die Gegner mit einer unaufdringlichen, aber ausdauernden Liebe bis zum Letzten. Gehört es nicht zur Rolle der Mutter, ein widerspenstiges Kind mit liebevollerer und beharrlicherer Sorge zu umgeben?

Liebe zu den Jüngern

Maria hatte den Jüngern während des öffentlichen Lebens eine große Liebe entgegengebracht. Bevor sie ihnen zur Mutter gegeben worden war, liebte sie sie mit der mütterlichen Liebe, die sie Christus widmete, denn sie nahmen teil an seinem Leben und wurden zu seinen unzertrennlichen Gefährten. Es wäre unmöglich gewesen, Jesus zu lieben und sie, die fortan eine Gemeinschaft mit ihm bildeten, auszuschließen. Der gemeinsame Glaube und die gleiche Anhänglichkeit an den Herrn verband die Jungfrau mit den Jüngern. Dadurch entstand zwischen der Mutter und ihren neuen Kindern eine Harmonie, deren Basis der Erlöser war.

Nach der Himmelfahrt offenbarte sich Marias mütterliche Liebe zu den Jüngern in ihrem vollen Licht. Christus hatte sie endgültig verlassen, und in der entstandenen Leere erwies sich die Gegenwart seiner Mutter für die junge Gemeinschaft als überaus kostbar. In Maria fanden die Jünger etwas vom Mysterium Jesu wieder, eine überraschende Ähnlichkeit mit ihrem Herrn. Alles in ihr erinnerte, zwar in stillerer und verborgener Weise, an die Persönlichkeit Christi. Maria fühlte darum, dass sie im Abendmahlssaal ihren Sohn vertrat, und sie suchte vor allem das liebevolle Herz Jesu zu vertreten. Sie versuchte durch ihre alles umfassende Güte die Atmosphäre, die der Herr geschaffen hatte, weiter zu erhalten und ihr eine mütterliche Note beizufügen.

Doch war ihre Aufgabe verschieden von derjenigen, die Jesus innehatte. Christus verfolgte, als er die Jünger um sich scharte, den Zweck, ihren Glauben zu erwecken und ihnen seine Lehre einzuprägen, um seine Kirche zu errichten. Nun aber war nach dem großen Ereignis der Auferstehung dieser Glaube gefestigt und es fehlte nur noch das Kommen des Heiligen Geistes, um ihm seine apostolische Ausstrahlungskraft zu geben. Wenn aber die Grundlage des christlichen Lebens gesichert war, so musste dieses Leben noch entwickelt und zur Entfaltung gebracht werden. Es galt noch, der christlichen Mystik und Aszese den Weg zu bereiten. Maria fühlte sich verpflichtet, an dieser Aufbauarbeit und Erziehung der christlichen Seele in ihrer Eigenschaft als Mutter mitzuarbeiten.

Sie legte all ihre Liebe in diese Aufgabe. Der hl. Lukas hat für die Versammlung im Abendmahlssaal als bezeichnend hervorgehoben, dass die Apostel »dort einmütig im Gebet [verharrten], zusammen mit den Frauen und Maria, der Mutter Jesu, und seinen Brüdern«.[54] Es herrschte eine Einmütigkeit des Geistes. Diese Übereinstimmung ist umso auffallender, wenn man bedenkt, wie oft die Apostel sich wegen kleinlicher Fragen der Eigenliebe und des Ehrgeizes noch kurz zuvor beim letzten Abendmahl gestritten hatten, wodurch eine Verwirrung in der Gemeinschaft entstand, die durch den Frieden einer alle erfassenden Erschütterung hätte

---

[54] Apg 1,14.

besiegelt werden sollen. Die Misstöne hatten bis zu diesem erhabenen Augenblick nachgeklungen.

In diesem gleichen Saal nun, der Zeuge des Streites gewesen war, herrschte jetzt eine bewunderungswürdige Einigkeit. Die mütterliche Gegenwart Mariens spielte dabei gewiss eine besondere Rolle. Die Mutter Jesu flößte allen Ehrfurcht ein. Sie zu beleidigen, wäre als Beleidigung des Andenkens Christi angesehen worden. Sie schien in ihrem liebevollen Wesen die Nächstenliebe derart zu verkörpern, dass man sich geschämt hätte, in ihrer Gegenwart ein verletzendes Wort oder einen Gedanken des Neids oder der Selbstsucht zu äußern. Um sie herum herrschte unwillkürlich Geduld und Sanftmut. Ihre Demut ermutigte die Demut aller und brachte ehrgeizige Bestrebungen zum Schweigen.

Die kurze Anspielung in der Apostelgeschichte ist der einzige Hinweis, den die Heilige Schrift uns über die Jungfrau nach der Auferstehung des Erlösers gibt. Dieser Hinweis am Anfang eines Buches, das uns über die Ausbreitung der Kirche unterrichten will, scheint ein Symbol für die Maria in der christlichen Gemeinschaft zuerkannte Sendung zu sein. Die Jungfrau ist zur Hüterin der Einheit aller Christen, zum Bürgen des guten Einvernehmens bestellt worden. Gewiss, sie ist weder die Urquelle noch die Urheberin des Friedens. Maria übertrug den Versammelten im Abendmahlssaal nicht den eigenen, sondern den Frieden Christi: »Frieden hinterlasse ich euch, meinen Frieden gebe ich euch«[55], hatte der Erlöser erklärt. Da er in der Gemeinschaft, die sich auf Pfingsten vorbereitete, nicht zugegen war, beauftragte er seine Mutter, diesen Frieden zu verbreiten.

Als Mutter in der Liebe war Maria besonders berufen, vor allem in den Jüngern die Mystik und Aszese der Liebe zu för-

---

[55] Joh 14,27.

dern. Diese erzieherische Aufgabe verfolgt sie unablässig weiter in der Kirche. Sie bemüht sich, das Niveau der Liebe im Verlauf der Jahrhunderte mehr und mehr zu heben. Sie arbeitet an der Erweiterung des Blickfelds, an der Aufhebung von Schranken, an der Versöhnung der verschiedenen Geisteshaltungen. In ihrer Aufgabe als Mittlerin ist sie bemüht, eine immer tiefere Einheit der Christen zu verwirklichen. Ihr mütterliches Herz hüllt sie alle in die gleiche Liebe ein. Darum wird es durch jede Zwietracht verletzt. Ihr Ideal ist die Einigkeit aller ihrer Kinder, wie sie einst im Abendmahlssaal vorhanden war. Ihre Gegenwart in der christlichen Religion stellt gewiss einen Aufruf zum Frieden dar, eine Einladung zu verständnisvoller Sanftmut. Die Christen hingegen, die sich von der Verehrung Mariens abwenden, verfallen leicht einem kalten Moralismus, dem die wahre Liebe fehlt. Die Mystik der Liebe ist mit der Mystik der Jungfrau verknüpft. Die Aszese der Liebe gedeiht im Rahmen ihrer mütterlichen Erziehung.

Die göttliche Erfindung

Alles, was man berechtigterweise über die mütterliche Rolle Mariens im Leben der Christen und der Kirche sagen kann, bedeutet keine Verminderung der Herrlichkeit der göttlichen Güte. Was Maria zugeschrieben wird, wird Gott nicht entzogen. Wer die Mutter der Barmherzigkeit gleichsam als Gegenspielerin neben einen furchterregenden Richter stellen will, versteht den tieferen Sinn der geistigen Mutterschaft Mariens nicht. Gott selbst hat die Jungfrau vorherbestimmt, Mutter der Menschen zu werden, und er hat ihre Seele mit einer alles umfassenden Liebe erfüllt. Wie hätte er Maria etwas übertragen können, das er nicht selbst besaß? Wie hätte er die Jungfrau so barmherzig und duldsam machen können, wenn er nicht über die Schätze der Barmherzigkeit in seinem göttlichen Herzen verfügen konnte? Alle Sorge und alles Zartgefühl des mütterlichen Herzens Mariens sind in Wirklichkeit die Sorge und das Zartgefühl des Vaterherzens Gottes.

Wenn Gott den Menschen eine Mutter in der Ordnung der Gnade geben wollte, so bezweckte er damit, sich ihrem Menschsein so stark wie möglich zu nähern und ihr innerstes Streben zu erfassen. Da er das Hindernis der Furcht und der Hemmung, die die göttliche Majestät im Geschöpf wachruft, zu überwinden hatte, erfand er Maria, um seine Liebe den Menschen vollkommen zugänglich zu machen. Er hoffte, durch die mütterliche Liebe der Jungfrau alle an sich zu ziehen, die er durch die Größe seiner Vaterliebe nicht erschüttern konnte. So offenbart sich in Wirklichkeit die göttliche Güte durch Maria, aber in einer zugänglicheren Gestalt. Die göttliche Erfindung hat einen gewaltigen Erfolg gezeitigt, den die steigende Anziehungskraft der himmlischen Mutter auf die Generationen der Christen bestätigt.

Dritter Teil

Vom Leid zur Herrlichkeit

Sechstes Kapitel

Schmerzvolles Herz

Herz, von Gott zum Leiden berufen

Die Jungfrau ist makellos und hat die innere Unordnung, den inneren, von der bösen Begierde und der Sünde im Menschen verursachten Zwiespalt nie gekannt. Man hätte sich darum vorstellen können, dass sie auch der anderen Folge der Sünde, dem Leiden, entronnen wäre. Hätte ihr Dasein nicht in ungetrübter Freude dahinfließen müssen, da sie doch von Gott mit einem einzigartigen Vorrecht beschenkt worden war und der göttlichen Freundschaft in einem außerordentlichen Maße teilhaftig wurde? Das Gegenteil war der Fall. In der göttlichen Vorherbestimmung, die Maria zur Unbefleckten machte, war eine Vorherbestimmung zu schrecklichen Leiden mitenthalten. Ihr Herz sollte umso schmerzensreicher sein, als es reiner und von Liebe erfüllter war. Der himmlische Vater wollte sie, die seine viel geliebte Tochter war, bis zur härtesten Prüfung, bis an die Grenze menschlicher Qual, führen.

Maria hätte auch aufgrund ihrer Mutterschaft ein Anrecht besessen, dem Leiden nicht unterworfen zu sein. Denn ihre Mutterschaft war jungfräulich, völlig unabhängig von der Knechtschaft menschlicher Leidenschaften, nicht eine Unterwerfung unter die Gesetze des Fleisches, sondern eine Befreiung aus allem Fleischlichen. Man könnte annehmen, dass eine derartige Loslösung Maria der mütterlichen Leiden enthoben hätte. Dies umso mehr, da die Jungfrau sich durch die Mutterschaft Gott so sehr annäherte, wie es für ein Geschöpf überhaupt möglich war, und eine wunderbare, innigste Verbindung mit dem Schöpfer herstellte. Wenn nun ein menschliches Wesen durch ein solch inniges Band so eng mit Gott verknüpft war, dass es auf die Person des Wortes einen mütterlichen Einfluss auszuüben vermochte, wie hätte es nicht am Glück, das aus der Gottheit strahlt, in einem außerordentlichen Maße teilhaben sollen? Musste nicht die göttliche Glückseligkeit in einer überbordenden Freude der Jungfrau offenbar werden? Es scheint, dass die Tatsache, Mutter des Wortes zu sein, Maria in eine Sphäre erheben musste, in der das Leiden unbekannt ist.

Gerade die göttliche Mutterschaft aber war es, die sie in ein schmerzensreiches Schicksal führte. Die Jungfrau sollte den fleischgewordenen Sohn Gottes nicht nur zur Welt bringen. Mit ihm musste sie eine neue Menschheit hervorbringen. Den Erlöser hatte sie in ihrem Schoß aufzunehmen und kraft der Mutterschaft sollte sie mehr als irgendein anderer Mensch mit dem Erlösungsopfer verkettet werden. Sie musste ihren Anteil leisten, um den Menschen das messianische Heil zu vermitteln. Darum sollte sie sich den Leiden der Geburt der neuen Welt unterziehen, den Schmerzen, von denen Christus spricht, um sein Leiden zu kennzeichnen: »Wenn die Frau gebären soll, hat sie Trauer, weil ihre Stunde gekommen ist.«[1]

Das Wort ist Fleisch geworden für diese Stunde des Leidens. Es ist zu uns herabgestiegen, um sich zum Opfer darzubringen: »Aber deshalb bin ich in diese Stunde gekom-

---

[1] Joh 16,21.

men.«[2] Maria ist Mutter geworden im Hinblick auf diesen erhabenen Augenblick, für die schwere Geburt der Gemeinschaft der Erlösten. Ihr mütterliches Herz konnte nur schmerzvoll sein. Mit Christus ist die Jungfrau Zeugin, dass Gott jenen die schrecklichsten Leiden schickt, die er am zärtlichsten liebt. Und gleichzeitig ist sie Zeugin der herrlichen Früchte des für das Heil der Welt aufgeopferten Leidens.

Die Leidensschule

Maria begegnete dem Leid sehr früh in ihrem Leben. Im Kind musste die Frau von morgen vorbereitet werden und diese Frau sollte befähigt sein, die schwersten Prüfungen zu bestehen. Marias Seele musste sich darum von frühester Kindheit an Kraft und Ausdauer aneignen. Die Vorsehung verfehlte nicht, ihr zahlreiche Gelegenheiten zu bieten, ihre Widerstandskraft zu stärken und in Widerwärtigkeiten durchzuhalten.

Wir wissen nichts über die Jugend Mariens, aber wir können uns vorstellen, welcher Art gewisse Prüfungen waren. Maria lebte rein in einer Umgebung, die es nicht war. Ihre Seele war ein Reich, in welchem Gott allein Herr war. Ihr Streben verfolgte kein anderes Ziel, als Gott zu gefallen. Ihre Gewissenhaftigkeit, die nichts erlaubte, was Gott missfallen musste, betätigte sich in der Umgebung von Leuten, deren Sinn kaum Bedenken vor der Sünde empfand. Marias Vollkommenheit stand in stärkstem Gegensatz zu den Sitten ihrer Zeit.

Maria litt unter dieser Spannung. Sie wünschte, dass der Wille Gottes in den Seelen der anderen herrschte wie in der ihren. Was sie bei sich nie geduldet hätte, eine Beleidigung

---

[2] Joh 12,27.

Gottes, musste sie schmerzlich betroffen bei anderen erleben und ertragen. Selbst Leute guten Willens besaßen ihr feines seelisches Empfinden nicht und Maria fühlte unvermeidlich diesen Unterschied. In ihrer makellosen Heiligkeit litt sie unter den Sünden und Unvollkommenheiten des Nächsten. Sie, die eine persönliche Reue nicht kannte, da sie zu keiner Sünde fähig war, empfand tiefen Kummer, Gott so gelästert, vernachlässigt und gleichgültig behandelt zu sehen. Sie war so voller Bewunderung für die göttliche Güte, dass die Überheblichkeit oder die Auflehnung der Menschen sie heftig schmerzte. Mit dem Heiligen Geist in besonderer Weise verbunden, teilte sie die Betrübnis, die die Sünder in ihm hervorriefen.[3] Das Schauspiel der Sünde bereitete ihr Qualen. Maria konnte sich so wenig wie Gott an das Böse gewöhnen und sich auch nicht darüber hinwegsetzen oder daran teilnehmen.

Die völlige Reinheit zwang zuerst das Kind, später das Mädchen in eine seelische Absonderung, die ein Opfer war. Die Einsamkeit ist für den Menschen schwer zu ertragen. Maria hatte wohl zahlreiche gesellschaftliche Beziehungen, doch keine vermochte ihr Bedürfnis, sich auszusprechen, zu befriedigen, denn sie lebte geistig auf einer höheren Ebene als ihre Umgebung. Diese Überlegenheit will nicht besagen, dass es Maria nicht möglich gewesen wäre, mit anderen in Verbindung zu treten. Im Gegenteil, das Mädchen war leicht zugänglich und nahm gerne am gesellschaftlichen Leben des Dorfes teil. Es stellte sich nicht zur Schau. Noch weniger wollte es durch ein hochmütiges oder herablassendes Gebaren auffallen. Es stand mit festen Füßen in seiner Umgebung wie später auch Christus. Aber es litt darunter, dass es die anderen nicht zu einem heiligeren Leben mitreißen konnte und keinen Menschen fand, mit dem es sich geistig enger

---

[3] Eph 4,30.

verbunden gefühlt hätte. Das Leiden des Einsamseins sollte Maria dazu führen, die Erschließung ihres Herzens Gott vorzubehalten.

Der außerordentliche Wert der Seele Mariens war die Ursache weiterer Schwierigkeiten. Dieser Wert konnte trotz ihrer Zurückhaltung und Demut nicht völlig unbemerkt bleiben. Nun kann aber die Entdeckung eines überragenden Adels ein Gefühl der Bewunderung wecken, aber auch, wenn die Selbstsucht mit im Spiel ist, einen von geheimer Eifersucht genährten Geist der Verdächtigung und der Feindschaft. Der Mensch erträgt die Überlegenheit anderer nicht leicht, besonders dann nicht, wenn es sich um einen Nachbarn, einen Verwandten, ein Wesen handelt, das nach seinem Dafürhalten ein Alltagsmensch sein müsste. Christus wird es bei seinem Auftreten in der Synagoge von Nazareth erfahren. Er wird vorerst Bewunderung, dann aber bei seinen Zuhörern Gefühle der Ungläubigkeit und des Widerspruchs wachrufen. Die Leute, die ihn seit Jahren kennen, werden nicht dulden, dass er sich vor ihren Augen erhöht, und ihn der verrückten Anmaßung und der Gotteslästerung beschuldigen. Maria musste ihre Vorrechte nie öffentlich verteidigen und rief in ihrer Umgebung keinen so heftigen Widerspruch hervor. Aber wir können mit Sicherheit annehmen, dass ihr vorbildliches Verhalten schon in frühen Jahren von Gefährtinnen und Bekannten als unerträglich betrachtet wurde und ihr Feindschaften zuzog. Manche verziehen ihr nicht, untadelig zu sein, und fühlten sich durch sie gedemütigt. Vielleicht verfolgten sie sie sogar in blindem Hass und waren entschlossen, sie für ihre über jeden Verdacht erhabene Reinheit durch Verbreitung verleumderischer Verdächtigungen büßen zu lassen. Es wäre nicht erstaunlich, dass man später, als sie ihr Kind hatte, eifersüchtig auf sie war, weil sie einen so vorbildlichen Sohn besaß. Es ist nicht unerlaubt anzunehmen, dass die

Jungfrau im Schatten ihres verborgenen Daseins in bescheidener Weise erlebte, was Jesus so stark in seinem öffentlichen Leben erfuhr: eine geheime, von Satan gelenkte Gegnerschaft gegen eine Heiligkeit, die der Teufel weder zu Fall bringen noch zu trüben vermochte. Es schmerzte die feinfühlende Seele Mariens tief, oft ungerecht angeklagt oder mit Verachtung beiseitegeschoben zu werden. Selbst wenn Worte oder Gebärden, die sie herabzusetzen versuchten, keine weiteren Folgen hatten, legten sie doch eine böse Absicht an den Tag, und diese Absicht lastete auf Marias Seele.

Es gab Betrübnis und Traurigkeit in ihr, aber keinen Zorn und auch keine verletzte Empfindlichkeit. Das Leiden Mariens war immer ein völlig reines Leiden ohne jeden Egoismus. Es war das Leiden der Liebe. Maria litt, wenn sie von Leuten, die sie aufrichtig liebte, angegriffen oder verdächtigt wurde. Sie fuhr übrigens fort, sie zu lieben, und hätte keinen Schatten von Groll gegen sie aufgebracht. Sie hatte die zarte Eigenschaft, leicht gerührt zu werden, was ihren Schmerz verstärkte. Aber die Gewohnheit, sich selbst zu beherrschen, erlaubte ihr, ihre Erregungen zu zügeln. Sie verfügte über ein gesundes Urteil, das die Bedeutung der kleinen Vorfälle des gesellschaftlichen Lebens richtig einschätzte und damit vermied, sie zu Plagen aufzublähen. Trotz ihrer ausgeprägten Feinfühligkeit hielt sich Maria stets in einem unerschütterlichen Gleichgewicht; Melancholie war ihr unbekannt. Sie dachte an das Wohl der anderen und schätzte sich glücklich, für sie leiden zu können. Sie schöpfte eine lebendige und erquickende Freude aus der innigen Aufopferung der täglichen Schwierigkeiten. So trug das Leiden zur Entfaltung ihrer Seele bei.

Das Bild des schon so schmerzensreichen Herzens der Jungfrau war nur Gott allein bekannt. Die Jungfrau besaß den Mut, ihre bitteren Erfahrungen zu verschweigen, das Leid zu verheimlichen, den Nächsten weder zu betrüben noch anzuklagen. Sie war von der Vorsehung von frühen Jahren an erzogen worden, allein zu leiden und ihre Last nicht auf andere abzuwälzen. Sie musste denn auch auf Kalvaria ihr mütterliches Leid allein tragen.

Der Heilige Geist musste Maria in besonderer Weise erleuchten, um sie in ihrer seelischen Einsamkeit zu einer vollkommenen Haltung im Leiden gelangen zu lassen. Dem Alten Testament hätte sie die christliche Seelenhaltung im Leiden nicht entnehmen können. Es sagt nichts aus über den geheimnisvollen Zusammenhang zwischen der Liebe und dem Leid, denn der Begriff einer bis ins Höchste gesteigerten Liebe fehlt ihm. Die Gerechten des Alten Testaments hatten in den Prüfungen die Stimme zum Himmel erhoben und von Jahwe ihre Erlösung erwartet. Trotz der ergreifenden Eindringlichkeit ihres Betens vermochten sie indessen viele Unvollkommenheiten in ihrer Ansicht über das Leiden nicht zu überwinden. Das Leiden wurde als ein Übel betrachtet, dessen man sich um jeden Preis entledigen wollte. Maria aber hatte die Wohltat und Fruchtbarkeit des Leidens erkannt, und darum erblickte sie in ihm nicht ein Zeichen der göttlichen Unzufriedenheit, sondern ein Geschenk der Vaterliebe Gottes. In den Psalmen erscheint uns der Gerechte sehr oft in einer Notlage. Er ist Verfolgungen ausgesetzt, wird seiner Güter beraubt und in seinem Leben bedroht. Wenn er die göttliche Hilfe anruft, um der Not zu entrinnen, klagt er seine Feinde an und fordert ein schreckliches Strafgericht über sie. Den Tag der Erlösung betrachtet er als Tag der Rache, und der Freude, die ihn in dieser Stunde erfüllt, steht die Not und Vernichtung seiner Gegner gegenüber. Er findet manchmal sogar Gefallen daran, im Voraus ein Bild ihres Unterganges zu entwerfen mit einer Rachsucht, die nach grausamer Befriedigung lechzt. Maria kannte diese Geistesverfassung, die der Psalmist in Verbindung mit erhabensten Gefühlen zum Ausdruck bringt, aber sie war ihr fremd geblieben. Der Heilige Geist lenkte sie ab von solchen Rachegefühlen, die ein bedauerliches Zugeständnis an die menschlichen Leidenschaften von Seelen, die die Unermesslichkeit der göttlichen Liebe noch nicht erfasst hatten, darstellte. Maria gewöhnte sich an, mit einer noch innigeren und ausdauenderen Liebe auf böswillige Angriffe oder Urteile zu antworten. Sie wollte sich unter dem Druck des Leidens nicht gegen den Nächsten wenden. Ihre großmütige Seele hätte es nicht ertragen, sich abzuschließen oder sich durch Gedanken an das begangene Unrecht einengen zu lassen. Sie weitete sich in einer noch hochherzigeren Hingabe.

Man konnte aber bei Maria deswegen keinen Überlegenheitskomplex feststellen, wie man ihn bei Leuten beobachtet, die gelitten haben oder verfolgt worden sind. Sie suchte kein Entgelt für ihr Leiden in der Eigenliebe. Maria hat nie auf ihre Unschuld gepocht, um dem Leiden entrinnen zu können, wie es der Psalmist manchmal tat. Sie verglich ihr mit Leiden schwer beladenes Dasein nicht mit jenem von Leuten übler Lebensführung, die offensichtlich mit irdischen Freuden gesättigt waren, und betrachtete sich nie als von Gott ungerecht behandelt. Ebenso verlangte sie nach einer Prüfung keine größere Wertschätzung und verlieh sich keine neuen Rechte. Sorgfältig vermied sie es, die Aufmerksamkeit auf sich zu lenken. Sie suchte weder Bewunderung noch Mitleid. Ihr Ideal war, im Leiden wie in allen anderen Zuständen unbemerkt zu bleiben.

Während langer Jahre ertrug Maria schweigend und frohgemut die Prüfungen, die ihr die Vorsehung sandte. Gott hat zum ersten Mal von einem Geschöpf eine Haltung voller Liebe erfahren. Maria nahm ihre Leiden wie eine Gabe Gottes und ein Opfer, das dem Herrn zum Heil der Menschen dargebracht werden soll, entgegen. Sie sah in ihm vor allem eine

Kundgebung der göttlichen Liebe und zudem eine Gelegenheit, Gott die eigene Liebe zu bezeugen und diese Liebe für die Mitmenschen nutzbar zu machen. Nächstenliebe und Leiden vereinigten sich in ihrem Herzen. Ihre Liebe brachte ihr Leiden und diese Leiden vermehrten die Glut ihrer Liebe.

Der Aufstieg nach Golgotha hatte für die Jungfrau nicht erst mit der Reise zum Osterfest nach Jerusalem begonnen, sondern er begann mit den ersten Schritten des Kindes. Das ganze Leben Marias war aus Opfern gewoben, aus Opfern, die dem Kind, dem Mädchen, der Mutter entsprachen. So glich es irgendeinem menschlichen Leben, denn für alle fängt das Leiden früh an und die täglichen kleinen Prüfungen sind oft sehr schwer zu ertragen. Doch trotz höherer Intensität der Schmerzen infolge der Empfindsamkeit ihres Gemütes und ihrer Seele brachte sie die Opfer mit größter Liebe und Hingabe dem Herrn dar.

Das Schweigen vor Josef

Nach der Verkündigung und dem Verschwinden des Engels dachte Maria über das Ereignis, das sich eben vollzogen hatte, nach. Sie überlegte die neue Lage, die durch die Mutterschaft gegenüber Josef entstanden war. Sie war im Grunde ihrer Seele überzeugt, dass Josef mit Freude ihre Verbindung aufrechterhalten wird, sobald er die Botschaft des Engels vernommen hatte. Aber sie musste seine Freiheit achten und ihm die Möglichkeit geben, mit ihr zu brechen, falls er es wünschen sollte. Mehr noch, sie musste auch die Freiheit des göttlichen Planes achten, denn es war Gottes Angelegenheit, über die Zukunft ihrer häuslichen Gemeinschaft zu entscheiden und Josef zu inspirieren oder ihm zu offenbaren, wie er sich zu verhalten habe. Maria maßte sich nicht das Recht an, ihrem Bräutigam das Gespräch mit dem Engel mitzuteilen.

Der Engel hatte sich ausschließlich an sie gewandt und es war nicht an ihr, von der Botschaft zu sprechen. Offensichtlich wurde von der Jungfrau verlangt, sich leiten zu lassen. Es handelte sich um ein göttliches Werk, dessen weitere Entwicklung dem Herrn überlassen werden musste. Unter diesen Umständen war es Marias Pflicht zu schweigen und zu warten. Die Reise zu Elisabeth ließ glücklicherweise diese Frage in den Hintergrund treten. Maria war dort fern von ihrem Bräutigam. Eine Aussprache wäre ihr peinlich gewesen wegen des Mysteriums, das sich in ihr vollzog und welches sie unbedingt geheim halten musste, obwohl es Josef in höchstem Maße betraf. Solange Josef von dem Ereignis nichts wusste, konnte sie ihm nicht mehr offen und unbeschwert entgegentreten.

Nach ihrer Rückkehr nach Nazareth musste sich die Frage in aller Schärfe stellen. Maria fragte sich, was Josef tun würde, sobald er feststellte, dass sie gesegneten Leibes war. Sie selbst schwieg. Es fiel ihr schwer, ihren Bräutigam zu einer so brutalen Feststellung zu zwingen, ohne ihren Zustand rechtfertigen zu können. Sie dachte dabei in erster Linie nicht an den eigenen Ruf, sondern an den Schmerz, den Josef empfinden musste. Alles in ihrer gegenseitigen Liebe war bisher abgeklärt und voller Vertrauen. Nun war Maria gezwungen, eine große Verwirrung anzurichten. Sie fühlte, wie stark ihr Josef verbunden war und welchen Kummer sie ihm bereitete. Sie büßte vor ihm ihren Ruf ein und wusste, dass es für ihren Bräutigam die größte Pein sein würde, ihre Aufrichtigkeit verdächtigen zu müssen, da sie für ihn immer ein Ideal dargestellt hatte.

Als Josef ihren Zustand erkannte, hoffte er auf Erklärungen, die die Ehre seiner Braut gerettet hätten. Er bemühte sich, eine Gelegenheit zur Aussprache mit Maria herbeizuführen. Maria verharrte aber in ihrem Schweigen. Es war ein heroisches Schweigen, denn nach menschlichen Gesetzen hatte es die Auflösung der Gemeinschaft zur Folge. Für Josef bildete es die Bestätigung für etwas, das er nur schwer anzunehmen sich entschließen konnte: die Schuld Mariens. Für die Jungfrau wäre es indessen leicht gewesen, diese Verwirrung zu beheben. Ein einziges Wort hätte genügt, um ihre Unschuld zu bezeugen. Beim Anblick der Traurigkeit und Gewissensnot Josefs war Maria gewiss versucht, das von ihm sehnlichst erwartete Wort auszusprechen. Sie besaß das Geheimnis, das seine Befürchtung beruhigt und sein gequältes Gesicht in ein strahlendes Antlitz verwandelt hätte. Aber es war eine Versuchung, der sie nicht erliegen durfte. Sie musste schweigen. Durch kein Zeichen gab sie zu erkennen, dass es sich um ein Geheimnis handelte. Ihr Opfer ist ein Vorbild für all jene, denen Gott ein Geheimnis zu bewahren aufträgt selbst auf die Gefahr hin, schwersten Schaden erdulden zu müssen, und ebenso ist es ein Vorbild für jene anderen, denen die Vorsehung in einer Verkettung der Umstände den Verlust ihres guten Rufes auferlegt, damit er in demütigendem Schmerz ihr zum Opfer dargebracht wird. Machte die Verurteilung zum Kreuzestod Jesus in den Augen gutgläubiger Zuschauer oder überzeugter Juden von der Art Sauls von Tarsus nicht zu einem aufgrund des Gesetzes bestraften Verbrecher? Das Schweigen Mariens kündete das Schweigen Christi vor seinen Anklägern an. Sie setzte sich der Verstoßung durch Josef aus, was ihre öffentliche Entehrung nach sich gezogen hätte.

Der Entschluss, an den Josef dachte, bezeugt aber, dass er eine solche Schande als unverdient angesehen hätte. Er war »gerecht«, sagt uns das Evangelium und wollte seine Braut nicht anklagen und öffentlich verstoßen.[4] Er ahnte also nicht,

---

[4] Mt 1,19.

dass ein Wunder geschehen war, sondern glaubte, dass Maria Gewalt angetan worden sei und sie keine Verantwortung für die Schwangerschaft trage. Er konnte sich nicht vorstellen, dass eine so einfache und reine Frau sich mit Schuld beladen habe, und fragte sich, ob ihr Schweigen nicht absichtlich den Fehler eines anderen deckte. Aber selbst wenn Maria unschuldig war, konnte er sie mit einem Kind, das nicht sein Kind war, nicht in sein Haus aufnehmen. Er kam darum zum Entschluss, den die Jungfrau befürchtete, mit ihr zu brechen, sie insgeheim zu entlassen.

Der Heroismus des Schweigens Mariens war in ihrer völligen Hingabe an die Vorsehung begründet. Durch die Verkündigung hatte Gott ihr Schicksal in außerordentlicher Weise geführt; an ihm war es, es weiterhin zu lenken.

Und er griff in letzter Minute ein, als schon alles verloren zu sein schien. Ein Engel erschien Josef und brachte alles in Ordnung. Maria spürte beim Wiedersehen mit ihrem Bräutigam, dass er ihr Geheimnis kannte. Aus seiner Freude folgerte sie, dass ihre Verbindung weiterbestehen wird, und aus der ihr bezeugten Ehrfurcht, dass der Heilige Geist ihm das in ihr bewirkte Wunder geoffenbart hatte.

Die Krise war also in glücklichster Weise behoben. Als die Jungfrau alles überdacht und den Verlauf der Ereignisse in ihrer Erinnerung zurückverfolgt hatte, kam ihr die göttliche Absicht, das Leiden zur Grundlage ihres gemeinschaftlichen Lebens mit Josef zu machen, deutlicher zum Bewusstsein. Bevor sie zusammen im gleichen Haus wohnten, mussten sie gemeinsam leiden. Gewöhnlich ist die der Vermählung vorangehende Zeit für die künftigen Ehegatten sorgenlos und voller Glück. Nach der Hochzeit beginnen die ersten Prüfungen, denn das gemeinsame Leben verlangt Opfer und gegenseitige Zugeständnisse. Beide Eheleute müssen die Fehler des anderen ertragen und die gleichen Schwierigkeiten meistern.

Die gegenseitige Liebe muss echter werden und sich bewähren. Die Verschiedenheit des Charakters verursachte Maria und Josef keinerlei Schwierigkeiten. Aber schon vor dem Beginn des gemeinsamen Lebens war ihre Liebe einer schrecklichen Prüfung unterzogen worden. Sie war gefestigt aus ihr hervorgegangen. Da die Jungfrau den Sinn der göttlichen Führung immer klarer erkannte, sah sie darin ein Zeichen, dass ihre Ehe von einer Liebe getragen sein müsse, die mit dem Opfer aufs Innigste verbunden war.

Maria stellte fest, dass ihre Verbindung mit Josef keine außergewöhnliche Maßnahme der Vorsehung bildete. Ihre Ehe, das Ideal für jede andere, war dem allgemeinen Gesetz unterworfen, nach welchem die eheliche Liebe wie jede andere Liebe sich im Opfer gestaltet und vertieft. Maria musste eine große Prüfung bestehen, weil sie ihren Beitrag zum Erlösungswerk leisten sollte und ihre Ehe von Gott gewollt war, um dem Erlöser Heim und Stütze zu bieten. Diese Aufgabe ist aber jeder Ehe in gleicher Weise gestellt, denn die eheliche Gemeinschaft schließt ihre Eingliederung in das große Heilswerk ein. Ihre Liebe muss mithelfen, der Menschheit die Früchte der Erlösung, Frieden, Einheit und Glückseligkeit zu erwerben. Ebenso ist sie dazu berufen, diese Wohltaten durch Opfer mitzuverdienen. Als eheliche Liebe von Christen ist sie wesentlich mit der erlösenden Liebe Christi verbunden. Darum war die Ehe Mariens schon von Anbeginn gezeichnet durch Leid, das sie im Voraus an der Prüfung auf Kalvaria teilhaben ließ.

Die Verheißung des Schwertes der Schmerzen

Maria hatte anlässlich der Verkündigung nur von der glorreichen und triumphierenden Zukunft Jesu gehört. Wie wir aber gesehen haben, war die Zeit nach der Erscheinung des Engels durch eine sehr schmerzhafte Krise geprägt. Die Geburt Jesu fand ebenfalls unter unvorhergesehenen Umständen statt, die der Jungfrau viele Opfer auferlegten. Aber bis dahin sah Maria das Schicksal Jesu im Licht der Verheißung eines großen Erfolges. Die Aussicht auf diese ferne Zukunft verschaffte aber Maria großen Trost in den Schwierigkeiten dieser Tage.

Doch auch diese ferne Zukunft sollte schmerzensreich werden. Als Maria sich in den Tempel begab, um dort ihr Kind dem Herrn vorzustellen, war sie sich der ungeheuren Tragweite ihres Tuns nicht bewusst und sie ahnte nicht, dass sie ihr unvermittelt geoffenbart würde. Sie wollte einfach mit der ganzen Aufrichtigkeit ihrer Seele eine religiöse Vorschrift erfüllen, wie es die anderen jüdischen Mütter gewohnheitsmäßig taten. Ihr Sohn gehörte Gott wie jedes andere Kind. Er gehörte ihm in ganz besonderer Weise, denn nach der Aussage des Engels war er der Sohn des Höchsten. Durch die Darstellung im Tempel gab Maria Gott sein Besitztum wieder zurück. Sie tat es aus ganzem Herzen, um dem Herrn zu bezeugen, dass sie das ihr geschenkte Kind nicht zu ihrem Nutzen zurückbehalten wollte. Was vom Vater kam, musste zum Vater zurückkehren.

Die Darstellung im Tempel hatte die Bedeutung eines Opfers, das Gott dargebracht wird. Maria war der Sinn, den die Heilige Schrift dieser Zeremonie gibt, bekannt. In Ägypten waren einst alle erstgeborenen Kinder dem Tode geweiht, die Kinder der Juden aber waren verschont worden. Aber sie waren von Gott unter der Bedingung verschont worden, dass sie ihm dargebracht und geweiht würden. Jahwe hätte mit gutem Recht ihren Opfertod fordern können. Er hätte damit zu verstehen gegeben, dass diese Kinder ihm völlig gehörten. So mussten ihm die Eltern den erstgeborenen ihrer Söhne darstellen und ihn zurückkaufen. Gott verlangte damit symbolisch ein Volk, das er auserwählt hatte, zu eigen. »Mit starker Hand hat uns der Herr aus Ägypten, aus dem Sklavenhaus, herausgeführt. Darum opfere ich dem Herrn alle männlichen Tiere, die den Mutterschoß durchbrechen; alle Erstgeborenen meiner Söhne aber löse ich aus.«[5]

Die Jungfrau brachte ihre Opfergabe in diesem Geist dar. Mit der Darstellung legte sie ihr Kind in die Hände des Vaters zurück. Und sie nahm im Voraus alle Bedingungen der Auslösung an. Sie brachte ihre mütterliche Liebe zum Opfer dar in einer Haltung vollkommen freudvoller Hingabe. Maria wollte sich Gott gegenüber hochherzig zeigen, da sie so viel von ihm erhalten hatte. So trug sie ihr Kind mit ihrer jungen mütterlichen Begeisterung in den Tempel.

Die göttliche Antwort erfolgte unverzüglich und unmissverständlich. Es scheint, dass noch vor dem vorschriftsmäßigen Vollzug der Darstellung, damit sie von Maria mit noch klarerer Einsicht in ihre wirkliche Bedeutung vollzogen werden konnte, der greise Simeon auf das Kind zuschritt und seine Zukunft voraussagte: Jesus sei das Heil Israels und aller Völker. Darauf wandte er sich an Maria, die entzückt war über die ihrem Sohn gemachte Verheißung, und richtete eine eindrucksvolle Prophezeiung an sie: »Siehe, dieser ist dazu bestimmt, dass in Israel viele zu Fall kommen und aufgerichtet werden, und er wird ein Zeichen sein, dem widersprochen wird, – und deine Seele wird ein Schwert durchdringen. So sollen die Gedanken vieler Herzen offenbar werden.«[6]

Normalerweise hätte der Greis seine Prophezeiung an den Vater und die Mutter richten müssen, da beide ein ebenso starkes Interesse an der Zukunft des Kindes haben. Aber Simeon blickte in diesem Augenblick unter der Eingebung des Heiligen Geistes nur auf die Mutter. Er will der Mutter die

---

5 Ex 13,14–15.

6 Lk 2,34–35.

Last dieser schmerzensreichen Zukunft aufbürden. Sie weiß, als sie bald darauf die Tauben darbringt, um Jesus loszukaufen, dass die kleine Opfergabe das Symbol einer späteren, einer weit schmerzvolleren ist. Den Sohn im Tempel darzustellen hieß für sie, ihn zum Opfer darzubringen im Hinblick auf den Widerspruch, den er zu erwecken bestimmt war, und ihr jungfräuliches Herz freiwillig dem Schmerzensschwert auszuliefern.

Maria hatte also Jesus zum Opfer dargebracht, bevor er imstande war, sich selbst hinzugeben. Die Mutter bot dem Vater als Erste die Opfergabe von Kalvaria an. Das mütterliche Opfer Mariens wurde vor dem eigentlichen hohepriesterlichen Opfer Christi vollzogen. Maria war sich bewusst, dass sie durch ihre Opfertat die eigene Zukunft und die ihres Sohnes festlegte. Das »Fiat«, das sie im Innern wiederholte, sobald sie Simeons Worte vernommen hatte, kostete sie mehr als das »Fiat« vor dem Engel Gabriel. Es war die Annahme einer dem Leiden geweihten mütterlichen Sendung.

Die Drohung des Schmerzensschwertes schwebte von nun an über Marias Leben. Ein kurzer Augenblick hatte Simeon genügt, um es ihr anzukündigen. Die Prophezeiung prägte sich unauslöschbar in Marias Geist ein und war immer in ihr lebendig. Maria konnte Jesus nicht mehr anblicken, ohne an den Widerspruch zu denken, der ihn erwartete. Die künftigen Prüfungen schienen ebenso untrennbar von seiner Person zu sein wie von seinem messianischen Auftrag. Darum lag in den Augen, die Maria liebevoll auf ihr Kind richtete, immer eine geheime Angst. Einmal würde das schöne, friedvolle Antlitz ihres Kindes unter den Schlägen des Unglücks erschüttert werden. Der Schatten einer Katastrophe sollte ihm Schritt für Schritt vorangehen.

Warum hatte Gott der Jungfrau das schmerzvolle Schicksal ihres Kindes geoffenbart? Gewiss, er hätte seine Offenbarung auf die messianische Aufgabe Jesu beschränken und Maria in der Erwartung des künftigen Triumphes belassen können. Er hätte ihr damit viele Sorgen, viele Ängste erspart. Für gewöhnlich weist er die Mütter nicht auf den Kummer hin, den ihnen die Zukunft der Kinder bereiten kann, und im Allgemeinen sagt er künftige Prüfungen den Menschen nicht voraus. Er tat es bei Maria, weil er sie zur Mitarbeit am Erlösungswerk berufen hatte. Christus sollte das Martyrium auf Kalvaria beständig vor Augen haben und im vollen Bewusstsein darauf zugehen. So sollte auch Maria ihrer Prüfung, ohne sie aber genau zu kennen, entgegensehen und sich selbst zum Opfer darbringen.

Maria wusste also durch die Verheißung Simeons, dass sie Jesus für das Opfer zu erziehen hatte. Gott verlangte von ihr eine völlige mütterliche Uneigennützigkeit. Sie sollte ihren Sohn so erziehen, dass er fähig sein würde zu leiden und ihr selbst Leiden zu bereiten. Ihre Hingabe sollte ein immerwährendes Opfer sein.

Die Trennung von Jesus

Gott hatte Maria eine Prophezeiung gegeben, die zum Ursprung vieler Ängste werden sollte. Was aber der himmlische Vater getan hatte, tat auch Jesus. Er bereitete seiner Mutter bewusst viel Angst und Leid. Er beschränkte sich nicht darauf, die Prophezeiung zu wiederholen, sondern griff ihrer Verwirklichung auf eine bestimmte Weise vor. Er gab seiner Mutter im Voraus die ganze Bitternis der angekündigten Prüfung zu kosten.

Nichts ließ ahnen, dass ein so folgsames Kind wie Jesus sich der Aufsicht seiner Eltern entziehen würde. Gewiss, Maria achtete in ihm ein Mysterium, das viele Überraschungen in sich barg. Aber dieses Mysterium blieb während seiner ganzen Kindheit verborgen und die Zeit schien noch nicht gekommen zu sein, in der es offenbar werden sollte. Die Jahre des öffentlichen Auftretens waren noch fern. Aber alles verlief so, als ob Jesus gedrängt worden wäre, Maria auf sie aufmerksam zu machen. Schon im Alter von zwölf Jahren ließ er sie die ganze Tragödie von Kalvaria vorauskosten, als sie ihren Sohn verlieren und wiederfinden sollte. Er bezeugte dadurch sein messianisches Bewusstsein und zugleich den Willen, die Mutter aufs Engste mit dem Erlösungsopfer zu verbinden.

Als Maria die Abwesenheit des Kindes in der Gruppe, in der es sich befinden sollte, feststellte, war sie beunruhigt. Es war aber nicht die einfache Beunruhigung einer Mutter, die ihren Sohn sucht und einen Unfall befürchtet, sondern es war die Angst, dass sich die Worte des greisen Simeon schon verwirklichen könnten. Das Verschwinden eines Kindes, in das man volles Vertrauen setzen konnte, schien nur eine Erklärung in höheren Beweggründen zu finden. Es war nicht aus sorglosem Vergnügen, aus Zerstreutheit erfolgt, denn das hätte der Gesinnung Jesu nicht entsprochen. Die Jungfrau war sich bewusst, dass das Kind sich ihr auf besondere Fügung der göttlichen Vorsehung entzogen hatte. Aber ihre Angst fand darin keine Beschwichtigung, denn sie wusste, dass die Vorsehung sie auf ein großes Leid hinführte.

Als sie nach zwei Tagen der Bedrücktheit ihren Sohn im Tempel fand, enthielt die Antwort, die ihr gegeben wurde, den Keim zu neuen Befürchtungen. Jesus äußerte über die den Eltern bereitete Sorge nicht nur kein Bedauern, sondern rechtfertigte sein Verhalten durch eine prinzipielle Erklärung. Er hatte den Vorfall absichtlich herbeigeführt. Maria begriff es klar, da sie ihren Sohn inmitten der Schriftgelehrten sah. Sie bewunderte die Frühreife seines Verstandes und freute sich einen Augenblick, ihn in diesem gelehrten Kreise zu finden, in dem er sich völlig ungezwungen bewegte. Darum enthielt seine Antwort den tiefen Sinn, den ein Gelehrter in sie gelegt hätte: »Wusstet ihr nicht, dass ich in dem sein muss, was meinem Vater gehört?«[7]

Maria verstand die ganze Tiefe der Antwort nicht, aber sie ahnte, dass diese Worte die Notwendigkeit ihres Opfers erhellten. Jesus brachte in ihnen zum Ausdruck, dass er sich willentlich ihrer mütterlichen Autorität entzogen hatte. Die Jungfrau überlegte diese Worte und setzte sie mit der Darstellung des Kindes im Tempel in Beziehung. Sie gab sich Rechenschaft, dass ihr Sohn das Opfer am Ort selbst, wo sie ihn einst als Opfergabe dargebracht hatte, vollzog. Hatte sie Jesus nicht in das Haus seines Vaters getragen und das unbeschränkte Recht des Vaters auf die Person ihres Kindes anerkannt? Sie hatte sogar, von Simeon belehrt, das Leiden bejaht, das das Opfer bei ihr verursachen sollte. Damit hatte sie auch dem so schmerzlichen Vorfall des Zurückbleibens Jesu im Tempel zugestimmt.

Dieser Vorfall war besonders reich an Lehren für die Zukunft. Maria sah bald ein, dass es sich um ein symbolisches Ereignis handelte, das ein anderes, weit bedeutungsvolleres ankündigte. Es bedeutete, dass Jesus sich schroff von seiner Mutter trennen und damit in ihr eine tiefe Traurigkeit hervorrufen wird, wenn er zum Vater zurückkehrt. Ohne die Tragweite dieser Rückkehr in das Haus des Vaters klar zu erfassen, erkannte Maria aber klar, dass ihre im täglichen Umgang des gemeinsamen Lebens vertiefte Vereinigung mit Jesus von beschränkter Dauer sein würde. Nach seinen eigenen Worten wohnte das Kind nicht bei ihr wie in seinem wirklichen Heim. Es besaß ein anderes, eigeneres, endgültiges Haus. Die Jungfrau hatte also ihren eigenen Sohn als

---

[7] Lk 2,49.

Gast, als Fremdling zu betrachten. Die anderen Mütter leiden in ähnlicher Weise, wenn ihre groß gewordenen Kinder das Vaterhaus nicht mehr als ihr bevorzugtes Heim ansehen, sich von ihm allmählich ablösen und selbst an die Gründung einer Familie denken. Im Falle des Hauses von Nazareth war die Absicht Jesu noch bewusster. Sie wurde unerbittlicher geäußert trotz der Liebe, die Jesus stets mit seiner Mutter verband. Die Auflösung des häuslichen Herdes hatte begonnen und sollte sich weiterentwickeln bis zum tragischen Ende.

Maria wusste nun auch, dass unter dem Gehorsam, den der junge Mann seinen Eltern gegenüber übte, ein anderes, tieferes Gefühl vorhanden war, aus dem Jesus sich vor allem dem himmlischen Vater unterwarf, und dass er sich der Mutter eines Tages völlig entziehen werde, um den göttlichen Willen zu erfüllen. Darum war die Freude Mariens an Jesu beispielhaftem Gehorsam gegenüber den Eltern stets von der Angst begleitet, dass ihr Sohn ihnen gänzlich entgleiten werde.

So abgeklärt und ideal der Friede in Nazareth zu sein schien, es glomm in ihm doch das Leid einer Tragödie. Maria hatte den Eindruck, ihr Kind schon verloren zu haben. In ihrer Vereinigung bereitete sich die Trennung vor. Die Kraft der Jungfrau, diese sich steigernde Angst ruhig zu ertragen, floss aus ihrem Vertrauen zu Gott. Sie hatte im Verhalten Jesu, der ihr bewusst während drei Tagen den Schmerz, ihn zu verlieren, auferlegt hatte, die Absicht Gottes erkannt. Hatte sie selbst nicht auch Josef durch ihr völliges Schweigen bewusst eine Prüfung auferlegt? Sie hatte es getan, um den Plänen der Vorsehung zu entsprechen. Jesus handelte aus dem gleichen Grund. So verblieb Maria nur die völlige Hingabe an den göttlichen Willen und die mutige Zustimmung zum auferlegten Leiden.

Das öffentliche Leben brachte Maria eine Veränderung ihres Daseins. Die dreißig in Gemeinschaft mit ihrem Sohn verlebten Jahre hatten sie an die beständige Gegenwart Jesu gewöhnt. Ihr Fühlen und Denken war auf diese Gegenwart ausgerichtet. Der Weggang Christi zu Beginn seiner apostolischen Tätigkeit schuf daher für Maria eine plötzliche Leere. Sie wurde von einem Tag auf den anderen ihrer Stütze und der Ausstrahlung seiner Gegenwart beraubt.

Gewiss, sie sah Jesus bei manchen Gelegenheiten wieder. Er aber unterließ es nie, die Trennung hervorzuheben. »Frau«, sagte er zu ihr in Kana, um die Distanz zu betonen, die sein öffentliches Wirken zwischen sie und ihn legte. Die Freude, sich in der Nähe ihres Sohnes zu befinden, war mit dem Kummer der Feststellung belastet, dass die frühere Herzlichkeit verschwunden war.

Bitter empfand darum Maria die Einsamkeit, der sie ausgesetzt war. Sie war von Verwandten umgeben und wohnte vielleicht bei den Vettern Jesu. Aber niemand vermochte die Leere in ihrem Leben auszufüllen, die nach dem Weggang ihres Kindes blieb. Besonders während der ersten Zeit der öffentlichen Tätigkeit konnte sie oft kaum begreifen, dass er nicht mehr bei ihr war. Immer wieder glaubte sie, ihn zu hören, ihm zu begegnen, so stark war sie an den Umgang mit ihm gewöhnt, und jedesmal war sie schmerzlich erstaunt, ihn nicht mehr bei sich zu haben.

Sie hatte früher schon die Einsamkeit, die seelische Abgeschlossenheit, kennengelernt. Durch ihr Gelübde der Jungfräulichkeit hatte sie sich für ein Leben innerer Zurückgezogenheit entschieden. Sie hatte es mit der ganzen Hingabefähigkeit ihrer Jugend getan. Jetzt folgte auf die jungfräuliche Einsamkeit eine mütterliche Einsamkeit, die schwerer zu ertragen war, weil sie durch einen Verlust begründet war. Maria hatte das innige Zusammenleben mit Jesus über alle Maßen geschätzt. Der Umgang mit dem Kind, mit dem einzigartigen jungen Mann war das Entzücken ihres Daseins. Wie hätte sie auch nur einen Augenblick seine liebevolle Art zu sprechen und sich zu bewegen, seine Bezeugungen rührender Verbundenheit vergessen können? So viele Stunden hatten sie gemeinsam im Schweigen eines tiefen Einklangs ihrer Seelen verbracht! Ihre Beziehungen waren das Ideal eines guten Einvernehmens, das nie durch einen Schatten der Entzweiung getrübt wurde. Maria hätte sich kein schöneres Leben vorstellen können. Ihre Einung mit Jesus hatte wirklich alles überstiegen, was eine menschliche Mutter erträumen konnte. Und jetzt war diese Gemeinschaft zu Ende. Die Jungfrau litt so tief an der neuen Lage, an der Abwesenheit Jesu, weil ihre Gemeinschaft echt und vollkommen gewesen war.

Die mit dem öffentlichen Leben begonnene Trennung führte Maria zur letzten, höchsten Prüfung. Sie trat der Jungfrau immer deutlicher vor Augen. Sie wurde sich mehr und mehr bewusst, dass man sich bei der wachsenden Gegnerschaft, auf die der Erlöser stieß, auf das Schlimmste gefasst machen musste. Die Jünger gaben sich erst während der letzten Tage des Lebens Jesu Rechenschaft über die Gefahr, in der ihr Meister sich befand. Doch sie besaßen ein so großes Vertrauen in seine Macht und seinen Erfolg, dass sie die Voraussagen über seinen Tod nicht ernst nehmen wollten. Maria hatte die Gefahr viel früher erkannt und schon bei den Äußerungen der Feindseligkeit an die Möglichkeit eines tragischen Endes gedacht. Sie verfolgte eben den Verlauf der Ereignisse in der Sicht auf das von Simeon angekündigte Schwert der Schmerzen. Im Gegensatz zu den Jüngern stieg sie nicht unvorbereitet nach Kalvaria hinauf. Sie sah das bittere Ende kommen. Die Prophezeiungen des Herrn, von denen sie gehört hatte, nahmen ihr den letzten Hoffnungsschimmer, der ihr in Bezug auf die Möglichkeit hätte bleiben können, dass der Herr der Rache seiner Feinde entrinnen könnte. Maria allein unter allen, die Christus im Glauben anhingen, sah die große Prüfung, die dem Erlöser bevorstand, klar voraus. Ihre Hellsicht steigerte ihren Schmerz. In der sich vermehrenden Feindseligkeit gegenüber Jesus spürte sie seinen unabwendbar gewordenen Tod.

Als Jesus aus Galiläa nach Judäa zurückkehrte, um Lazarus von den Toten zu erwecken, versuchten die Jünger, ihn wegen der Todesdrohungen seiner Gegner von dieser Reise abzuhalten. Wenn Maria sich am Osterfest in Jerusalem befand, geschah es nicht einfach, weil sie in der Heiligen Stadt zu weilen wünschte, sondern um ihrem Sohn beizustehen, der sich in Gefahr befand. Sie war sich bewusst, dass sie nichts unternehmen konnte, um ihn zu schützen, doch ihr mütterliches Empfinden drängte sie, in der Stunde der Krise bei ihm zu sein. Und es war mehr als ein Empfinden, es war ein Wille zur völligen Verbundenheit mit Jesus im Leiden, das ihm bevorstand.

Dieser Wille führte Maria an den Fuß des Kreuzes. Vielleicht hatten Bekannte oder Verwandte versucht, der Jungfrau das grausame Schauspiel zu verwehren und aus Mitleid die Schmerzen zu ersparen. Aber nichts konnte die Mutter davon abhalten, ihren Sohn bis zum Ende zu begleiten. Mehr denn je erkannte sie, dass sie für diese schreckliche Stunde Mutter geworden war. Ihre ganze Seelenkraft entfaltete sich, um dem Ereignis standzuhalten. Es kostete sie wenig, den Feinden die Stirn zu bieten, sich ihrem Spott auszusetzen, die Schande der Verurteilung auf sich zu nehmen. Aber es kostete sie unendlich viel, ihrem Sohn zu begegnen, ihn leiden zu sehen, an seiner Seite zu bleiben, um sein Seufzen zu hören und seinem Todeskampf beizuwohnen. Alle körperlichen Schmerzen Jesu trafen das Herz der Jungfrau ebenso sehr wie sein seelisches Leiden. Sie, die ihren Sohn kannte, verstand auch seine unerhörten Qualen. Sie allein vermochte den Abgrund seines Leidens zu ermessen und im Einklang mit ihm zu leiden. Und gerade das wollte sie: alle Martern dieses zerschundenen Leibes und der zu Tode betrübten Seele miterleiden, sie an sich ziehen und sie teilen.

Sie wich dem Schwert der Schmerzen nicht aus, sondern setzte sich ihm völlig aus. Sie konnte zweifellos am Vorabend beten, wie Jesus gebetet hatte, und den himmlischen Vater anflehen, er möge das schreckliche Schwert, wenn es ihm gefalle, von ihr fernhalten und ihm zugleich die gänzliche Unterwerfung unter seinen Willen kundgeben. Aber jetzt, wo Christus so bitter litt, wollte sie das Schwert von ihrer mütterlichen Seele nicht mehr abwenden. Sie wollte sich so innig wie nur möglich mit dem Opfer ihres Sohnes vereinen.

Dieser Wille verband die Jungfrau in besonderer Weise mit dem Erlöser. Maria war die Prüfung auf die Veranlassung des Vaters vorausgesagt worden. Durch Jesu Willen wurde das Leiden in ihr Leben eingepflanzt, erstmals zwanzig Jahre zuvor bei seinem symbolischen Verbleiben im Tempel und danach bei seinem Weggang zu Beginn seines öffentlichen Wirkens. Auf Kalvaria verschmolz der Wille Marias völlig spontan mit dem Willen Christi und des ewigen Vaters. Die Jungfrau hätte dem Kreuz fernbleiben und sich verbergen können, um nicht Zeuge des Martertodes ihres Kindes zu werden. Sie bot sich aber freiwillig dem Leiden dar und trat neben das Kreuz. Darum verband das Schwert der Schmerzen, das ihre Seele durchbohrte, Maria aufs Innigste mit Jesu Seele. Christus vollbrachte sein endgültiges Opfer in der Unterwerfung unter den Willen des Vaters, der allein der Herr seines Lebens war, und nicht seine Henker.[8] Maria stand im völligen Einklang mit diesem Willen und bot ihr mütterliches Herz freiwillig den Schmerzen dar.

Man könnte einwenden, dass es ein unnützes Leiden gewesen sei. Warum bei Jesus bleiben, da ihre Gegenwart ihn nicht vom Tod erretten konnte, und warum sich solchen Schmerzen aussetzen, da sie ihren Sohn dadurch nicht zu entlasten vermochte? Hieß das nicht, dass zwei Menschen statt einem die Todesqualen erleiden mussten? Die Jungfrau glaubte an den Wert des Opfers. Sie wusste, dass Christus litt, um die Menschheit zu erlösen, und hoffte, dass sein Selbstopfer eine wunderbare Wirkung zeigen werde. Darum schloss sie sich der Erlösungstat Christi an und widmete ihr mütterliches Opfer dem Heil der Menschen. Die Sehnsucht, die Menschen zur Quelle des Lebens zu führen, von der Jesus während seines Leidens beseelt war, erfüllte Maria ebenso wie ihn selbst. Sie hätte gerne auch ausgerufen, dass sie dürste, denn der Wunsch, für ihren Sohn Seelen zu gewinnen, verzehrte sie. Sie war bereit, jedes Opfer zu bringen, um dieses Ziel zu erreichen. Hochherzig opferte sie darum ihr Leiden auf, damit es diese Frucht zeitigte.

Der Anblick der Feinde Jesu steigerte in Maria dieses Verlangen. In ihnen enthüllte sich die ungeheure Macht der Sünde über die Seelen. Sie waren auf Golgotha gleichsam die Opfer ihrer Triebe und ihrer bösen Leidenschaften. Ihr Beispiel bewies, wie notwendig das Heilswerk war. Das schmerzensvolle Antlitz Jesu bezeugte den Preis, der für ihre Errettung aus der Not zu erbringen war. Die Jungfrau hätte von diesem Preis nichts vorbehalten wollen, den Gott von ihr für die Mitarbeit an der Erlösung der dem Satan verfallenen Seelen forderte. Sie nahm das Opfer für die unglücklichen Seelen gerne auf sich.

---

[8] Joh 10,18.

Das Leiden Mariens hörte mit dem Leiden Christi nicht auf. Nachdem Jesus ausgerufen hatte »Es ist vollbracht!«[9] und seinen Geist aufgegeben hatte, war Marias Leiden noch nicht vollendet. Sie ließ vor dem ausgebluteten Leichnam des Sohnes ihrem Schmerz freien Lauf. Die Sorge, ihr Leid zu verhüllen, hielt sie nicht mehr zurück.

Der Tod ihres Kindes steigerte ihre mütterliche Betrübnis. Maria vermochte die Augen von dem Antlitz, das sie so oft während langer Jahre betrachtet hatte, nicht abzuwenden. So viele glückliche und friedvolle Erinnerungen waren mit ihm verbunden, so viel Hingabe floss aus ihm zurück. Aber die Züge waren starr und entstellt. Die Schmerzensmutter mit dem Schwert im Herzen und dem toten Sohn in den Armen muss nicht beschrieben werden. Das von so vielen Künstlern dargestellte Bild spricht für sich selbst. Es bringt die unvergleichliche Seelenschönheit der Jungfrau zum Ausdruck und bietet den Christen eine Quelle unerschöpflicher Betrachtung. Aber man darf in ihm nicht nur das rührende Symbol höchsten Schmerzes sehen, denn die Jungfrau bringt vor allem ihr Leiden zum Opfer dar und bietet ihr totes Kind dem himmlischen Vater mit einer nach dem Heil der Menschheit lechzenden Seele an.

Nachdem der Stein herbeigewälzt war, der das Grab verschloss, war Maria allein. Doch aus ihrem unermesslichen Leid erhob sich eine Freude, die Freude über die zu Füßen des Kreuzes erworbene neue Mutterschaft. Ihr schmerzvolles Herz füllte sich mit einer neuen Liebe zum hl. Johannes und zu den zahllosen Jüngern, die sich zu Christus bekennen und ihre unzähligen Kinder sind. Diese Liebe war eine Be-

---

[9] Joh 19,30.

glückung. Ihr Schmerz begann sich vor dem Jubel der Auferstehung in die Freude einer maßlos erweiterten Liebe zu verwandeln.

Maria wird in den Augen der Christen, die sie verehren und sich gerne der Leiden erinnern, die sie für die Menschen erduldet hat, immer die Schmerzensmutter sein. Die Gestalt der Jungfrau ist untrennbar mit dem Kreuz Christi verbunden. Und damit ist ihre Anteilnahme am Kreuz eines jeden Christen verbunden. Maria ist das Ideal der innigsten Vereinigung mit dem leidenden Herrn. Sie führt die Jünger auf den Weg dieser Vereinigung und lädt sie ein, die Prüfungen und Leiden aus ganzer Seele für das Heil der Menschen aufzuopfern. Sie gibt allen, die zu klagen oder Gott der Härte zu bezichtigen versucht sind, durch ihre vorbehaltlose Unterwerfung unter den göttlichen Willen das Beispiel der vertrauensvollen Abgeklärtheit inmitten der Leiden. Sie bleibt allen ein Ansporn, bis ans Ende auszuharren. Maria ist auf Kalvaria die Schmerzensmutter der Christen und durch die Begegnung mit dem auferstandenen Christus die Mutter ihrer Freude geworden.

Siebtes Kapitel

Glorreiches Herz

Die neue Freude

Freude zu empfangen ist nicht leicht. Man glaubt, dies wäre leichter, als Leiden anzunehmen. Scheint der Mensch, der sich instinktiv gegen Schmerzen wehrt, das sich ihm bietende Glück nicht widerstands- und mühelos entgegenzunehmen? Die Annahme der Freude vollzieht sich demnach viel spontaner. Die Frage ist aber nicht so einfach. Wenn es sich nur um Vergnügen, um angenehme, zeitlich beschränkte Gefühle handelt, könnte man sagen, der Mensch öffne sich ihnen leichter als dem Leiden. Aber wir sprechen hier von der wahren, tiefen Freude, die das ganze Sein erfasst und es mit einem Streben nach wesentlicheren Dingen erfüllt, genauer von einer höheren Freude, welche die Seele über den irdischen Horizont hinaus erhebt und auf das Jenseits ausrichtet. Diese Freude wird den Menschen von Gott geschenkt, aber sie dringt nicht leicht in sie ein.

Was lehrt uns die Erfahrung? Vielen Menschen gelingt es nicht, ihr Leiden zu bejahen, weil sie sich vor dem Opfer sträuben oder sich dem Leiden nur in passiver Weise als einem unentrinnbaren Schicksal unterziehen. Nur eine kleine Zahl nimmt es als eine göttliche Gabe und als Mittel zum Opferbringen entgegen.

Aber viele sind auch nicht in der Lage, die Freude, die ihre Seele verwandeln könnte, in sich aufzunehmen. Sie ziehen es vor, sich mit irdischen Lustbarkeiten zu sättigen und sich einem Streben nach Höherem zu verschließen. Wenn sie die Leere oder den Ekel solcher Befriedigungen gekostet haben, lassen sie sich von der Last einer mutlosen Traurigkeit lähmen. Die erlebten Enttäuschungen und der Misserfolg ehrgeiziger Bestrebungen schlagen in einen Pessimismus um, der zudem vorgibt, realistisch zu sein, weil er auf sichtbaren und fühlbaren Gegebenheiten beruht. Wer zählt die Enttäuschungen aller, die oberflächlich, und die geheime Verzweiflung jener, die in der Tiefe leben? Darum stellt man unter den Menschen einen unersättlichen Hunger nach Glück und gleichzeitig ein Misstrauen gegenüber einem für unmöglich gehaltenen Glück fest und zudem eine scheue Furcht, die Angst hat anzunehmen, was sich als neue Enttäuschung erweisen könnte.

Die göttliche Freude, die den Menschen angeboten wird, muss vorerst diese Furcht oder das Widerstreben überwinden. Durch sein Leben mitten unter uns wollte uns Christus an diese Freude gewöhnen. Aber wo befanden sich im erhabenen Augenblick, da er als Auferstandener von den Toten diese Freude der Welt brachte, die Seelen, welche ein solches Geschenk entgegenzunehmen fähig waren? Das Geschenk des Erlösers war eine grenzenlose, überströmende Freude, deren Ausstrahlung auf jedes einzelne menschliche Schicksal stark genug gewesen wäre. Da aber diese Freude so überraschend und herrlich war, bestand die Gefahr, dass sie Zweifel erweckte. Sie hatte keine Wirkung auf die Feinde Jesu, und als der hl. Paulus später in seiner Rede an die Weisen Athens auf die Auferstehung Christi zu sprechen kam, setzten diese seiner Verkündigung durch Spöttereien ein Ende.[1] Selbst die Jünger

[1] Apg 17,31–33.

waren nicht leicht zu überzeugen. Als der Herr ihnen erschien und seine Hände und Füße zeigte, zögerten sie noch zu glauben, so sehr überstieg das Wunder ihre Fassungskraft. »Sie konnten es aber vor Freude immer noch nicht glauben und verwunderten sich«,[2] sagt uns der hl. Lukas. Sie konnten die Freude nicht ohne Gegenwehr aufnehmen, da sie zu stark und zu plötzlich über sie kam.

Darum ist es verständlich, dass Gott, bevor er die Freude über die Erlösung in eine Welt ergoss, in der sie Zweifel und Widerstand hervorrufen musste, ihr in einem Herzen, das die Menschheit in ihrem Idealzustand darstellte, eine umfassende und vollkommene Aufnahme sichern wollte. Diese Aufgabe war dem Herzen Mariens übertragen worden. Die Jungfrau allein war befähigt, die ungeheure Freude des aus dem Grab auferstandenen Christus in sich aufzunehmen und nichts von ihr zu verlieren. Sie hatte das Erlösungsschauspiel in der innigsten Teilnahme mit Jesus erlebt. Seit Langem war sie auf die Prüfung vorbereitet worden und hatte darum ihre Seele dem Leiden weit geöffnet und ihr Herz dem Schwert der Schmerzen dargeboten. Da sie das Opfer voll bejaht hatte, war sie auch befähigt, seine Frucht, die Freude, voll und ganz in sich aufzunehmen. Durch den Verzicht, der in ihrer aus innerster Seele ausgesprochenen Zustimmung zur Trennung von ihrem Sohn enthalten war, hatte sie in sich selbst eine Leere geschaffen, die aufgefüllt werden musste und die Fähigkeiten ihrer Seele erweitert hatte. Die Sehnsucht ihres ganzen Wesens nach Christus war lebendiger und abgründiger geworden. Das Leiden hatte ihr Herz vergrößert und für ein begeistertes Aufjubeln vorbereitet, das der Tiefe der vorangegangenen Trauer entsprach.

---

[2] Lk 24,41.

Wir müssen hervorheben, dass Marias Leiden zur Freude führte, weil ihr Leiden vertrauensvoll und in Liebe erduldet worden war. Nie hatte die Jungfrau das Opfer auf Kalvaria als eine Niederlage betrachten wollen. Wenn sie sich damit abgefunden hätte, das Ereignis als eine Enttäuschung oder ein Versagen anzusehen, hätte sie ihr Herz verschlossen, statt es zu öffnen, und ihre Haltung bei Jesu Triumph verleugnen müssen. Sie aber bewahrte und stärkte ihren Glauben in einer noch vollständigeren Hingabe an das Mysterium ihres Sohnes und vertraute ihm umso mehr, je unbegreiflicher es zu sein schien. Dadurch bereitete sie sich vor, an der glorreichen Erfüllung des Mysteriums teilzunehmen.

Die Treue ihrer Liebe erwartete eine Rechtfertigung. Mit der Hingabe an den leidenden und sterbenden Herrn hatte Maria ihr Dasein endgültig der ausschließlichen Vereinigung mit Jesus geweiht und ihren Willen bekundet, alles zu verlieren, um sein Los zu teilen. Durch ihre Haltung hatte sie zum Ausdruck gebracht, dass darin ihre einzige Freude liegt. Aber Gott lässt sich an Treue nicht übertreffen. Wir wissen aus den Berichten des Evangeliums, dass der auferstandene Erlöser sich zuerst den Frauen und Maria Magdalena zeigte, um die rührende Treue zu belohnen, die sie ihm zu Füßen des Kreuzes bezeugt hatten. Umso mehr musste er vor allem seiner Mutter erscheinen, die allen das Beispiel der Verbundenheit im Opfer gegeben hatte. Da Maria mit innigerer Hingabe als die anderen all ihre Hoffnung auf die Vereinigung mit ihm gesetzt hatte, musste er diese Vereinigung in der Freude alsogleich erneuern.

Aber nicht nur weil sich die Jungfrau in einer idealen Verfassung für die Begegnung befand, war sie auserwählt, als Erste den triumphierenden Erlöser zu begrüßen, sondern ebenso aufgrund der Aufgabe, die sie bisher im Heilswerk zu erfüllen hatte. Sie hatte eine einzigartige Rolle in der

Menschwerdung gespielt, als sie den Sohn Gottes in ihrem Schoß empfing, danach im Erlösungswerk, als sie dem vollen Echo der Leiden Christi in ihrem Herzen Raum bot, um ihnen ihr eigenes Opfer beizufügen, und schließlich bei der Auferstehung, als sie den Messias zum neuen glorreicheren Kommen begrüßte. Sie hatte, wie einst in Nazareth, den Erlöser im Namen der Menschheit zu empfangen. Die Erscheinung Jesu vor seiner Mutter sollte mehr als nur ein Ausdruck kindlicher Anhänglichkeit sein, denn sie hat eine universelle Bedeutung und besagt, dass die Menschen oder vielmehr die Kirche den Heilbringer durch Maria empfangen soll. Das Herz der Jungfrau besaß das Ausmaß, um im Namen aller die Fülle der Freude zu umfassen und gleichzeitig den aufzunehmen, der sie brachte.

Geheimnisvolle und glorreiche Begegnung

Die Begegnung mit dem auferstandenen Christus symbolisierte und bestätigte die Annahme des Erlösers durch die Menschheit. Sie vollzog sich aber trotzdem in innigster Weise ohne jeden Zeugen. Das ist einer der Gründe, warum die Evangelisten kein Wort darüber berichten. Wegen der Abwesenheit Mariens unter den Frauen, die sich frühmorgens zum Grab begaben, können wir annehmen, dass Maria der Sorge, das Felsengrab mit dem Leichnam ihres Sohnes aufzusuchen, enthoben war, aber es wird uns nicht mitgeteilt, wie Jesus sich ihr zeigte. Die Erscheinung war eben von besonderer Art, sie vollzog sich außerhalb der Reihe der verschiedenen Erscheinungen dieses ersten Tages. Es war ein zu einfaches und gleichzeitig zu abgrundtiefes Ereignis, um Gegenstand einer Beschreibung zu sein. Es handelte sich um ein wirkliches Mysterium gleich dem Mysterium der Verkündigung, das nur Gott und seine Engel zu Zeugen hatte und das der späteren christlichen Betrachtung mehr durch die Eingebungen des Herzens als durch Überlegungen des Verstandes wieder zu entdecken aufgetragen ist.

Da der triumphierende Christus im Verlauf dieser Erscheinungen in der Art, wie er seine Gegenwart enthüllte, eine liebenswürdige Rücksicht walten ließ, täuschen wir uns wohl nicht mit der Behauptung, dass sich der Erlöser seiner Mutter mit größter Behutsamkeit genähert hat. Er vermied es, durch ein zu unvermitteltes Auftreten die durch die bestandene erschütternde Prüfung noch schmerzerfüllte Seele zu erschrecken. Er wollte das verwundete Herz mit Freude durchdringen, aber es vor seinem Erscheinen in eine Atmosphäre der Ruhe eintauchen, um weder zu stören noch aufzuschrecken. Gewiss ließ er in Maria die Erinnerung an seine Prophezeiung aufleben, nach welcher der Menschensohn am dritten Tage auferstehen werde. Die Jungfrau hatte dieses Wort in ihrem Herzen bewahrt. Sie konnte sich nicht genau vorstellen, wie diese Auferstehung vor sich gehen sollte, aber sie musste ein Sieg über den Tod sein. Als sie das erste Erwachen des Tages bemerkte, sagte sie zu sich selbst, dass der Sieg an diesem Tag errungen werde. Das war für sie die Gelegenheit, die Glut ihres Glaubens, der von ihr vor der Menschwerdung und später vor dem ersten Wunder verlangt worden war, neu zu entfachen, und jetzt, vor der geheimnisvollen Auferstehung, musste sie ihn bekennen. Die Prophezeiung Christi würde sich nun verwirklichen und die Gewissheit erfüllte Marias Seele allmählich mit einem beglückenden Vorgefühl. Der Glaube der Jungfrau war so stark, dass sie sozusagen mit den Augen der Fantasie die mögliche Bedeutung der Prophezeiung sah: Da der Menschensohn nach den Worten Jesu am dritten Tag nach seinem Tod »auferstehen«[3] sollte, sah

[3] Mk 8,31; 9,31; 10,34; Lk 18,33.

sie, wie er sich wie einst so oft im Zwielicht des Hauses von Nazareth vor ihr aufrichtete. Es war nur ein Traum, doch ein trostvolles Bild. Sie vergaß schon das zermarterte Antlitz des Gekreuzigten und stellte sich sein früheres vor. Und plötzlich war diese von ihrem Glauben erzeugte Vorstellung Wirklichkeit. Jesus stand leibhaftig vor ihren Augen.

Die Erwartung Mariens, die sich auf das Wort des Herrn stützte, dämpfte die Erschütterung der Begegnung. Aber die Überraschung war nicht weniger wunderbar und die Jungfrau war entzückt, ihren Sohn betrachten und berühren zu können. Sie fand ihn, den sie verloren hatte, wieder und sie fand ihn umgeben von einem unbekannten Strahlenglanz. Die Wirklichkeit überstieg alle Träume. In seinem von der Todesblässe entfärbten Antlitz leuchtete jetzt ein höheres Leben, das alle Züge mit dem Licht einer anderen Welt beseelte. Das ihr immer noch vertraute Antlitz war himmlisch geworden und Maria spürte in ihrem Entzücken, dass sie nach ihrem Kind die Schwelle des Todes überschreiten müsse, um es voll zu besitzen. Der Himmel trat schon in ihr Herz ein.

In der Freude der beiden aufeinander abgestimmten Herzen war alles Schweigen und Hingabe. Christus musste weder den Namen seiner Mutter aussprechen noch ihr die Glückseligkeit ankündigen, die er ihr brachte. Warum ihr erklären, dass sie heute mehr als bei der Verkündigung voll der Gnade sei? Es war die Gnade in Person, die Maria überhäufte, um aus ihr eine glorreiche Mutter und Königin zu machen. Alles vollzog sich mehr im Sein als in Worten. Christus überließ sich vorbehaltlos der Umarmung seiner Mutter und sie ließ sich durch seine Gegenwart und Strahlungskraft vollständig durchdringen. Sie verwandelte sich in der Berührung mit ihrem Sohn in Freude.

Maria hatte in ihrer Liebe zu Jesus der Versuchung, sich ihm aufzudrängen oder sich seiner Persönlichkeit zu bemächtigen, nie nachgegeben. Auch in diesem Augenblick drängte sie sich ihm nicht auf, um sicher zu sein, dass er ihr nicht mehr entglitt. Die Glut ihrer Liebe war lebendiger als früher, von einem brennenden Feuer der Anbetung begleitet, denn sie sah in ihm die unbeschränkte Majestät des Herrn. Sie fühlte sich klein in den Armen des triumphierenden Erlösers. Es gefiel ihr, sich vor dieser Größe zu erniedrigen. Aber sie wollte im Taumel der Begegnung den Erlöser nicht zurückhalten, wie Maria Magdalena es versuchte. Sie wünschte nur, ihn begrüßen zu können. Sie war ganz Bereitschaft für den Empfang, ein Vorbild der Fügsamkeit, denn auch als Mutter hatte sie die Haltung der Magd und Jüngerin des Herrn bewahrt. Statt in der Freude des Triumphes in Schwärmerei zu verfallen, trat sie noch mehr hinter ihrem Sohn zurück und gab sich ganz seiner Allmacht preis. Darum vermochte die Glorie der Auferstehung bis in den Urgrund ihrer Seele zu dringen.

Die Erscheinung eröffnete Maria eine neue Epoche. Mit der Rückkehr Christi zum Leben hatte das Universum sein Antlitz verändert. Die Jungfrau begriff, dass der Auftrag des Erlösers erfüllt und der Kampf, in dem er so gekämpft und gelitten hatte, gewonnen war. Auch sie hatte dafür alles geopfert. So freute sie sich an den Früchten, das heißt am Glück der ganzen Menschheit. Mehr als ihren Sohn betrachtete sie den Erlöser, der den Menschen das Heil brachte. Sie erkannte in seinem strahlenden Antlitz die herrlich vollendete Aufgabe, den Triumph seines Werkes. Statt sich mit ihrer mütterlichen Freude zu begnügen, nahm Maria darum die Freude aller Menschen, deren Heil nun gesichert war, in ihr Herz auf. Sie teilte ihre Glückseligkeit mit der zahllosen menschlichen Familie. Sie beschränkte sich nicht auf die Betrachtung Christi, sondern blickte mit ihm auf weitere Horizonte, auf ein grenzenloses Reich.

Kühn wandte sie sich der Zukunft zu. Sie fühlte sich im Besitz der endgültigen Freude, die ihr niemand entreißen konnte. Alle Ängste der Vergangenheit waren verschwunden. Da der Herr den Tod bezwungen hatte, sollte irgend ein Hindernis seinem Siegeszug Schranken setzen können? Die Mächte des Bösen, die auf Kalvaria noch so furchterregend zu sein schienen, waren bezwungen von ihm, den sie in Ketten zu legen glaubten. Was blieb vom Hass und den Nachstellungen der Feinde Jesu außer ihrer offensichtlichen Ohnmacht? Die unbeschränkte Herrschaft des Erlösers konnte nie mehr bestritten werden. Betrübnis und Furcht, deren Tyrannei so lastend über den letzten Tagen lag, mussten ihren Platz einem Frieden und einem Jubel räumen, für die es kein Ende gab. Die Jungfrau wusste, dass die Osterfreude sie und die Welt nie verlassen wird.

Als Christus verschwand, verblieb Maria in dieser Freude. Sie hatte keinen besonderen Auftrag erhalten, die große Neuigkeit zu verkünden, und sah darin einen Hinweis, dass der Erlöser sich den anderen selbst bald zeigen werde. Aber bei der Betrachtung des Ereignisses und des ihr gewährten Vorzugs, als Erste den auferstandenen Erlöser begrüßen zu dürfen, gab sie sich Rechenschaft, dass sie wiederum mit einer Sendung betraut worden war. Wie alle anderen Vorrechte schloss auch dieses neue eine Ehre und eine Pflicht in sich. Die Jungfrau sollte in Zukunft die Freude, die sie im Namen aller in sich aufgenommen hatte, um sich herum verbreiten. Sie verstand die Bedeutung des Auftrages tiefer, als sie feststellte, dass die werdende christliche Gemeinschaft trotz des begeisternden Ideals, das sie beseelte, noch immer die Beute allzu menschlicher Gefühle der Angst und des Kleinmutes war. Beständig in der Freude zu leben, selbst wenn Schwierigkeiten und Prüfungen unvermutet eintreten, erfordert eine höhere Kraft. Diese von der Gnade verliehene Kraft bemühte sich Maria, bei den Jüngern zu erwecken. Für sie, die das Antlitz des auferstandenen Christus unablässig so, wie es ihr am Ostermorgen erschienen war, vor Augen hatte, schien eine Atmosphäre der Unruhe oder Unzufriedenheit ein Widerspruch zu sein, ja eine Beleidigung ihres siegreichen Sohnes. Traurigkeit kam ihr vor wie ein Misserfolg, der auf den Heiland zurückfiel, eine Leugnung seines Triumphes. Die Freude allein konnte eine Bezeugung des von Christus vollbrachten Erlösungswerkes und eine Bestätigung seines Erfolges darstellen. Bis an ihr Ende wollte die Jungfrau Botschafterin der Freude sein.

Wie einst Mose beim Herabkommen vom Berg Sinai auf seinem Gesicht den Glanz von der Schau des Allmächtigen ausstrahlte, so trug Maria von nun an in ihrer Seele und in ihrem Antlitz den Abglanz der Erscheinung des glorreichen Herrn. Aus ihren Augen und ihrem Lächeln, ja aus ihrem ganzen Wesen strömte eine unwiderstehliche Freude und sie teilte sich allen mit, die Umgang mit ihr pflegten. Durch sie übertrugen sich die Kraft und die Begeisterung der Auferstehung auf die Menschen.

Die letzte Begegnung

Die Erscheinung des auferstandenen Christus war das Vorspiel einer anderen, weiterwirkenden Begegnung. Was sich im Schatten und im Verborgenen abgespielt hatte, sollte sich im Licht der himmlischen Herrlichkeit wiederholen. Jesus hatte seine Mutter am Triumph teilnehmen lassen und wollte ihr auch diese Freude gewähren, nicht mehr in der Dunkelheit des irdischen Lebens, sondern in der Glorie der Schau von Angesicht zu Angesicht.

Maria ängstigte sich nicht vor dem Tod und mied die Gedanken daran nicht. Wusste sie nicht, was ihr Weggang hienieden für sie bedeuten sollte? Sie brauchte keine Vorbereitungen dafür zu treffen. Es bereitete ihr keine Sorge, zum Herrn zu gehen. Ihr Sohn würde ihr entgegenkommen. Er würde sich ihr plötzlich zeigen, wie er es zu ihrer Überraschung am Ostermorgen getan hatte. Sie würde sich erstaunt und doch ungezwungen vor ihm befinden, denn sie musste sich nur führen lassen, um zu ihm zu gelangen. Warum sollte sie sich vor dieser Begegnung ängstigen? Sie sehnte sich nach ihr als der Krönung ihres Daseins. Den Tod sah sie nicht als ein unausweichliches Versinken im Grab, sondern als den Höhepunkt des Aufstieges zu Gott. Bald würde sie ihr Sohn zum Vater geleiten. Ihr Lebensziel war damit erreicht.

Doch auch der Tod brachte noch Opfer mit sich. Die Jungfrau hatte, obwohl sie stets auf höherer Ebene lebte, die Erde nicht verleugnet und war allen, die sie umgaben, in aufrichtiger Liebe zugetan. Seit der Himmelfahrt fühlte sie sich ihnen mehr denn je verpflichtet. Ihre ganze demütige Tätigkeit war der Mitarbeit am Aufbau des Reiches Christi in den Seelen gewidmet und sie ereiferte sich für alles, was geeignet war, ihren Sohn zu verherrlichen und Liebe zu ihm zu erwecken. Ihre höchste Befriedigung fand sie in der Vertiefung des Geistes Christi in der christlichen Gemeinschaft, für die sie sich bemühte, neue Anhänger zu gewinnen. Der Tod nun würde das Ende dieser Tätigkeit sein, sie von den Aposteln und allen ihren Lieben trennen. Es war für Maria ein Opfer, auf diese mütterliche Sorge, die in ihrem Herzen so tief verwurzelt war, verzichten und von allen, die sie liebte, Abschied nehmen zu müssen. Aber sie beugte sich dem göttlichen Willen und vollzog den schmerzlichen Verzicht im Vertrauen, sich ihrer Aufgabe liebevoller Wachsamkeit über die Kirche auch vom Jenseits aus widmen zu können. Ihr Herz sollte ja geweitet und verwandelt weiterleben und endlich über die unbegrenzte Fülle einer Liebe verfügen, die sich unbeschränkt verschenken will.

Wie trat dieser Tod ein? Legenden fehlen nicht, die uns das Sterben der Jungfrau in einem sehr feierlichen Rahmen und begleitet von einer Reihe von Wundern darstellen. Mit Vorliebe beschreiben sie eine wunderbare Zusammenkunft der Apostel, die aus allen Richtungen der Windrose herkamen, um den letzten Stunden Mariens beizuwohnen. Sie berichten, dass Jesus mit Engeln zu seiner Mutter herniederstieg, um sie im Triumph in den Himmel zu führen. In Wirklichkeit hat weder die Heilige Schrift noch die früheste Überlieferung eine Erinnerung an das Ereignis festgehalten. Dieses Schweigen berechtigt zur Annahme, dass Marias Sterben äußerlich wie irgendein anderes vor sich ging, sodass kein besonderer Grund vorlag, darüber zu berichten. Mussten sich die letzten Augenblicke der Jungfrau auf Erden nicht wie ihr ganzes Leben in der größten Einfachheit abspielen? Die Bedeutung dieses Todes lag in der Verfassung der Seele Mariens, im Selbstopfer, das sie für das Wohl der Kirche darbrachte, und in der Sehnsucht, Christus wiederzufinden. Das Beispiel der Gottesmutter bezeugt, dass ein alltäglicher Tod eine Tat größter Hochherzigkeit, ja im Verzicht auf alle irdischen Bindungen heroisch und ein Aufflammen reinster Liebe zum Herrn sein kann.

Nichts verpflichtet uns zur Annahme, dass alle Apostel sich zum Abschied um Maria scharten. Ihre Missionstätigkeit in aller Welt verunmöglichte vielleicht eine derartige Zusammenkunft. Die apokryphen Berichte wollten die bedeutungsvolle Wahrheit zum Ausdruck bringen, dass der Tod der Jungfrau ein die ganze Kirche interessierendes Ereignis war. Sie verließ als Mutter aller Gläubigen die Erde und zog in den Himmel ein. Alle verloren demnach eine sichtbare Mutter, um sie aber im Unsichtbaren noch liebevoller zu gewinnen. Sie war ein ideales Geschöpf, das ein ideales Leben vollendete, denn die vollkommene Aufopferung ihres Sterbens in Nachahmung des Opfers Christi auf Kalvaria stellt das Symbol des Opfers dar, das die erlöste Menschheit zu bringen berufen ist, damit sie ihren Anteil am Triumph des Erlösers empfängt. Die Menschen müssen sich mit dem erlösenden Opfer während des ganzen Lebens und schließlich im vollständigen Opfer des Todes vereinigen, das ihnen ermöglicht, Gott alles darzubringen, was sie besitzen. So hat sich Maria durch ihren letzten Akt mit dem Tode Jesu vereinigt, als sie wie er ihren Geist den Händen des Vaters übergab.

Indessen vollzog sich Marias Sterben in einer Atmosphäre, die von jener des Sohnes völlig verschieden war. Das Ende Jesu war gewaltsam und tragisch, während Maria friedlich in einer sanften Stille entschlief. Marias Antlitz war nicht fahl und ausgelaugt wie einst das Antlitz Christi. Es leuchtete in Glückseligkeit. Es war ein freudiges Sterben. Der hl. Johannes und die anderen Zeugen waren trotz ihres Kummers erstaunt über die Freude, die aus den Zügen Mariens strahlte und aus ihrem letzten Blick leuchtete, der schon vom Himmel erleuchtet und beinahe verzückt war. Ihr Schmerz wurde dadurch gemildert, und als Maria in eine höhere Glückseligkeit hinüberzuleben schien, fühlten sie sich gegen ihren Willen von der geheimnisvollen Freude mitgerissen. Die letzte Gabe der Jungfrau an ihre Umgebung war nochmals Freude.

Die Verschiedenheit des Sterbens Christi und Mariens beruht auf einem besonderen Grund. Das Sterben Jesu auf Kalvaria war tragisch, weil das Erlösungswerk noch nicht vollendet war. Die Tragödie musste im Triumph Christi, dessen Herrlichkeit in der Auferstehung und in der Himmelfahrt offenbar wurde, ihre Lösung finden. Der Tod Mariens vollzog sich in einer Atmosphäre der Freude, weil er am Triumph des glorreichen Christus teilhatte. Ihr Tod war nur als Übergang zur Glorie ein Abbild des Todes Christi. Der Tod der Jünger Jesu muss ein freudiger Tod sein, weil er vom Erlöser gleichzeitig die Hochherzigkeit im Opfer und die Glückseligkeit im Sieg mitempfängt. Die Jungfrau ist das vollkommene Vorbild der christlichen Seele, die sich, schon im Besitz der Freude des Heils, ganz der Überflutung durch diese Freude öffnet.

Ein festlicher Himmel feierte das scheinbar arme und einfache Sterben der Jungfrau. Die ganze triumphierende Kirche nahm am Ereignis teil. Auf der Erde zeigte sich nichts von dieser Herrlichkeit, denn wir behaupten nicht wie die Apokryphen, dass Jesus von Engeln umgeben sichtbar zu Maria herabgekommen sei. Aber wie sollte Christus im Unsichtbaren seine Mutter nicht geholt und der ganze Himmel sich nicht an dieser Heimholung beteiligt haben? Die Vermittlerrolle eines Engels wie bei der Verkündigung, um von der Jungfrau die Zustimmung zu erbitten, war überflüssig. Der Anruf kam vom Erlöser selbst, der seine Mutter die wohlvertraute Stimme vernehmen ließ und ihr letztes »Fiat« entgegennahm. Jesus öffnete sein göttliches Herz als Ruhestatt für sie, die ihn einst bei der Menschwerdung aufgenommen hatte. Er vergalt ihr hundertfach die ihm gewährte Wohnstatt und Gastfreundschaft. Maria fühlte sich in den unergründlichen Abgrund der unendlichen Liebe Christi versetzt, der sich auf ewig als ihr Sohn erklärte. In dieser Vereinigung erkannte sie mit Entzücken den Heiligen Geist, der ihr seine Brautschaft angeboten hatte und der Gast ihrer Seele gewesen war. Sie befand sich vor dem Angesicht des Vaters, dem sie ihr kindliches Herz hingegeben hatte. Alle Sehnsucht Mariens war erfüllt. Bald darauf nahm der Herr ihren Leib, um ihn mit der Seele wiederzuvereinigen, damit Maria ganz und gar der Allerheiligsten Dreifaltigkeit gehöre und mit ihrem vollen Sein an der Glückseligkeit Gottes teilnehme.

Marias erste Regung bei ihrem Eingang in die himmlische Herrlichkeit war ein Aufflammen der Dankbarkeit. Maria richtete, vom Glück überwältigt, ein letztes Magnifikat an die göttliche Güte. Die Schau Gottes ermöglichte ihr, ihm mit einer Hellsicht zu danken, die alle erhaltenen Wohltaten im Einzelnen wie in ihrer Gesamtheit umfasste. Maria sah in Gott den geheimen Plan ihres ganzen Daseins und erkannte, wie die göttliche Weisheit alles ersonnen, alles in die Wege geleitet und alles mit unfehlbarer Meisterschaft vollendet hatte. Die Jungfrau fand sich auf Erden sehr oft Ereignissen gegenüber, die ihre Fassungskraft überstiegen. Sie hatte sich bemüht, durch Gebet und Betrachtung die Rätsel zu entziffern, und der Verlauf der Dinge selbst half ihr, die Bedeutung gewisser Abschnitte ihres Lebens zu begreifen. So erblickte sie in der wunderbaren Mutterschaft, die ihr der Allmächtige zubestimmt hatte, den Sinn und das Ziel ihrer jungfräulichen Selbsthingabe. Das öffentliche Leben Jesu war in ihren Augen eine Rechtfertigung des verborgenen Lebens in Nazareth mit all seinen Überraschungen. Die Auferstehung des Erlösers vermittelte ihr das Verständnis für das schmerzvolle Ereignis der Passion, das für sie eine so grausame Prüfung gewesen war. Sie hatte den von der Vorsehung beschlossenen Ablauf des Erlösungswerkes mehr und mehr erfasst. Aber trotzdem blieben viele Seiten ihres Lebens unbegreiflich, und in ihrem Unvermögen, den tieferen Grund zu erkennen, überließ sie sich einfach in blindem Vertrauen dem Herrn aller Dinge.

Doch jetzt im Himmel eröffnete ihr die Schau Gottes die geheimnisvollen Beweggründe des Geschehens. Maria war erstaunt, die vollkommene Einheit ihres vom Herrn bis in die geringsten Einzelheiten geplanten Lebens feststellen zu können. Nichts war dem Zufall überlassen. Sie konnte verfolgen, wie die liebevolle Sorge des himmlischen Vaters stets vorhanden war und alles zum Besten gelenkt hatte. Alle Umstände, selbst die seltsamsten und scheinbar beziehungslosesten, hatten einem einzigen Zweck gedient, denn sie alle förderten die der Mutter des Messias übertragene Sendung. Die verschiedensten verblüffenden oder Leid verursachenden Ereignisse hatten sich unter der göttlichen Fügung in ergreifender Harmonie verbunden. Trotz dieser bewunderungswürdigen und unbeugsamen Folgerichtigkeit war ihr Dasein nicht mechanisch starr verlaufen, denn Gott war stets darauf bedacht, die menschliche Freiheit zu achten und jedes Mal die Gesamtheit der Verhältnisse, in denen sich Maria befand, ihren freien Entschlüssen anzupassen. Es war ein Meisterwerk der Treue zum Gesamtplan und der Anpassung in der praktischen Verwirklichung.

Mehr noch als diese überragende Weisheit, der es geglückt war, die Forderungen der Gnade mit dem persönlichen Streben und dem ganzen fließenden Gewebe der Wirklichkeit in Einklang zu bringen, bewunderte Maria die Güte, die das ganze Werk geleitet hatte. Wenn für irdische Augen ein Leben aus Missgeschick und Unglück gewoben zu sein scheint, wenn vielerlei Vorfälle Schrecken und Abscheu hervorrufen, so offenbarte der Blick der Jungfrau, den sie jetzt über ihr Leben gleiten ließ, dass alles, was sie umgeben hatte, sie gestört oder verwirrt hatte, als besondere Aufmerksamkeit der göttlichen Liebe zu werten war. Gewiss, auch sie war von Freveln der Sünde umgeben, für die Gott nicht verantwortlich sein konnte, aber die Vorsehung ordnete alles so, dass diese Sünden für Maria zum Anlass geworden sind, die Liebe zu vermehren. So hatte sie auf die Hassausbrüche der Feinde Jesu mit einer noch festeren Treue geantwortet. Die erlittenen Bosheiten hatten ihr Verzeihen heroischer gemacht und ihren

Willen gestärkt, alle Opfer für das Heil der Menschen auf sich zu nehmen. Gott hatte es verstanden, aus dem Bösen, das in ihrer Umgebung geschah, Gutes entstehen zu lassen. Alles, was ihr auf dem Lebensweg zugestoßen war, hatte die göttliche Güte angeordnet. Alles, selbst der Kampf gegen die Mächte des Bösen und die Betrübnis im Leiden, war also ein Geschenk. Und in allen diesen Gaben war die unendliche Liebe des himmlischen Vaters eingeschlossen. Rückblickend erkannte die Jungfrau, wie ihr ganzer Lebenslauf ein Geschenk aus den in der Liebe so verschwenderischen väterlichen Händen war.

Was Maria ebenfalls mit dankbarer Überraschung feststellte, war die Fruchtbarkeit ihres Lebens. Sie hatte an diese Fruchtbarkeit geglaubt, weil sie ihr volles Vertrauen in die Macht und die Hochherzigkeit des himmlischen Vaters gelegt hatte. Aber auf Erden war es ihr nicht möglich, den wirklichen Nutzen ihres Tuns zu erkennen. Ihr Leben verlief unauffällig und in ihrer Demut hielt es die Jungfrau für sehr alltäglich. Umso größer war darum ihr Entzücken, als sie den Erfolg sah, den Gott in einem so verborgenen Dasein reifen ließ. Alle Gebete, die Maria in der Stille ihres Herzens an den Herrn gerichtet hatte und die in der Welt nichts verändert zu haben schienen, hatten in Wirklichkeit in unsichtbaren, vielen Seelen gewährten Gnaden ihre Erhörung gefunden. Und ihre für die Ausbreitung des Gottesreiches gebrachten Opfer hatten auch zu dieser Ausbreitung beigetragen. Die geringsten Akte besaßen ihren Wert und beeinflussten den Verlauf des Heilsgeschehens, weil sie von der göttlichen Liebe eingegeben worden waren. Nichts war unnütz. Gott verlieh jedem menschlichen Akt eine geheimnisvolle Tragweite, sodass Marias Leben viel umfassender und wirksamer gewesen war, als es sein äußerer Rahmen vermuten ließ. Die Jungfrau war erstaunt, mit so bescheidenem Aufwand so reiche Früchte eingebracht zu haben.

Darum erklang das letzte Magnifikat in der Beseelung, in der Maria auf ewig die göttliche Weisheit und Güte bewunderte, die so hoch über jedem menschlichen Fassungsvermögen stehen. Sie pries Gott, weil die Kühnheit ihres Glaubens und ihrer Hoffnung von der Hochherzigkeit der Vorsehung nicht enttäuscht, sondern weit übertroffen worden und ihr Leben viel wertvoller gewesen war, als sie angenommen hatte, denn die Liebe des Allmächtigen hatte sich in ihm maßlos ausgewirkt. Gleichzeitig dankte sie für alle von Gott der Menschheit gewährten Wohltaten, für sein ganzes Schöpfungs- und Erlösungswerk, dessen wunderbare Entfaltung sie jetzt erkannte.

Die Verherrlichung in der Liebe

Die himmlische Herrlichkeit, die die Liebe Mariens zu Gott bis zum Besitz Gottes erweitert hatte, steigerte auch ihre Liebe zu den Menschen in höchstem Maße. Wie die Jungfrau jetzt in ihrer Schau den Vater, den Sohn und den Heiligen Geist umfasst, so umhüllt sie in einer gemeinsamen Liebe alle Auserwählten, als deren Mutter sie sich betrachtet. Sie besitzt die Herzen aller, wie alle ihr Herz zu eigen haben in der gegenseitigen Zugehörigkeit, welche die Gemeinschaft des Himmels bildet.

Aber diese Gemeinschaft ist noch nicht vollständig. Viele sind noch unterwegs. Maria trägt Sorge dafür, dass sie ihr Ziel erreichen und mit ihr die Glückseligkeit teilen, für die sie erschaffen worden sind. Sie hat das Vorrecht der leiblichen Aufnahme in den Himmel erhalten, um ihnen den Weg zu erleichtern. Sie ist im Himmel, um den Erdenbewohnern zu helfen. Mit Christus bereitet sie ihnen die Wohnungen vor.[4] Da sie

---

[4] Joh 14,2.

die Freude in ihrer ganzen Fülle kennt, ist sie umso eifriger bemüht, sie allen zu vermitteln und jedem Lebensschicksal ein glückliches Ende zu sichern.

Ihr Verweilen an der Seite ihres Sohnes ist also nicht einfach eine erquickende Ruhe, sondern es ist eine eifrige Tätigkeit, ein Tun, das die Mühseligkeit der menschlichen Arbeit nicht kennt, aber darum nicht weniger geschäftig ist. Maria lebt unser Leben mit uns, um es zu Gott zu führen. Wie könnte sie, da sie doch mit ganzer Seele und aus allen Kräften an der Vollendung des Heilswerkes beteiligt ist, in ihrer Hingabe nachlassen, wo doch so viele Menschen im Elend der Sündenlast verharren und das Reich Gottes von seinem Endziel noch so weit entfernt ist? Unablässige Kämpfe kennzeichnen das Dasein und den Fortschritt der Kirche und viele Hindernisse müssen überwunden werden! So viele Seelen scheinen hilflos oder dem Verderben preisgegeben zu sein! Maria kennt als Mutter und Königin der Menschheit ihre Verantwortung und ist für uns alle von einer tiefen Zuneigung beseelt.

Die Glorie ermöglicht ihr, sich der mütterlichen Aufgabe restloser zu widmen. Vom Himmel aus kann sie für uns alle wirken, was sie auf Erden nur für wenige zu tun imstande war. Sie kann jedem Einzelnen jederzeit ihre ganz besondere Sorge zuwenden. Ihre Aufnahme in den Himmel hat ihr Herz in gewisser Weise vervielfacht und überall gegenwärtig werden lassen. Sie kennt im göttlichen Licht all unsere Bedürfnisse und unsere menschliche Beschaffenheit. Sie erfährt all unsere Wünsche und die bescheidensten Bitten. Es gibt kein menschliches Leid, das nicht sein Echo in ihr findet und nicht Hilfe oder Trost von ihr empfängt. Sie stellt Gott unablässig das Elend der Welt vor Augen, um seine Barmherzigkeit zu wecken, und bietet ihm das Gebet und die Bitten der Menschen dar, um ihre Erhörung zu gewährleisten. Sie stellt ihre innige Verbundenheit mit der Allerheiligsten Dreifaltigkeit in den

Dienst der Kämpfenden und Leidenden. Ihr glorreiches Herz ist durch die Nähe Gottes auch den Menschen nähergerückt.

In diesem, im Ausmaß des Weltalls erweiterten mütterlichen Herzen stoßen alle menschlichen Unternehmen auf größte Anteilnahme und alle Schwierigkeiten finden eine mitfühlende Aufmerksamkeit. Maria greift mit unbeschränktem Wohlwollen in die Leitung des Weltalls mitwirkend ein, wie es Gott ihrer Mutterrolle zugedacht hat. Überall will sie Liebe säen, damit ihre Kinder eine stark geeinte Gemeinschaft bilden. Sie drängt die Kirche zum Fortschreiten in der Einheit und zur täglichen Verwirklichung der Forderungen brüderlicher Liebe. Vor allem aber ist sie bestrebt, den Einfluss des Erlösers in den Seelen zu vermehren, denn ihr ganzes Sehnen ist der Verbreitung der unbeschränkten Herrschaft Christi geweiht. Wenn man sagen darf, dass alles Leid der Menschen in ihrem Herzen Widerhall findet und sich die Freude durch dieses Herz auf die Menschen ergießt, so müssen wir beifügen, dass diese Verfassung des Herzens Mariens in Christus ihren Grund und ihr Ziel hat. Die Jungfrau nimmt die Leiden der Welt und eines jeden Christen auf sich, um sie dem Opfer von Kalvaria einzugliedern und dem Vater darzubringen. Sie stellt jeweils das zermarterte Antlitz des Erlösers dem Himmel vor Augen. Wenn sie aus den göttlichen Händen die Wohltaten und die Freude entgegennimmt, die sie der Erde vermitteln will, so ist es wiederum das Antlitz Christi, aber das des glorreichen und liebevollen Erlösers, das sie den Menschen in allen Gnaden zeigen möchte. Die zahllosen Erweise ihrer Gunst an uns alle verfolgen nur ein Ziel: Christus mehr und mehr zu schenken, denn er ist die Gabe, welche alle anderen enthält. Um dieses Schenkens willen ist sie da; Maria, vom Schöpfer erfunden, um der Welt seinen Sohn als Erlöser zu geben, weiht uns ihre ganze Liebe und himmlische Herrlichkeit, damit wir uns der Gabe öffnen und mit Christus eins werden.